WICKE · ROCKMUSIK

Universal Bibliothek

KUNSTWISSENSCHAFTEN

Peter Wicke

ROCKMUSIK

Zur Ästhetik und Soziologie eines Massenmediums

1987

Verlag Philipp Reclam jun. Leipzig

Mit einem Fotoessay „Rockmusik und Lebensweise“
von Ulrich Burchert

ISBN 3-379-00141-4

Reclams Universal-Bibliothek Band 1197
1. Auflage
Reihengestaltung: Lothar Reher
Lizenz Nr. 363. 340/120/87 · LSV 8395 · Vbg. 21,2
Printed in the German Democratic Republic
Grafischer Großbetrieb Völkerfreundschaft Dresden
Gesetzt aus Garamond-Antiqua
Bestellnummer: 661 347 8
00400

Für Gisela

Come mothers and fathers around the land
And don't criticize what you can't understand.
Your sons and your daughters are beyond your command.
Your old road is rapidly aging ...
For the times they are a-changing'.

Bob Dylan

Manchmal fällt auf uns der Frost
und macht uns hart.
Und dann kommt es darauf an,
daß das Blut, das in uns fließt,
seine Wärme halten kann,
wenn sich's eiskalt um uns schließt.
Manchmal fällt auf uns der Frost
und macht uns hart.

Kurt Demmler

Scheinwerferbatterien reißen in vielfarbigem Licht die Band aus dem Dunkel der Bühne, die Halle erzittert unter dem tosenden Lärm der Fans, während der Sänger an die Rampe tritt und zum stampfenden Rhythmus des Schlagzeugs die Musik beginnt ... Szenenwechsel: Zwischen den flackernden Lichteffekten in einer Diskothek die Schatten frenetisch tanzender Jugendlicher, die Lautstärke ist ohrenbetäubend, nichts stört die Hingabe an die Musik, unerschöpflich scheint die Energie, die die Körper in Bewegung hält ... Und noch einmal Szenenwechsel: Unter den dröhnenden Kopfhörern einer Stereoanlage ein Vierzehnjähriger, die Augen geschlossen, die ihn umgebenden Wände des Zimmers von oben bis unten mit Postern und Aufklebern tapeziert, auf dem Plattenteller dreht sich eine Schallplatte, nur ein leichtes rhythmisches Wiegen des Oberkörpers verrät die selbstvergessene Anteilnahme an dem, was über Stecker und Kabel zu ihm dringt ...

Rockmusik – wer kennt sie nicht, diese Bilder jugendlicher Fans, die unablösbar mit ihr verbunden sind. Doch was steht eigentlich hinter ihnen, was macht die Faszination dieser Musik aus, die sich in solchen und ähnlichen Bildern spiegelt? Welche Wirklichkeitserfahrung steckt in ihr? Welche Bedeutungen und kulturellen Werte sind in die motorisch hämmernden Rhythmen, die oft schrillen Klänge eingeschlossen, werden über die Songs an ein Massenpublikum weitergegeben?

Dieses Buch ist der Versuch einer Antwort darauf. Es will den sozialen und kulturellen Ursprüngen der Rockmusik nachgehen, um die Zusammenhänge zu rekonstruieren, in denen sich ihre so verschiedenartigen Spielweisen entfaltet haben, zum Träger jeweils spezifischer Bedeutungen geworden sind, Werte verkörpern, die tief in die Lebensverhältnisse ihrer jugendlichen Fans hineinreichen. Es geht darum, jene Schichten dieser Musik freizulegen, die hinter der Oberfläche der klanglichen Erscheinung, hinter ihren Stilformen und Spielweisen verborgen liegen, ihnen Sinn geben und sie verstehbar machen. Platten und Songs sind keine isolierten Objekte; sie sind vielmehr die Symptome eines übergreifenden kulturellen Gesamtzusammenhangs, der den sozialen und politischen Verhältnissen ebenso geschuldet ist wie den jeweils besonderen Lebensbedingungen ihrer Hörer. Und obwohl die Rockmusik mittlerweile längst zu einem internationalen Phänomen geworden ist, an dem auch die sozialistischen Länder, darunter nicht zuletzt die Gruppen und Musiker aus der DDR, mit einer Entwicklung, geprägt von den Bedingungen sozialistischer Kultur und Lebensweise, ihren Anteil haben, sind die sozialen und musikalischen Ursprünge des Rock gerade hier immer noch weitgehend von Legenden umgeben statt auf fundiertes Wissen gegründet.

Die prinzipielle Forderung, „jede Frage von dem Standpunkt aus zu betrachten, wie eine bestimmte Erscheinung in der Geschichte entstanden ist“ (Lenin), besitzt für die Auseinandersetzung mit Rockmusik um so größere Gültigkeit, als in der Musikkultur der sozialistisch organisierten Gesellschaft die ästhetischen, musikalischen und politischen Möglichkeiten, die in der Entwicklung dieser Musik akkumuliert sind, letztendlich einzulösen wären. Das aber setzt voraus, sie auf ihre ästhetischen und kulturellen Potenzen zu befragen, den gesellschaftlichen Hintergründen ihrer Entstehung und Entwicklung zu einem internationalen Phänomen nachzugehen und ihre musikalischen Erscheinungsformen in den Zusammenhängen zu analysieren, in denen sie sich herausgebildet haben.

Es gilt, die sozialen Wurzeln der Rockmusik freizulegen, ihre Geschichte zu demystifizieren und die sozialen Bewegungen transparent zu machen, die sich in ihr spiegeln. Nur so ist es möglich, ihre Entwicklung als Bestandteil sozialistischer Kultur und Lebensweise mit wachsender Bewußtheit zu gestalten, weil sich das dann als historische Konsequenz aus einem Prozeß begreifen läßt, der bestimmten Gesetzmäßigkeiten folgt. Eine Analyse des Rock in seinen ursprünglichen Zusammenhängen, der Massenkultur des Imperialismus, ist deshalb kein Selbstzweck und folgt auch nicht einem für sich und isoliert genommenen Informationsbedürfnis; so wichtig es ist, sich mit jenen Gruppen und Musikern auseinanderzusetzen, deren Produktionen – obwohl in England oder den USA entstanden – in die Kultur des Sozialismus Eingang gefunden haben, von den Jugendlichen hier ganz selbstverständlich in ihren Alltag und ihre Lebensweise integriert werden, den Musikern Anregung liefern und auf diese Weise vom realen Grad der In-

ternationalisierung kultureller Kommunikation zeugen. Vielmehr noch aber gilt es, daran Einsichten zu gewinnen in die künstlerischen Potenzen von Massenkultur, in ihre Gesetzmäßigkeiten und ihren Zusammenhang mit den politischen Grundfragen der Zeit, gehört es doch zu den kulturellen Widersprüchen unserer Epoche, daß die entwickeltste und fortgeschrittenste Form der Produktion von Massenkultur sich in den Zentren der Kapitalherrschaft befindet. Dort also muß der Ansatzpunkt liegen, um ein kulturelles Phänomen wie die Rockmusik verstehen zu lernen und die Perspektiven einer Entwicklung unter veränderten sozialen Bedingungen, der nur in internationalen Dimensionen zu denkenden sozialistischen Kultur, darin auszumachen.
Nichts hat die Massenkultur des zwanzigsten Jahrhunderts einschneidender verändert als seinerzeit der kometenhafte Aufstieg der Beatles. Gegenwärtig gehören etwa achtzig Prozent der auf Tonträgern veröffentlichten und verbreiteten Musik im weitesten Sinne der einen oder anderen Spielart der Rockmusik an. Allein in England und den USA, ihren klassischen Ursprungsländern, erscheinen jährlich zusammengenommen etwa zehntausend Singles und achttausend LP-Produktionen in diesem Bereich; bei angenommenen zehn Titeln pro Langspielplatte also insgesamt etwa einhunderttausend Songs in jedem Jahr. Die Rock 'n' Roll-Show „Aloha From Elvis In Hawaii" mit Elvis Presley wurde im Januar 1973 aus dem International Center in Honolulu durch das Fernsehen über Satellit weltweit ausgestrahlt und hat nach Schätzungen von Demoskopen etwa ein Drittel der Weltbevölkerung erreicht. Nahezu zwei Milliarden Zuschauer in 150 Ländern der Erde soll die Satelliten-Übertragung des sechzehnstündigen Doppelkonzerts „Live Aid" am 13. Juli 1985 aus dem Wimbledon-Stadion in London und dem John-F.-Kennedy-Stadion in Philadelphia, mit Originaleinspielungen aus Sidney, Moskau, Tokio, Peking, Köln und Wien, vor den Fernsehschirmen vereinigt haben. Für die sozialistischen Länder liegt vergleichbares statistisches Material zwar nicht vor, aber auch hier ist es die Rockmusik, die in den musikalischen Alltagserfahrungen Jugendlicher uneingeschränkt dominiert, wobei sich die obere Altersgrenze immer weiter verschiebt, längst

schon junge Erwachsene bis hin zu der heute inzwischen vierzigjährigen Beatles-Generation einbegreift. In der Rockmusik nur eine exklusive „Jugendmusik" sehen zu wollen, die allein mit der Phase des Heranwachsens verbunden ist, zielt deshalb am Problem vorbei, selbst wenn Jugendliche als die Altersgruppe mit dem intensivsten Umgang an Musik die zentrale Bezugsgruppe bilden. Schon durch das quantitative Schwergewicht in den Gesamtrelationen der zeitgenössischen Musikproduktion setzt die Rockmusik Bedingungen und hat kulturelle Auswirkungen, die sie zum Symptom von viel weiterreichenden und grundsätzlicheren Veränderungen der Musikkultur werden lassen. Damit gilt es, in ihr die Perspektiven einer Entwicklung zu sehen, die zwar ignoriert oder sogar zu bekämpfen versucht werden kann, mit Sicherheit aber nicht aufzuhalten sein wird. Aus der Verbindung von Musik, Show, Licht, Poesie, Politik und neuerdings auch Video ist hier eine Kunstpraxis entstanden, die auf der Grundlage der Technologie moderner Massenkommunikation auch ein neuartiges künstlerisches Selbstbewußtsein geltend macht, das mit dem bloßen Hinweis auf den vermeintlichen musikalischen und inhaltlichen Nonsens kommerzieller Geschäftstüchtigkeit jedenfalls nicht zu erledigen ist. Vielmehr gehört es zu dessen Besonderheit, daß es sich auf die technischen und ökonomischen Bedingungen der von den Medien organisierten kulturellen Massenprozesse kompromißlos einläßt und darin selbst zum Medium wird. Rockmusik ist ein Massenmedium, durch das hindurch kulturelle Werte und Bedeutungen zirkulieren, soziale Erfahrungen weitergegeben werden, die über ihre klingende Materialität weit hinausgehen. Die „Inhalte" von Rocksongs sind nicht reduzierbar auf das, was unmittelbar erklingt oder gar in der verbalen Textaussage zum Ausdruck gebracht scheint. Für ihre Hörer ist das nur das Medium, von dem sie selbst *aktiven* Gebrauch machen, es in den Zusammenhang ihrer Lebensverhältnisse integrieren, darin als Symbol einsetzen, das ihre eigenen Erfahrungen öffentlich macht. Wie bei einem Puzzle, wo jedes Einzelstück nur zum Teil durch seine Form und seine Gestalt definiert ist, in gleichem Maße auch durch den gesamten Bildkontext und seinen Platz darin, so sind auch die „Inhalte" von Rockmusik nicht allein in der musikalischen Form der Songs begründet, sondern zugleich durch die Kontexte bestimmt, die ihnen von ihren Fans gegeben werden, andererseits aber auch mit den gesellschaftlichen Verhältnissen ihrer Produktion und Verbreitung, mit den institutionellen Zusammenhängen, in denen sie stehen, schon vorausgesetzt sind. Rockmusik ist damit nicht nur eine Angelegenheit von Text und Musik. Sie ist eine sehr komplexe kulturelle Form, in die die Musik ebenso einbezogen ist wie Tanzformen, Massenmedien, Medienbilder, Images und Kleidungsstile. Sie ist ein durch Musik produzierter sozialer Raum für kulturelle Aktivitäten der verschiedensten Art. Ihrer musikalischen und stilistischen Heterogenität korrespondieren jeweils unterschiedliche soziale und kulturelle Kontexte, in denen sie in wechselnden Bedeutungen erscheint, durch immer wieder andere Charakteristika, Funktionen und Gebrauchsweisen definiert ist. Das macht es unmöglich, sie etwa an eine fest umrissene musikalische Definition binden zu wollen.

Im folgenden soll deshalb, unbekümmert um die Systematik von Begriffen und Kategorien, erst einmal die Sache selbst zum Sprechen gebracht werden. Es geht um eine Art Porträt dieser Musik, um die ihr wesentlichen Züge, wie sie sich in der Vielfalt ihrer stilistischen Erscheinungsformen und der atemberaubenden Dynamik ihrer Entwicklung ausgeprägt haben. Die dafür adäquate Darstellungsform war die des Essays, der sich in die Einzelheiten versenken darf und doch das Ganze im Blick hat, mosaikartig aus den Einzelaspekten ein Gesamtbild zusammenfügt. Natürlich meint das nicht, statt kontrollierbarer Aussagen in das Halbdunkel metaphorischer Unverbindlichkeiten und Ungenauigkeiten zu flüchten, in die in der Rockliteratur so verbreitete journalistische Oberflächlichkeit auszuweichen. Es sind Versuche einer theoretisch reflektierten Annäherung, die hier vorgelegt werden, zusammengefaßt in jeweils in sich geschlossenen Einzelstudien mit wechselnden Gesichtspunkten, deren Zusammenhang aber erst wirklich ein Bild von dieser Musik ergeben kann. Anders ist einer Musik, die selbst noch so in Bewegung ist und sich jeder Systematik durch die Dynamik ihrer eigenen Entwicklung gleich wieder entzieht, wohl kaum beizukommen. Vollständigkeit in der ohnehin nicht mehr überschaubaren Fülle von Einzelerscheinungen, Daten, Fakten, Namen, Stilen und Trends ist so weder notwendig noch angestrebt. Worum es geht, ist vielmehr das Auffinden jener Fragestellungen, auf die die Entwicklung des Rock eine Antwort darstellt, die Rekonstruktion der kulturellen Faktoren, sozialen Beziehungen und gesellschaftlichen Widersprüche, denen er seine Existenz verdankt.

„Ästhetik“ und „Soziologie“ im Untertitel dieses Buches stehen dabei für Zugangsweisen, die die Art der Problemsicht umreißen. Wer daraus die Erwartung auf theorieintensive Kategoriengebäude, normative Wertkriterien oder empirisch-statistische Datenfülle ableitet, wird sich enttäuscht sehen. Eine „Theorie des Rock“ muß an der Praxis dieser Musik entwickelt werden, und das sind hier die musikalischen, kulturellen und sozialen Zusammenhänge, aus denen sie mit der Vielfalt ihrer Spielweisen entstanden ist und zu immer wieder neuen Formen gefunden hat. Das freilich verlangt eine entsprechend komplexe Sicht, für die die Ästhetik wie die Soziologie als Wissenschaftsdisziplinen ein geeignetes theoretisches Instrumentarium liefern. Doch nicht dieses steht hier zur Diskussion, sondern das, was damit zutage gefördert wurde. So eröffnet die Betrachtung des Rock unter soziologischem Gesichtspunkt die Möglichkeit, seine Entwicklung auch als Bestandteil des Alltags und der Freizeit seiner Fans zu sehen und darin verstehen zu lernen; wogegen das theoretische Instrumentarium der Ästhetik die lautstarken Klänge, die pittoresken Gebärden, die oft obskuren Verkleidungen entschlüsseln hilft, den Code aufspürt, nach dem persönliche und kollektive Erfahrungen zu Songs umgeschmolzen werden. Doch selbst wenn auf diese Weise der Blick auf komplexere Zusammenhänge gelenkt wird, als dies bei der bloßen Beschreibung der musikalischen Ereignisse und ihrer Chronologie der Fall wäre; einen wirklich umfassenden Erklärungsansatz kann und will auch das nicht liefern. Es ist nicht mehr als ein Versuch, verstehen zu lernen und verstehbar zu machen, was mit dieser Musik eigentlich entstanden ist.

In ständiger Bewegung wie der Gegenstand selbst ist auch seine Terminologie. Der Begriff „Rockmusik“ steht für sehr Verschiedenartiges, hat nahezu in jedem Entwicklungsab-

schnitt Bedeutungswechsel erfahren. Die Grenzziehungen zu anderen Gattungen der populären Musik, zu anderen Bereichen der Musikkultur sind fließend und unterliegen fortwährender Veränderung. War früher einmal die Bezeichnung „Beatmusik" verbindlich und im deutschen Sprachraum auch noch lange verbreitet, so ist daraus inzwischen eine Art Stilbegriff geworden, der nur noch auf die britische Entwicklung Anfang der sechziger Jahre und die hiervon unmittelbar beeinflußten Gruppen Anwendung findet. Erst in der Mitte der sechziger Jahre setzte sich das vom amerikanischen Rock 'n' Roll abgeleitete Kürzel „Rock" mehr oder weniger allgemein durch, verlor damit aber auch jene spezifische Bedeutung, die es zuvor einmal als Bezeichnung für die direkt vom Rock 'n' Roll abgeleiteten Spielweisen besessen hatte. Rockmusik wird inzwischen aus sehr unterschiedlichen musikalischen Quellen gespeist – auch solchen, die, wie die Musik eines Philip Glass oder Steve Reich, eines Edgar Varèse oder John Cage, ebenso wie die Musik außereuropäischer Kulturen oder der europäischen „Klassik", aus ganz anderen Traditionszusammenhängen stammen. Rock 'n' Roll spielt darunter zwar nach wie vor noch eine dominante, keineswegs aber eben ausschließliche Rolle mehr. Der Begriff selbst geht auf die Bluessprache und den Slang der nordamerikanischen Neger zurück, wo *to rock* sowohl eine harmlose Metapher für das Tanzen als auch einen recht obszönen Euphemismus für den Geschlechtsakt darstellt. Diese hintergründige Zweideutigkeit hat sich übrigens in vielen Texten bis heute erhalten, selbst wenn die vordergründig sexuelle Bedeutung inzwischen weitgehend neutralisiert ist.
Es existieren allerdings auch hiervon abweichende Bezeichnungsmodalitäten – Pop, Popmusik, Rock & Roll (im Unterschied zu Rock 'n' Roll) usw. –, die für reichlich Verwirrung sorgen, da sie zum Teil synonym, zum Teil in mehr oder weniger eigenständiger Bedeutung verwendet werden. Dies ist für die folgende Darstellung insofern von Belang, als sie sich bei den zitierten Autoren und Musikern in schöner Eintracht alle beieinander finden. Ihre Verwendung im Zitatzusammenhang erfolgt dann jedoch immer bedeutungsgleich mit dem Begriff Rockmusik.

Der Autor verdankt viele wesentliche Anregungen Gesprächen und Diskussionen, die zu führen er Gelegenheit hatte; und er ist all jenen verpflichtet, die ihn mit Material, Informationen und ihren Kontakten bei den oft sehr aufwendigen Recherchen unterstützt haben. Dank schuldet er sowohl Musikern, Vertretern der Industrie wie Fans, die ihm geduldig zuhörten und seine „seltsamen" Fragen beantwortet haben, dabei oft tiefe Einblicke in ihre Gedankenwelt und ihr Alltagsleben offenbarend.
Gedankt sei an dieser Stelle für ihre hilfreiche Unterstützung: Moe Armstrong (Sibony West Records, Oakland/California), Clarence Baker (Misty In Roots, London), Chris Bohn (New Musical Express, London), Iain Chambers (Universaria Navale, Neapel), Chris Cutler (Recommended Records, London), Geoff Davies (Probe Records, Liverpool), Monika Döring (LOFT, Berlin [West]), Simon Frith (University of Warwick, Coventry), Reebee Garofalo (University of Massachusetts, Boston), Larry Grossberg (University of Illinois, Champaign/Illinois), Charles Hamm (Dartmouth College, Hanover/Vermont), Nick Hobbs (All Trade Booking, London), Peter Hooten (The Farm, Liverpool), David Horn (University Library, Exeter), Mike Howes (Ministry Rehearsal Studios, Liverpool), Robert Lloyd (Vindaloo Records, Birmingham), Paul MacDonald (ZTT, London), Greil Marcus (Berkeley/California), Richard Middleton (Open University, Milton Keynes), Charles Shaar Murray (New Musical Express, London), Paul Rutten (University Nijmegen, Nijmegen/Niederlande), Mark E. Smith (The Fall, Manchester), Philip Tagg (Göteborgs Universitet, Göteborg), Geoff Travis (Rough Trade Records, London), John Walters (BBC Radio One, London), Paul Willis (Wolverhampton), Tony Wilson (Granada TV, Manchester) – sowie all jenen, deren namentliche Nennung hier nicht erfolgt ist.
Mein ganz besonderer Dank gilt jedoch der Lektorin des Reclam-Verlages, Frau Barbara Fleischhauer; ohne ihre unerschöpfliche Geduld und ihr Verständnis für dieses schwierige Projekt, das keiner Terminstellung standhalten konnte, wäre der folgende Text wohl nicht entstanden.

Berlin-Pankow, April 1986

Postskriptum

Der Autor fühlt sich Ulrich Burchert zu besonderem Dank verpflichtet, mit dessen Fotoessay die grundlegenden Thesen dieses Buches eine ebenso eigenständige wie gedanklich weiterführende Interpretation erfahren haben.

„Roll Over Beethoven“

Neue Erfahrungen im Medium Kunst

Als die Entwicklung der Rockmusik mit dem amerikanischen Rock 'n' Roll in den frühen fünfziger Jahren einsetzte, wäre das Wort „Kunst“ in diesem Zusammenhang zweifellos wie ein skandalöses Sakrileg erschienen. Und selbst heute noch, da Rockmusik mittlerweile zu akademischen Ehren gekommen ist und die Beatles nun schon wieder als ihre „Klassiker“ gelten, löst ihre Inanspruchnahme als Kunstpraxis immer noch vehemente Diskussionen und heftigsten Widerstand aus. Gilt sie für die einen als Zeichen neuer musikalischer Kreativität im Zeitalter der Massenmedien, so ist sie für die anderen der bloße Ersatz von Kunst durch Kommerz. Nun könnte man es freilich unbesehen dabei belassen, denn für ihre tatsächliche Wirksamkeit ist es irrelevant, ob sie zur „Kunst“ geweiht wird oder nicht. Der Streit darüber ist müßig und führt zu nichts, um so mehr, als ihr realer Stellenwert in der zeitgenössischen Musikkultur einer derartigen Legitimation wohl kaum bedarf.
Will man jedoch verstehen lernen, was sich mit dem Rock für seine Zuhörer verbindet, warum diese Musik zu einer quantitativ so dominierenden Erscheinung innerhalb der Musikkultur der Gegenwart geworden ist, dann ist freilich Voraussetzung, daß sie nicht nur als Ausruck allgemeiner gesellschaftlicher Zusammenhänge und ökonomischer Mechanismen gesehen wird, sondern in erster Linie als das, was sie auch für ihre jugendlichen Fans vor allem anderen ist – nämlich Musik. Die Bedeutungen, die sie hat, die Werte, die sie verkörpert, das Vergnügen, das sie vermittelt, sind mit ihr als ästhetisch relevanter klingender Materie verbunden. Auch wenn sie darauf nicht reduziert werden kann, sondern vielmehr eine sehr komplexe Form kultureller Aktivitäten darstellt – Kleidungs- und Tanzstile, Haarmoden und das Sammeln von Postern etwa einbezogen –, so ist die Grundlage für all das doch erst einmal die Musik. Michael Lydon hat daher völlig zu Recht formuliert:

> „Es gibt eine Million Theorien über den Rock, was er ist und was er bedeutet; doch das Offenkundigste wird meist übersehen: er ist Musik.“[1]

So banal eine solche Feststellung vielleicht erscheinen mag, sie ist alles andere als eine Selbstverständlichkeit. Rockmusik verlangt auch als Musik ernst genommen zu werden, ist als eine legitime Form von Kunstpraxis zu akzeptieren, soll sie in ihren kulturellen Dimensionen wirklich verstanden werden.
Problematisch wird das nur, ist daraus der Schluß gezogen, daß dann die Kriterien eines Musikverständnisses anzulegen sind, für das der Name Beethovens als Symbol einsteht, weil in ihm und seiner Tradition der Inbegriff dessen liege, was Musik sei. Obwohl das nicht immer derart kategorisch formuliert erscheint, so sind in der Verabsolutierung dieser Musikauffassung doch die meisten der zahlreichen Mißverständnisse begründet, die die Entwicklung der Rockmusik begleitet haben. Gemessen daran wäre sie nämlich tatsächlich nichts anderes als inhaltsloser Lärm, den ein gigantischer kommerzieller Betrieb zur Befriedigung seiner Profitbedürfnisse hervorgebracht und einer leicht verführbaren Jugend durch reizstarke Äußerlichkeiten attraktiv gemacht hat. Dem ist entgegenzuhalten, daß sich Musik nicht durch die Ausdrucksmittel definiert, deren sie sich bedient – seien sie nun laut oder leise, einfach oder sehr komplex –, sondern in erster Linie durch die Wirkungen, die sie damit zu erzielen vermag. Zu unterstellen, relevante und entsprechend differenzierte Inhalte, Werte und Bedeutungen könnten einzig und allein durch jene klanglichen Mittel zum Ausdruck gebracht werden, die in der Tradition von Beethovens Musik und seiner Nachfolge entwickelt wurden, widerspricht nicht nur den Tatsachen, sondern ist vor allem eine ebenso ahistorische wie mechanistische Vorstellung von Kunst. Künstlerische Ausdrucksmittel können niemals losgelöst von den kulturellen Kontexten betrachtet werden, in die sie hineingestellt sind und in denen sie funktionieren. Ob Musik ihren Realisierungsort im Konzertsaal hat oder in den Massenmedien, auf welchen Alltag sie trifft, auf welche Lebensweise und darin geformte Bedürfnisse, unter welchen Bedingungen sie produziert und verbreitet wird – all das macht einen erheblichen Unterschied, hat nicht nur zu historischen Wandlungen des Musikverständnisses, sondern eben auch zu ganz unterschiedlichen Musikauffassungen geführt. Das war immer schon so, nur daß

in früheren Jahrhunderten die Unterschiede nicht derart unmittelbar aufeinandergeprallt sind wie dies heute oft bis hinein in die Familie, zwischen Eltern und Kindern, geschieht.

Rock als Musik ernst zu nehmen, verlangt somit, nach dem ihm zugrunde liegenden Musikverständnis zu fragen, statt ihn auf ästhetische Kriterien und musikalische Modelle zu beziehen, die seinen kulturellen Ursprüngen fremd sind.

Nun haben allerdings die Protagonisten des Rock, Musiker, Journalisten und Publizisten, selbst erheblich zur Konfusion hier beigetragen, weil sie ihrerseits die Rockmusik auf gesellschaftlich etablierte Musikauffassungen bezogen haben, um ihr damit eine ihrem kulturellen Stellenwert entsprechende Beachtung zu verschaffen. Schon 1963 bezeichnete beispielsweise Richard Buckle in der britischen *Sunday Times* die Beatles „als die größten Komponisten seit Beethoven“[2]. Das Mißverständnis ist größer kaum denkbar, liegen zwischen beiden musikalischen Welten, die hier zusammengebracht sind, doch so tiefgreifende Unterschiede, daß das eine einfach nicht mit den Maßstäben des anderen zu messen ist. Nicht minder irreführend ist die Gegenthese, die Rockmusik als eine Form von Volksmusik verstanden wissen will, wie das der amerikanische Rockhistoriker Carl Belz etwa sieht, der davon ausgeht, „das die Rockmusik ein Teil der langen Tradition von Volksmusik in den Vereinigten Staaten und überall in der Welt ist“[3]. Die Prinzipien, nach denen Rock als Musik organisiert ist, folgen weder der Volksmusik noch der bürgerlichen Kunstmusik. Ihn daran zu messen, verkennt in beiden Fällen seine musikalische Eigenständigkeit und führt zu erheblichen Verzerrungen der Betrachtungsperspektive. Paradoxerweise war es gerade diese Eigenständigkeit, mit der sich die Rockmusik radikal von den Konventionen des traditionellen Popsongs abhob, die dazu verleitet hat, sie der Volksmusik zu subsumieren oder nach dem Maße Beethovens zur „Kunst“ zu erklären.

Demgegenüber ist das Musikverständnis, um das die Entwicklung der Rockmusik tatsächlich zentriert ist – auch wenn dann im Zuge ihrer stilistischen Differenzierung in vielfältige, nicht selten gegensätzliche Richtungen entfaltet –, in ihr selbst schon frühzeitig und eigentlich unüberhörbar formuliert worden. Es war das 1956 erschienene „Roll Over Beethoven“ von Chuck Berry,[4] in dem das musikalische Selbstverständnis der sich in den USA damals auf ihrem Höhepunkt befindenden Rock 'n' Roll-Begeisterung einen provokant herausfordernden Ausdruck fand, der so etwas wie ein Leitmotiv blieb:

You know my temperature's rising and the jukebox blows a fuse,
My heart's beating rhythm and my soul keeps singing the blues,
Roll over Beethoven and tell Tchaikovsky the news,
I got the rockin' pneumonia, I need a shot of rhythm and blues …

Hier wird die Faszination dieser Musik mit Fieber und Krankheit verglichen, deren Unabwendbarkeit zur Metapher für ihre damals überwältigende Wirkung genommen ist. Nicht ohne Ironie erscheint sie selbstbewußt einem Kunstverständnis gegenübergestellt – versinnbildlicht in den Namen Beethoven und Tschaikowski –, zu dem größere Gegensätze als Jukebox und eine sich selbst genügende Sinnlichkeit nicht vorstellbar sind, wobei aber doch der gleiche Stellenwert, die gleiche kulturelle Relevanz beansprucht wird. Dahinter steht zweifellos mehr als die bloße Provokation der Erwachsenen durch den betont respektlosen Umgang mit ihren musikalischen Heiligtümern. Was der schwarze Sänger und Gitarrist Chuck Berry in diesem Song seinen Fans entgegenschrie, sein atemloses „Roll Over Beethoven“, signalisiert ein Verständnis von Musik, das sich seiner Neuartigkeit bewußt geworden war und diese nun allen musikalischen Traditionen herausfordernd gegenübersetzte.

Tatsächlich neu daran war das Verhältnis zu den Massenkommunikationsmitteln Schallplatte, Rundfunk, Fernsehen und Film. Der amerikanische Rock 'n' Roll hatte seine Existenzbedingungen in diesen Medien und akzeptierte das auch kompromißlos als Voraussetzung künstlerischer Kreativität. Die kommerzielle Durchschlagskraft, die er besaß und die es so noch nie gegeben hatte, ist nicht etwa, wie immer wieder behauptet, auf die vermeintliche Exotik seiner afroamerikanischen Wurzeln zurückzuführen. Schon in der Ära des Swing, mehr als zwei Jahrzehnte zuvor, sind schwarze Musiker und Bands durch ein weißes Publikum gefeiert worden, so wie es trotz gegenteiliger Behauptungen auch davor schon Austauschprozesse zwischen „schwarzer“ und „weißer“ Musik gegeben hat. Die Unterstellung einer völlig separaten Entwicklung von afroamerikanischer und euroamerikanischer Musik ist vielmehr ein rassistisches Argument, das die aufgerichteten Rassenschranken dadurch noch legitimiert, daß ein in der Hautfarbe begründeter tatsächlicher kultureller Gegensatz zwischen „schwarz“ und „weiß“ angenommen wird, den erst der Rock 'n' Roll überbrückt habe. Die Beziehungen zwischen der afroamerikanischen Bevölkerungsminderheit in den USA und den Amerikanern weißer Hautfarbe sind auch vor dem Hintergrund der willkürlich aufgerichteten Rassenschranken weit komplexer, als ein solches schematisches „Schwarzweiß“-Denken nahelegt.

Der Grund für die ebenso rasche wie spektakuläre Verbreitung des Rock 'n' Roll lag vielmehr in der Tatsache, daß er in den nach dem zweiten Weltkrieg sich geradezu explosionsartig entwickelnden Massenmedien voll aufging. Rock 'n' Roll war die erste Musikform, die im Massenmaßstab auf Schallplatte verbreitet wurde, deren Entwicklung an Rundfunk, Film und Fernsehen gebunden war. Zwar hatte sich das Medium Schallplatte schon in den dreißiger Jahren so weit durchgesetzt, daß ein eigenständiger Industriezweig daraus entstanden war, aber dessen Produkte gingen noch hauptsächlich an die Musikautomatenaufsteller beziehungsweise blieben den eher exklusiven Käuferschichten klassischer Musik vorbehalten. In den frühen fünfziger Jahren änderte sich das als Folge einer Reihe medientechnischer Neuerungen, die zu einer rapiden Verbilligung der Schallplatten führten.

1948 stellte der CBS-Konzern (Columbia Broadcasting System) die High-Fidelity-Langspielplatte vor, die mit der Herabsetzung der Umdrehungszahl von 78 auf $33^1/_3$ Umdrehungen pro Minute auf der Basis des rauscharmen und zugleich bruchsicheren Kunststoffs Vinyl anstelle von Schellack möglich geworden war. Wenig später brachte die RCA (Radio Corporation of America) auf gleicher Grundlage und als Antwort auf die Langspielplatte bei ihrer Konkurrenz die 45er Single heraus. Sie zielte auf den neuentstandenen Teenager-Markt und entsprach im Preis dem Taschengeld Jugendlicher. Die aber wohl am weitesten reichende Neuentwicklung im medientechnischen Bereich bestand in der Einführung des Magnetbandes zur Musikaufzeichnung unmittelbar nach dem zweiten Weltkrieg, das das aufwendige elektrische Aufnahmeverfahren bei der Schallplattenproduktion ablöste und die technischen Voraussetzungen für eine nachträgliche Korrektur der Aufnahme schuf. Schon 1947 hatte das der Swing-Gitarrist Les Paul für Playbackproduktionen im sogenannten Sound-on-Sound-Verfahren genutzt, indem er eine bereits fertige Aufnahme zusammen mit einer hinzugefügten Neueinspielung auf ein zweites Tonband umkopierte. In der Mehrspurtechnik – 1954 mit zwei getrennten Aufnahmespuren als Zweispurverfahren erstmals angewandt und dann schrittweise bis zum heutigen Standard von 24, 32 oder 64 Spuren immer weiter ausgebaut – ist dieses Prinzip zur Grundlage der Studioproduktion von Musik geworden, mit einschneidenden Konsequenzen für das Musizieren. Bis zu diesem Zeitpunkt hatten medientechnische Entwicklungen niemals unmittelbar in die Struktur der Musik selbst eingegriffen. Sie blieben dem Musizieren äußerlich und bedeuteten nur eine Speicherung beziehungsweise Vervielfältigung seines Produkts, auch wenn das an der Musik natürlich nicht völlig spurlos vorübergegangen ist. Harvey Fuqua, in den fünfziger Jahren Lead-Sänger der Moonglows, eines jener vokalen Rhythm & Blues-Ensembles, die es damals zu Hunderten gab, seither Produzent und Manager, erinnerte sich 1978 noch einmal dieser Zeiten und gab dabei eine recht plastische Schilderung, wie es vor der Einführung der Mehrspurtechnik in den Studios zuging:

> „Es war nicht wie heute, wo sie 32 oder 64 Spuren zum Spielen haben. Das Mikrophon wurde einfach in die Mitte des Raumes gestellt, und jeder stand darum herum, der Sänger, die Band, jeder. Wenn man von einem Instrument oder von dem Sänger etwas mehr haben wollte, dann mußte man sich halt etwas nach vorn oder etwas zurück bewegen. Und man hat nicht einmal unbedingt ein Schlagzeug gebraucht; du konntest ein Telefonbuch benutzen und darauf schlagen. Es war wild.“[5]

Gegenüber dem Live-Musizieren auf der Bühne bedeutete das de facto keinen Unterschied, obwohl freilich die Spieldauer der Schallplatte oder die Aufnahmecharakteristik des Mikrophons schon Grenzen mit sich brachten, auf die bei der Anlage der Titel Rücksicht genommen werden mußte. Aber das blieben äußerliche Zwänge, wogegen mit der Mehrspurtechnik das Musizieren von innen her regelrecht revolutioniert wurde. Es war damit nun möglich, Musik in separate Einzelvorgänge zu zerlegen, die dann im abschließenden Mischvorgang wieder zusammengefügt wurden. An die Stelle der Reproduktion einer klingenden Ganzheit, sozusagen der musikalischen Momentaufnahme, trat jetzt eine Art Montageprinzip, mit der Konsequenz, daß das musikalische Ergebnis vom Akt des Musizierens selbst abgetrennt wurde, eine Rückkopplung der entstehenden Musik auf das Musizieren nur noch bedingt möglich war. George Harrison von den Beatles hierzu:

> „Keiner weiß mehr, wie die Titel klingen, bis wir sie aufgenommen und danach dann abgehört haben.“[6]

Die Musiker müssen bei den Aufnahmesessions nicht unbedingt miteinander spielen, ja sie brauchen sich nicht einmal mehr zu kennen, um letztendlich doch gemeinsam Musik zu machen; denn dieses Produktionsverfahren läßt auch eine zeitlich und räumlich weit auseinanderliegende Einspielung der musikalischen Einzelbestandteile zu. Paul Simon berichtete beispielsweise über die Produktion von „The Boxer“[7], seines ersten wirklich großen Erfolgs im Duo mit Art Garfunkel:

> „The Boxer ist überall aufgenommen worden – das Grundband in Nashville, der Gesang am Ende in New Yorks St.-Pauls-Kirche, die Streicher wie auch der Gesang in New Yorks Columbia-Studios ...“[8]

Musik, die so entsteht, verlangt natürlich andere Musizierprinzipien, folgt in ihrer Struktur und Organisation anderen Gesetzmäßigkeiten, als das vordem der Fall war. Rockmusik gründet auf einer tiefgreifend veränderten Produktionsweise von Musik, deren Fundamente in den fünfziger

Jahren gelegt wurden und mit dem Rock 'n' Roll erstmals zum Tragen kamen. Die Entfaltung dessen war dann natürlich ein Prozeß, der die Entwicklung der Rockmusik entscheidend geprägt hat und bis in die Gegenwart hinein andauert, die traditionellen Verhältnisse der Produktion und Verbreitung populärer Musik, die vordem von den mächtigen Musikverlagen der Tin Pan Alley getragen wurden, ebenso veränderte wie den Umgang mit Musik im Alltag. Doch die musikalischen Grundlagen dafür bildeten sich schon damals im Rock 'n' Roll heraus, der der überwiegenden Mehrheit der Rockgruppen und -musiker ja dann auch immer wieder als Bezugspunkt gedient hat.
Von nicht minder großer Tragweite sollten sich noch zwei andere medientechnische Neuheiten erweisen: das Fernsehen und das mit der Transistortechnik möglich gewordene transportable Kofferradio. Das Ende der vierziger Jahre kommerziell eingeführte und sich als neues Familienmedium rasch durchsetzende Fernsehen entzog dem bis dahin wichtigsten musikverbreitenden Medium, dem Rundfunk, seine Hörerbasis, eröffnete zugleich aber auch neue Perspektiven für die Verbreitung von Musik. Zunächst ist der Effekt dessen jedoch ein mittelbarer gewesen. Das Kino, durch die unerwünschte Konkurrenz unter Druck geraten, reagierte mit einer Umpolung auf die jugendlichen Zuschauergruppen, die den neuen Familienritualen vor dem Fernsehschirm zu entkommen trachteten. Rock 'n' Roll war ein ideales Zugmittel dafür. Der Film, schon einmal in den dreißiger Jahren für die Entwicklung des Schlagers, des Filmschlagers, von großer Bedeutung, begann wieder eine maßgebende Rolle im Musikgeschäft zu spielen, nur daß die Filme jetzt um die mehr schlecht als recht schauspielernden Stars und ihre Songs herum gedreht wurden. Der Welterfolg eines Titels wie „Rock Around the Clock" wäre ohne den Film, wo er gleich mehrfach als dramaturgisches Versatzstück eingesetzt war – sowohl in „The Blackboard Jungle" (1955)[9] als auch in „Rock Around the Clock" (1956)[10] und „Don't Knock the Rock" (1957)[11] –, undenkbar gewesen. Bei ihrem Erscheinen im Mai 1954 verkaufte sich die Platte nämlich noch alles andere als gut.
Das Fernsehen erwies sich aber auch mit den eingeführten Jugendprogrammen sehr bald schon als eine ideale Platt-

form für die Verbreitung des Rock 'n' Roll, selbst wenn dessen Präsenz hier zunächst immer wieder Diskussionen auslöste. Eine Sendung wie die 1952 in Philadelphia von WFIL-TV gestartete und ab 1957 über ABC-TV Network in allen amerikanischen Bundesstaaten jeden Sonnabendvormittg ausgestrahlte *American Bandstand* ist in ihrem kommerziellen Stellenwert mit mehr als zwanzig Millionen Zuschauern jede Woche kaum zu überschätzen. Es gibt wohl keine unter den namhaften Rockgruppen und kaum einen Musiker, von Chuck Berry über die Beatles und die Rolling Stones bis hin zu Bruce Springsteen, der während der nun schon über dreißigjährigen Geschichte dieses Programms nicht seinen Platz darin gefunden hätte. Videotechnik und vor allem das 1981 von der Warner-Amex-Gruppe, einem Gemeinschaftsunternehmen von Warner Communications und American Express, für einen Kanal ihres Kabelangebots aufgebaute Music Television (MTV), die rund um die Uhr nonstop laufende Hitpräsentation in Form von Videoclips, haben das Medium Fernsehen in den letzten Jahren zu einem prägenden Faktor der Musikentwicklung werden lassen.
Der Rundfunk, durch den Entzug seiner traditionellen Hörerbasis beim Aufkommen des Fernsehens in eine Art Vakuum hineingeraten, orientierte sich demgegenüber nun auf spezielle musikalische Interessen jeweils möglichst genau definierter Zielgruppen und entwickelte sich dabei mit seinen ausschließlich der Rock- und Popmusik vorbehaltenen Programmen auch zum ständigen Begleiter des Alltags Jugendlicher. Als 1954 in den USA die ersten batteriebetriebenen und relativ billigen Kofferradios auf den Markt kamen, hielten die jungen Leute ein Medium in ihren Händen, das der Reichweite der elterlichen Kontrolle und Einflußnahme entzogen war. Einige zehn Millionen Stück jährlich fanden allein in den USA ab Mitte der fünfziger Jahre ihre Abnehmer. Erstmals besaßen Jugendliche damit einen völlig selbständigen Zugang zu den Medien, über den sie eigene Musikinteressen durchsetzen konnten. Es sollte sich das als entscheidende Voraussetzung für die Ausbildung altersspezifischer Musikbedürfnisse erweisen, in deren Umkreis sich die Rockmusik dann entwickelte. Nicht von ungefähr verlief auch die weltweite Verbreitung des

Rock 'n' Roll überall zeitgleich mit der Einführung des Single-Formats und des Kofferradios.
Als Ganzes betrachtet bedeutete diese explosionsartige Entwicklung der Massenmedien eine radikale Umwälzung der Produktions-, Verbreitungs-, Rezeptions- und Wirkungsbedingungen von Musik, die sich in den industriell hochentwickelten USA als dem Land, das nach 1945 auch nicht mit den verheerenden Zerstörungen des zweiten Weltkrieges konfrontiert war, zuerst vollzog. Chuck Berrys „Roll Over Beethoven" spiegelte das recht genau, nicht nur was die Oberfläche der kommerziell geschürten Rock 'n' Roll-Begeisterung anbelangte, sondern weit mehr noch mit dem Gefühl für die sich vor diesem Hintergrund abzeichnende Fragwürdigkeit aller etablierten musikalischen Konventionen. Die Entwicklung ist mit der Technologie der audiovisuellen Massenkommunikation und den dadurch ausgelösten sozialen Wandlungen innerhalb der Kultur tatsächlich über die ästhetischen Maximen eines Beethoven und der großen bürgerlichen Musiktradition buchstäblich „hinweggerollt". Die Veränderungen waren tiefgreifend.
Die bürgerliche Musiktradition ist im wesentlichen auf eine kontemplative, sich in das strukturelle Detail versenkende und darin „Verstehen" voraussetzende Weise des Hörens im Konzertsaal bezogen, nicht aber auf eine Medienrealität, die Musik in höchst vielfältige Zusammenhänge stellt. Hier kann die Rezeption ein und desselben Musikstücks – oft sogar zur gleichen Zeit und parallel – sowohl intensiv und mit konzentrierter Aufmerksamkeit erfolgen als auch partikular, zwischen Hin- und Weghören wechselnd, oder auch nur beiläufig sein, steht Musik immer im Kontext verschiedenartiger Alltagszusammenhänge, vom Schularbeitenmachen bis zur Hausarbeit. Zu derartig komplexen Beziehungen mußten die traditionellen Kriterien des bürgerlichen Kunstverständnisses in Widerspruch geraten. Durchaus analog dazu wurde aber nun auch der an die großen Verlagsimperien New Yorks und den Notendruck gebundene Tin-Pan-Alley-Schlager, der „angenehme, universelle, gut gemachte Song"[12] der Popmusiktradition, immer fragwürdiger. Aus ihm war eine sinnentleerte musikalische Mechanik nach jahrzehntelang bewährten Erfolgsmustern geworden,

die zu jeglicher Alltagserfahrung, zu der die Medien diese Musik nun immer komplexer in Beziehung setzten, quer stand. Vor allem aber sprengten die Produktionsmöglichkeiten in den Studios der Massenmedien die Grenzen des notenschriftlich Festlegbaren, was sie sehr schnell der Verfügung der Komponisten wie der Musikverlage entzog. Sowohl die songschreibenden Komponisten wie die Musikverlage wurden im Prozeß der Musikproduktion immer bedeutungsloser.

Das Musikverständnis, das sich in diesem Kontext herauszubilden begann, mußte sich von allem Vorangegangenen gravierend unterscheiden, angesichts der sich hier vollziehenden Veränderungen in den musikalischen Produktionsbedingungen, in den Verbreitungsformen auf der Basis technischer Medien und in den Rezeptions- und Wirkungsbedingungen eines hauptsächlich über Schallplatte, Rundfunk und Fernsehen organisierten Umgangs mit Musik. Rockmusik ist das Produkt der damit ausgelösten sozialen Prozesse, die eine prinzipielle Umwälzung der gesellschaftlichen Existenzbedingungen von Musikkultur bedeuteten. Kurt Blaukopf sprach im Zusammenhang damit nicht zu Unrecht von einer

> „Mutation des gesamtgesellschaftlichen musikalischen Verhaltens“[13].

Im Musikgebrauch Jugendlicher als der Altersgruppe mit dem intensivsten Umgang an Musik ist das nur zuerst und am sichtbarsten durchgeschlagen.

Freilich drückt sich darin nun keineswegs bloß die mit der Entfaltung der Massenkommunikationsmittel insgesamt veränderte Situation der Musikkultur aus. Seine unmittelbare Voraussetzung hatte das vielmehr in den sich nach dem zweiten Weltkrieg in allen Ländern des fortgeschrittenen Kapitalismus wandelnden Arbeits- und Lebensbedingungen in der Folge der wissenschaftlich-technischen Intensivierung der Produktionsprozesse. Das wohl signifikanteste Kennzeichen dessen bestand in einer umfassenden Werteverschiebung von der Arbeit auf die Freizeit, in der in wachsendem Maße das an Lebenssinn, persönlichen Verwirklichungsmöglichkeiten und Werten gesucht wurde, was sich in der Arbeit nicht mehr vermittelte. Mit der um sich greifenden Automatisierung industrieller Fertigungsprozesse ist die traditionelle Bindung der Arbeiterklasse an ihre Arbeit endgültig zerstört worden. Die in Routineoperationen zerlegte Arbeit ließ im Rahmen des kapitalistischen Ausbeutungsverhältnisses eine Identifizierung mit Arbeit als zentralem Lebenssinn immer weniger zu. Individuelle Aufstiegsmöglichkeiten schlossen die sich wandelnden Produktionsstrukturen mit ihrer Tendenz zur Polarisierung von automatengesteuerter, entpersönlichter Handarbeit auf der einen Seite sowie eines hochqualifizierten technischen Spezialistentums auf der anderen ebenso aus, wie das nackte Ausbeutungsverhältnis unter solchen Bedingungen auch nicht mehr durch die traditionelle Handwerksethik der Arbeit, den Stolz auf die individuellen Fertigkeiten und ihre materielle Vergegenständlichung im Arbeitsprodukt, zu unterlaufen war. Arbeit degenerierte vollends zum reinen Gelderwerb, zum austauschbaren „Job", was der Tendenz zu Mobilität und Flexibilität der Arbeitskraft in dieser Produktionsweise nur entgegenkam. Somit verlagerten sich die Lebensideale ganz auf die Freizeit; ein Prozeß, der nach und nach alle sozialen Schichten erfaßte und von einer extensiven Ausweitung des Konsumgüterbereichs innerhalb der kapitalistischen Industrieproduktion begleitet war. Das Schlagwort von der „Konsumgesellschaft" kam auf. Dahinter stand eine Fetischisierung von Freizeit und Konsum, die hier den eigentlich wesentlichen Bereich menschlicher Verwirklichung sah und den Sinnverlust innerhalb der Arbeit durch einen Sinngewinn in der Freizeit kompensiert glaubte. Doch selbst David Riesman, der in den fünfziger Jahren mit seinem Buch „Die einsame Masse" darauf eine der seinerzeit einflußreichsten Kulturtheorien aufbaute, mußte später eingestehen:

„... die auf der Freizeit infolge der Desintegration der Arbeit lastende Bürde ist zu groß, um damit fertig zu werden; die Freizeit selber kann die Arbeit nicht retten, sondern geht mit ihr zusammen unter; sie kann für die Mehrheit der Menschen nur dann sinnvoll sein, wenn auch die Arbeit einen Sinn hat."[14]

Trotzdem erwies sich der Prozeß der „Aufwertung" von Freizeit als ein kultureller Vorgang mit nahezu unbegrenzter Tragweite, der sich in seinen Konsequenzen dann keineswegs auf die Polarisierung zur Arbeit und die Kompensation von Sinn- und Erlebnisdefiziten reduzierte. Die Entwicklung der Freizeit zu einem als immer wesentlicher erfahrenen Bereich der Persönlichkeitsentwicklung hat kulturelle Ansprüche hervorgebracht, die nicht nur den Massenmedien neue Funktionen gegeben haben, sondern schließlich in einen neuartigen Umgang mit Kunst mündeten, der sich in den verschiedenen Formen massenwirksamer Medienunterhaltung dann niedergeschlagen hat.
Auch für den Rock 'n' Roll gilt, daß er das herkömmliche Funktionsschema der populären Musikformen durchbrach, die bis dahin im wesentlichen auf Tanz und Unterhaltung festgelegt waren, wobei sich letztere als eine unspezifische Begleit- und Backgroundfunktion für alles Mögliche verstand. Die amerikanischen Teenager reklamierten ihn nicht nur als „ihre" Musik, sondern entdeckten zugleich, daß Musik mehr sein konnte als unverbindlicher akustischer Hintergrund oder bloße motorische Stimulation der körperlichen Bewegung beim Tanzen. Sie gaben ihm eine zentrale Bedeutung innerhalb der Strukturen ihrer Freizeit, projizierten auf ihn die Problematik ihrer Situation. Simon Frith verallgemeinerte das mit den folgenden Worten:

> „Das wahre Wesen der Jugendkultur besteht darin, daß die Jugendlichen die Probleme ihrer Arbeit, ihrer Familie und ihrer Zukunft auf ihre freie Zeit verlagern; daß sie ihr Leben deshalb als Spiel verstehen und das Schwergewicht auf die Freizeit legen, weil sie eben keine gesellschaftliche Macht haben."[15]

Mit dem Rock 'n' Roll erscheint die populäre Musik erstmals in ein kulturelles Bezugssystem hineingestellt, das sie zu einer w e s e n t l i c h e n Erfahrung werden läßt, auf eine Weise bedeutungsvoll macht und Sinngehalte vermittelt, wie sie vordem allein den „ernsten" Künsten vorbehalten gewesen sind. Schallplatte und Kofferradio haben Musik im Alltag Jugendlicher nicht nur allgegenwärtig werden lassen, sondern ihr darin zugleich eine Funktion vermittelt, die die

Barrieren zwischen den ehemals separaten Sphären von Kunst und Alltag niedergerissen hat. Das „Roll Over Beethoven" von Chuck Berry ist deshalb alles andere als Blasphemie. Für seine jugendliche Fangemeinde besaß der Rock 'n' Roll die gleiche kulturelle Relevanz wie Beethoven oder Tschaikowski für die erwachsenen Musikliebhaber. Daß dies auch damals schon zumindest geahnt worden ist, belegt die Vehemenz, mit der Erziehungsinstanzen und Öffentlichkeit gegen diese neue Musikmode zu Felde zogen. Es war eben nicht bloß eine Modeerscheinung, die aus den Lautsprechern im Hintergrund vorüberrieselte. Rock 'n' Roll verkörperte, wie alle nachfolgenden Formen der Rockmusik, für seine jugendliche Hörerschaft eine bedeutsame und essentielle Erfahrung im Medium Kunst. Provozierend sind nicht die aufmüpfigen Klänge an sich gewesen; derartiges hatte es etwa mit dem Jazz auch davor schon gegeben und gehörte einfach zu den populären Musikformen dazu. Schockierend war vielmehr die Tatsache, daß dies von einer heranwachsenden Generation Jugendlicher jetzt ernst genommen wurde. Jenseits aller Ästhetikdebatten über Kunst, Massenkultur, „hohe" und „niedere" Ansprüche, die der Rock 'n' Roll schon in den fünfziger Jahren auslöste, ist mit dieser Musik Kunst in den Alltag transformiert worden als ein Bestandteil der Alltagserfahrungen, der Sinn stiftet und Vergnügen vermittelt. Oder wie es Iain Chambers formulierte:

> „Außerhalb der enggezogenen Grenzen von Schullehrplänen, ‚seriösen' Kommentaren in den Kunstspalten und ‚gutem Geschmack' verwandelten die populären Formen ‚Kultur' in etwas Unmittelbares, Vergängliches, in etwas Erfahrenes und Lebendiges. Sie offenbarten eine lange, widersprüchliche und umkämpfte Geschichte des Produzierens brauchbarer täglicher Erfahrungen; solche, die ‚Sinn' machten, Vergnügen enthielten, lebendig waren."[16]

Rockmusik steht am Endpunkt dieses Prozesses, in dessen Resultat Kunsterfahrung und Alltagserfahrung einander zu durchdringen begannen. Sie repräsentiert eine daraus hervorgehende neue Konzeption von Musik.

Ausgangspunkt dafür war der amerikanische Rock 'n' Roll der fünfziger Jahre. Die mit ihm verbundenen Veränderungen, sowohl im Umgang mit Musik wie in der technologischen Basis ihrer Produktion und Verbreitung, griffen tief in die interne Organisation des Musizierens, in die Binnenstruktur von Musik ein. Obwohl natürlich auch die Rockmusik von den Traditionen der populären Musik gespeist worden ist, dem konventionellen Popsong ebenso wie vor allem von Blues und Rhythm & Blues der Afroamerikaner, keineswegs also einen geschichtslosen Neubeginn der Entwicklung darstellt, liegt ihr doch ein neuartiges Konzept von Musik zugrunde, das auf die entstandene Medienrealität zurückzuführen ist. Insofern hat das, was sich an kunstspezifischen Erfahrungen mit Rockmusik verbindet, eine vollkommen andere Erscheinungsform, als das die bürgerlichen Kunstnormen nahelegen. Nicht nur ist die technisch vermittelte Erfahrung von Kunst durch eigene Gesetzmäßigkeiten gekennzeichnet; es geht dabei vor allem immer um solche Erfahrungen, die innerhalb massenhaft gelebter Alltagsstrukturen sinnfällig und anwendbar sind. Sinnlichkeit, Vergnügen, Phantasie, aber eben auch die im Alltäglichen verborgenen Bedeutungen und Sinnbezüge spielen nicht von ungefähr eine zentrale Rolle in dieser Musik. Deren musikalische Realisierung folgte zugleich Prinzipien, die immer stärker von der Technologie der Massenkommunikation geprägt worden sind. Die technischen Verfahren wurden zu musikalischen Möglichkeiten. Die Rockmusik schuldet ihre ästhetische und musikalische Natur in nicht unwesentlichem Maße der Technik.
Mit der Schallplatte als dem zentralen Verbreitungsmedium für Rock 'n' Roll und Rockmusik wird Musik in anderen Dimensionen gestaltbar, als das der Notendruck zuläßt.

> „Wir haben keine Songs geschrieben, sondern Schallplatten"[17]

– so das Autoren- und Produzententeam Jerry Leiber/Mike Stoller, dem vor allem Elvis Presley viele seiner frühen Hits verdankt. Der Unterschied zwischen dem Schreiben von Songs und der Titelkonzeption für eine Schallplattenproduktion ist tatsächlich gravierend. Reproduzierbar im No-

tendruck ist immer nur ein abstraktes Gerüst der Musik. Entsprechend lebte der konventionelle Popsong, der Tin-Pan-Alley-Schlager, vor allem innerhalb solcher musikalischer Parameter, die sich wie Melodik, Harmonik und formaler Aufbau in notenschriftlicher Form am besten ausarbeiten ließen. Jetzt dagegen werden die menschliche Stimme, ihr Timbre und Register, die Feinheiten in Intonation und Phrasierung, die klanglichen Eigenschaften der Instrumente, die physische Präsenz von Metrum und Rhythmus technisch kontrollierbar und damit dann auch zunehmend bewußter als eigenständige Ausdrucksebene eingesetzt. Nicht nur der ästhetische Reiz dessen ist entdeckt worden, sondern es wurde das nun auch mit immer komplexeren Bedeutungen verknüpft. Der Klang einer Gitarre, ohnehin – wie etwa von Jimi Hendrix – über die Kombination mit Effektgeräten fast „sprechend" gemacht, sagt jetzt oft mehr als die melodischen Muster, die tatsächlich gespielt werden. An der Stimme des Rocksängers ist nicht die Tragfähigkeit für differenzierte melodische Gestaltung, sondern vielmehr ihr Klang, ihre lokale Dialektfärbung, ihre physische Expressivität interessant. Mit der Möglichkeit zur Manipulation und exakten Reproduktion der klanglichen Eigenschaften von Instrumenten und Singstimme verschiebt sich der Schwerpunkt des Musizierens von seinen notierbaren Parametern, wie Tonhöhe, Dynamik und formaler Ablauf, den melodischen und harmonischen Aspekten, allmählich auf die reproduzierbaren Details des klanglichen Ausdrucks. Sound wird somit zur zentralen ästhetischen Kategorie des Rock.
Den technischen Apparaten und Verfahren kommt dabei eine immer entscheidendere Rolle zu. Sie werden in wachsendem Maße als musikalisches Material benutzt, wobei selbst die damit verbundenen Nachteile, Rückkopplung etwa, in ein Bestandteil des Musizierens verwandelt sind. Die englische Gruppe Pink Floyd war dann eine der ersten Rockformationen, die nahezu ganz ohne das traditionelle Instrumentarium ausgekommen ist. Das Ausmaß, in dem der Prozeß der Erzeugung von musikalischem Material mittlerweile zu einer ingenieurtechnischen Aufgabe geworden ist, hat Chris Tsangarides, britischer Hard-Rock-Produzent unter anderem für Thin Lizzy und Gary Moore, am

Aufbau des Klangbildes einer einzigen Gitarre sehr anschaulich beschrieben:

> „Zum Beispiel, wenn wir eine Hard-Rock-Gruppe machen und an den Grundsound der Rhythmusgitarre herangehen, arbeite ich in der Regel so, daß ich eine Menge Verstärker aufstelle, aller Arten, aller Größen und im ganzen Raum verteilt. Ich verbringe dann viel Zeit damit, sie miteinander zu verbinden und sie von Erdbrummen und dergleichen freizubekommen. Danach werden sie in unterschiedliche Positionen zueinander gebracht und Trennwände zwischen ihnen aufgebaut ... Auf jeden von ihnen schalte ich einen anderen Effekt; auf den einen Chorus, auf den nächsten Verzerrer, auf einen weiteren Delay. Von allen zusammen erhalte ich so ein Klangbild, das mit Mikrophonen in unterschiedlichem Abstand von ihnen abgenommen wird. In der Regel sind alle Mikrophone in der Nahposition auf der einen Seite des Stereotons, alle Mikrophone in der Distanzposition auf der anderen. Anschließend werden die Mikrophoneinstellungen so lange ausgemessen, bis der Sound gefunden ist, den ich haben will. Wenn ich beispielsweise mit insgesamt acht Verstärkern im Studio arbeite, dann kommen vielleicht nur vor zwei die Mikrophone unmittelbar davor. Aber die anderen schalte ich nicht etwa ab, sondern lasse sie über die Raummikrophone mitlaufen."[18]

Jeder Produzent hat so seine eigenen, oft sorgsam vor der Konkurrenz gehüteten Verfahren entwickelt, die ihn zum gleichberechtigten Mitschöpfer, wenn nicht sogar zum dominanten Pol innerhalb des künstlerischen Produktionsprozesses werden lassen, denn natürlich beschränkt sich seine Funktion nicht auf die Soundkonzeption der Instrumente. Das bleibt zumeist sogar dem Studiopersonal aus Toningenieuren und Technikern überlassen, während der Produzent die grundsätzlichen Fragen der schallplattengerechten technischen Realisierung eines Titels entscheidet, die freilich weit in den musikalischen Zusammenhang hineinreichen. Der in Einzelspuren aufgenommene Song ist zudem immer nur ein musikalisches Halbfabrikat, zu dem weitere Klangschichten hinzugefügt, aufgenommene Spuren wieder gelöscht oder noch einmal neu eingespielt werden können. Vor allem aber läßt sich jede aufgezeichnete Einzelspur nachträglich klanglich weiterverarbeiten und ist schließlich noch beim Abmischen in dem entstehenden Titel entsprechend zu plazieren, als klangliche Füllstimme, als Begleitstimme oder aber als musikalisch tragender Vordergrund. Der Produzent wie die ihm zur Verfügung stehenden Toningenieure und Techniker sind damit an der musikalischen Gestaltung nicht weniger kreativ beteiligt als die Musiker. Glyn Johns, der den Eagles ihr Erfolgsalbum „Desperado"[19] produziert hat, erklärte einmal:

> „Wenn alle nach Hause gegangen sind, dann nimmst du dir was du aufgenommen hast noch einmal vor und änderst es völlig."[20]

Trevor Horn, der 1983 der englischen Gruppe Frankie Goes To Hollywood ein hochtechnisiertes Soundkonzept so präzise anpaßte, daß sie mit „Relax"[21] einen der größten Erfolge in der gesamten Geschichte des britischen Musikgeschäfts aufzuweisen hatten, ging sogar noch einen Schritt weiter; er äußerte:

> „Die ganze Studioausrüstung bedeutet nichts anderes, als daß man mittlerweile grundsätzlich alles mit Sound machen kann und dafür nicht einmal mehr Musiker braucht. Doch ohne Musiker würde man die Liveaufführung verlieren, man würde das Feeling verlieren. Man würde das verlieren, was der ganzen Sache ihre Anziehungskraft gibt."[22]

Was man tatsächlich im Studio machen kann, hat Trevor Horn wie kein anderer demonstriert, als er aus dem aufgenommenen Grundmaterial von „Relax" insgesamt siebzehn verschiedene Versionen mit zum Teil gravierenden Unterschieden herstellte, die er eine nach der anderen herausbrachte. So ist die Geschichte der Rockmusik wesentlich auch von ihren Produzenten geschrieben worden. Und selbst Toningenieure wie Steve Lipson aus dem Studio von Trevor Horn oder Alan Parsons, der neben Produzent Chris Thomas unter anderem für die Realisierung von Pink

Floyds „The Dark Side of the Moon“[23] verantwortlich zeichnete, sind längst aus ihrer anonymen Nebenrolle herausgetreten.
Mit anderen Worten: Der Vorgang des Musizierens ist durch seine Einbindung in technische Prozesse so komplex geworden, daß er von einem Musiker allein gar nicht mehr zu bewältigen ist, geschweige denn durch einen Komponisten, wie bislang, noch notenschriftlich vorgegeben werden könnte. Rockmusik entsteht auf einer Grundlage, die – der Technologie der Studioproduktion folgend – einen zwangsläufig kollektiven Charakter trägt. Bei ihrer Liveaufführung sind dann die Studiobedingungen lediglich soweit wie möglich transportabel gemacht und werden hier von einer gruppeneigenen Technik-Crew bedient. Musik als individueller Ausdruck einer herausgehobenen Künstlerpersönlichkeit ist in solchen Zusammenhängen de facto unmöglich. Rock ist eine kollektive Ausdrucksform, in die sich der einzelne als Musiker immer nur im kollektiven Zusammenwirken mit anderen – mit Technikern, Produzenten und natürlich auch anderen Musikern – einbringen kann. Daß im kommerziellen Verwertungszusammenhang dann wieder eine nachträgliche Personalisierung erfolgt, ein *frontman* in den Vordergrund geschoben wird, hinter dem die ihrer Natur nach kollektiven Zusammenhänge zu verschwinden scheinen, ändert daran gar nichts. Der Übergang von einem hierarchisch aufgebauten Modell des Musizierens, das den Komponisten an der Spitze hat und alle anderen Beteiligten zu „Ausführenden“ seiner in den Noten fixierten Anweisungen macht, zu einer kollektiv organisierten Form des Musizierens, ist die wesentliche Wandlung in der Konzeption von Musik, die mit dem Rock 'n' Roll einsetzte. Damit wird Musik zum Medium des Ausdrucks kollektiver Erfahrungen, Emotionen und Gedankenbilder. Sie gerät in Zusammenhänge, sowohl im Prozeß ihrer Produktion wie auch innerhalb der Freizeitstrukturen Jugendlicher, die kollektiver Natur sind. Die Form des Musizierens, die innerhalb der Massenmedien entsteht, macht die Vorstellung endgültig zunichte, Musik offenbare die individuelle Innerlichkeit ihrer Schöpfer, ihre Rezeption vollziehe sich hier als private, beinahe intime Zwiesprache mit der per Klang transportierten Botschaft, die rein persönliche, allein in der

individuellen Biographie ihrer Hörer verwurzelte Empfindungen auslöse. Michael Naumann und Boris Penth haben völlig richtig beobachtet, als sie über die Rockrezeption schrieben:

> „Obwohl die Hingabe an die Musik oft individualisiert stattfindet, ist der Prozeß ihres Konsums von Gruppenerlebnissen durchzogen; die Fan-Rolle spendet einen ideellen Zusammenhang ..."[24]

Es hat sich hier das gesamte Bezugssystem verändert, in dem das Musizieren steht, worin Musik Bedeutungen erhält, Werte verkörpert. Sie wird darin nicht nur über die Massenmedien verbreitet, sie ist jetzt selbst zu einer Form der Massenkommunikation geworden.
Musikalisch erschien das mit dem Rock 'n' Roll als weitgehende Umorientierung der Popmusikentwicklung auf die Traditionen der afroamerikanischen Musik in den USA. Auch Chuck Berrys „Roll Over Beethoven" ist eigentlich nichts anderes als afroamerikanischer Rhythm & Blues. Nun haben freilich Form- und Stilelemente aus der afroamerikanischen Musik spätestens seit dem ausgehenden neunzehnten Jahrhundert mit Cakewalk und Ragtime, später dann der Jazz-Dance-Mode, immer wieder zur Belebung des Musikgeschäfts herhalten müssen, wurden von weißen Musikern aufgegriffen, ihrer ursprünglichen Bedeutung beraubt und dem herrschenden europäischen Musikgeschmack angepaßt. Auch im Jazz dominierten bis zum zweiten Weltkrieg mit der New Yorker Dixieland-Version des frühen New-Orleans-Jazz, dem Chicago-Stil und vor allem dann dem Swing letztlich immer die europäischen Musiziergewohnheiten, selbst wenn Musiker afroamerikanischer Herkunft darin eine nicht unwichtige Rolle spielten. Der Rock 'n' Roll schien in der gleichen Entwicklungslinie zu liegen, brachte aber eben doch eine entscheidende Veränderung mit sich. Elvis Presley oder Bill Haley haben aus Blues und Rhythm & Blues nicht mehr nur Versatzstücke als äußerliche Effekte ganz anderen musikalischen Kategorien aufgesetzt, sondern ihre Popularität gründete gerade darin, daß sie die afroamerikanische Musik in allen ihren Eigenarten, einschließlich der Interpretationsweise der

schwarzen Musiker, so genau wie möglich kopierten. Es fand eine regelrechte Umkehrung des Verhältnisses statt: Hatten bis dahin weiße Musiker Elemente aus der afroamerikanischen Musiktradition ihren eigenen ästhetischen Vorstellungen angepaßt, so suchten sie jetzt ihre Interpretationsweise der Ästhetik der afroamerikanischen Musik anzupassen, bis schließlich schwarze Sänger und Musiker wie etwa Chuck Berry selbst als millionenschwere Popstars in Erscheinung traten. Und das war kein Zufall oder etwa allein auf die sich nach dem zweiten Weltkrieg allmählich verändernde Stellung der afroamerikanischen Bevölkerungsminderheit innerhalb der Gesellschaft der USA zurückzuführen, die in ihrer umfassenden Politisierung und im wachsenden Widerstand im Rahmen der einsetzenden Bürgerrechtsbewegung einen Ausdruck fand. Vielmehr hatten Blues und Rhythm & Blues als Folge der jahrhundertelangen gesellschaftlichen Isolierung der Farbigen auch unter den Lebensbedingungen der modernen Großstadt, in den Ghettos, den Charakter einer kollektiven Musikpraxis, wie er jeder authentischen Volksmusik eigen ist, weitgehend bewahrt. Chris Cutler hat diese Besonderheit zu Recht auf die mit der Rassentrennung verbundene eigentümliche soziale Situation der Farbigen in den USA zurückgeführt:

> „Sie haben in gewisser Hinsicht einen beschleunigten Übergang in den Kapitalismus durchlebt, ohne in diesen Prozeß selbst einbezogen gewesen zu sein – als ‚Outsider‘. Auf diese Weise ist es ihnen möglich gewesen, die Entfremdung im Zentrum der kapitalistischen Gesellschaft zu erfahren und auszudrücken, ohne ihr dabei ideologisch zu unterliegen. Sie konnten noch mit der Stimme der Community sprechen.“[25]

Abseits von der Gesellschaft „Nur für Weiße“, in die schwarzen Stadtviertel verbannt, blieben in der afroamerikanischen Musik so all jene Eigenheiten erhalten, die das Musizieren an ein kollektives Gemeinschaftserlebnis binden, auf die von allen gemeinsam geteilte Erfahrung der Unterdrückung. Hier sind die Subjektivität des Musikers, seine Emotionalität und seine Gedankenwelt nur das Medium, durch das hindurch etwas zur Sprache gebracht ist, was letztlich das gemeinsame Schicksal aller Amerikaner schwarzer Hautfarbe repräsentiert. Hier bezieht das Musizieren immer auch den Hörer ein, verlangt den aktiven Mitvollzug durch ihn, unmittelbares Beteiligtsein. Die musikalischen Mittel, mit denen das realisiert wird, erwiesen sich für die neuen, auf die Massenmedien gegründeten Produktionsbedingungen von Musik so optimal geeignet, daß sich ihr Stellenwert innerhalb der kommerziellen Musikproduktion nahezu schlagartig änderte. Bislang immer nur als modischer Effekt, ohne wirkliches Verständnis für ihre musikalischen Eigentümlichkeiten kopiert, von den kaum an ein Massenpublikum gelangten Bemühungen der Puristen unter den weißen Jazzmusikern einmal abgesehen, wurde jetzt als Zeichen einer neuartigen, viel zeitgemäßeren Ästhetik der Popmusik von weißen Musikern wie Produzenten versucht, sie möglichst unverfälscht zu übernehmen. Neben den sozialen und kulturellen Faktoren, die der Attraktivität der afroamerikanischen Musik insbesondere bei den Jugendlichen aus den breiten amerikanischen Mittelschichten den Boden bereitet haben – auf sie wird an anderer Stelle zurückzukommen sein –, ist es die ihren musikalischen Ausdrucksmitteln eingeschriebene Kollektivität des Ausdrucks gewesen, die ihr jetzt einen so hohen Stellenwert vermittelte, daß sie zum musikalischen Ausgangspunkt von allem werden konnte, was mit Rock 'n' Roll und Rockmusik nun folgen sollte. Ganz am Beginn seiner Entwicklung war dann Rock 'n' Roll auch nichts anderes als schwarze Musik, interpretiert von weißen Musikern. Und selbst die zum Synonym für ihn gewordenen großen Erfolge entpuppen sich bei genauerem Hinsehen vielfach als weiße Nachproduktionen afroamerikanischer Blues- und Rhythm & Blues-Titel, sofern sie nicht ab Mitte der fünfziger Jahre, als im Musikgeschäft zumindest äußerlich die Rassenschranken endgültig fielen, ohnehin direkt von schwarzen Interpreten wie Chuck Berry, Fats Domino, Little Richard oder Bo Diddley in den Rock 'n' Roll eingebracht worden sind. Auch der Song, der Elvis Presley 1956 den kommerziellen Durchbruch brachte, „Hound Dog"[26], war drei Jahre zuvor bereits mit der Bluessängerin Willie Mae Thornton[27] erschienen. Bill Haley verdankte seine Popularität einem Titel des schwarzen Musikers Joe Turner,

„Shake, Rattle and Roll"[28]. Eine solche Aufzählung ließe sich nahezu endlos verlängern. Und auch später ist es immer wieder zu solchen Nachproduktionen afroamerikanischer Blues- und Rhythm & Blues-Songs gekommen, die sich wie ein roter Faden durch die Geschichte der Rockmusik hindurchziehen. Auch wenn die Formen und Spielweisen der afroamerikanischen Musik in der oft sehr vordergründigen Nachahmung durch weiße Musiker viel von ihrer Ausdruckskraft verloren haben, von ihnen gingen die entscheidenden Impulse für die unter den Bedingungen der technischen Produktion von Musik notwendigen Veränderungen in der Organisation des Musizierens aus.
Eine entscheidende Rolle dafür spielte ihre rhythmische Komplexität, das wohl herausragendste Kennzeichen der afroamerikanischen Musik, das alle ihre Formen und Stile durchzieht. Der Rhythmus ist hier die zentrale musikalische Komponente, die als Ordnungsfaktor den musikalischen Ablauf und das Zusammenspiel der Musiker organisiert. Was dabei wie die bloße Wiederholung sich gleichbleibender Formeln und Muster erscheint, bildet vielmehr das Detail einer rhythmischen Gesamttextur, die aus einzelnen Spielelementen zusammengesetzt wird. Aufgebaut auf dem Inbeziehungsetzen kurzer formelhafter Phrasen, *patterns*, die nicht für sich genommen, sondern erst in ihrer rhythmischen Beziehung aufeinander einen musikalischen Sinn ergeben, hat die afroamerikanische Musik in der Kollektivität dieses Vorgangs eine ihrer wesentlichen ästhetischen Grundlagen. Die Rhythmik gliedert hier nicht den zeitlichen Ablauf einer linearen, in sich geschlossenen Tonfolge, sondern sie ist gleichsam ins Räumliche transformiert, gibt jedem Musiker eine gleichberechtigte Spielmöglichkeit mit Bezug auf den gefühlten oder durchgeschlagenen metrischen Grundschlag, den *beat*, wobei die rhythmische Faktur dann schließlich aus der Überlagerung aller Spielebenen resultiert. In mehr oder weniger spontanem Aufeinanderreagieren entsteht so ein kollektiver musikalischer Ablauf, in den auch die Hörer einbezogen sind. Ihre Reaktionen werden von den Musikern aufgegriffen, in ihrem Spiel umgesetzt und in die entstehende Musik eingebracht. Das Ganze ist ein Miteinander-Agieren von Musikern und Hörern sowie beider jeweils untereinander, das

durch den Beat synchronisiert wird und sich in einer in Bewegung umgesetzten und von ihr dann wieder abgeleiteten Rhythmik entfaltet. Die Musik bildet dafür nur einen Rahmen, bei dem es auf ein von der Aktion des Musizierens abhebbares, in sich geschlossenes und feststehendes musikalisches Resultat gar nicht ankommt. „Ausdruck" funktioniert deshalb darin auch nicht über einen spezifischen ästhetischen Code, konventionalisierte Konstruktionsprinzipien, nach denen Inhalte in musikalische Strukturen umgesetzt und durch den Hörer, Verstehen vorausgesetzt, wieder rückübersetzt werden, sondern vielmehr über die sinnliche Unmittelbarkeit von Rhythmik, Klang, Gestik und vor allem der menschlichen Stimme. Die Fähigkeit der menschlichen Stimme, emotionale Zustände vom heiser-gequälten Laut, dem tonlosen gutturalen Grunzen bis zum ekstatischen Schrei nicht nur unmittelbar darstellen zu können, sondern sie über den natürlichen appellativen Charakter des physiologischen Vorgangs auf einen Hörer fast zwangsläufig zu übertragen, steht im Zentrum der Ästhetik der afroamerikanischen Musik. Das findet in den instrumentalen Techniken des Musizierens dann seine Entsprechung, die vielfach auf der Nachahmung der Effekte des menschlichen Kehlkopfes beruhen, mit den verschliffenen *dirty tones* emotionale Lautäußerungen nachbilden. Statt von „Ausdruck" wäre deshalb auch präziser von „Darstellung" zu sprechen. Das Wesen der afroamerikanischen Musik besteht in der kollektiven Darstellung von Emotionen, Haltungen und Gesten.

Mit der Möglichkeit, Musik auch in klingender Form technisch aufzuzeichnen und beliebig wieder zu reproduzieren, bot dieses Prinzip des Musizierens alle Voraussetzungen, um auf der entstandenen technologischen Basis der Musikproduktion in den Studios der Massenmedien eine nahezu organische Weiterentwicklung erfahren zu können. Die kollektive Darstellung von musikalischen Inhalten in rhythmisch strukturiertem Klang, das Musizieren auf die affektiven Wirkungen der Klangstrukturen hin, zudem noch ohne die Bindung an die Notenschrift, ein innerer musikalischer Aufbau, der offen ist für Spontaneität, für permanente Veränderungen im Detail, ohne dabei die Ganzheit in Frage zu stellen – das erwies sich der montageartigen Produktionsweise in den Aufnahmestudios als optimal entsprechend. Natürlich sind Rock 'n' Roll und Rockmusik nicht einfach eine lineare und geradlinige Weiterführung der afroamerikanischen Musik. In einem gänzlich anderen Kontext, der von den Freizeitbedürfnissen der Teenager und den sozialen, ökonomischen und kulturellen Gesetzmäßigkeiten der Massenmedien geprägt war, sind nur diejenigen musikalischen Möglichkeiten dieser Musizierweise ausgebaut und weiterentwickelt worden, diezugleich den jeweiligen technischen Möglichkeiten der Studioproduktion von Musik entsprachen. Schon im Rock 'n' Roll ist die ursprüngliche rhythmische Komplexität des afroamerikanischen Musizierens stark vereinfacht worden. An die Stelle der flexiblen, swingenden Rhythmik ist ein durchgehämmerter, starrer Basisrhythmus getreten. Die klangliche Subtilität wich einer lärmenden und aggressiv-aufdringlichen Spielweise. Das Schwergewicht lag auf der sinnlichen Präsenz von Rhythmus und Klang, durch Lautheit oft bis zur körperlichen Berührungssuggestion gesteigert. In der Rockmusik ist dann vor allem die klangliche Seite dessen ausdifferenziert worden. Was aber blieb, war die Organisation des Zusammenspiels über ein metrisch-rhythmisches Grundmuster, das vom Schlagzeug zusammengehalten und aus den Spielfiguren aller beteiligten Musiker additiv zusammengesetzt ist. Geblieben ist die Funktion von Klang als sinnlich unmittelbarem, körperbezogenem Darstellungsmittel, für das der emotionale Mitvollzug, das *feeling,* der entscheidende Schlüssel ist. Auch die Rockmusik bildet ihre Inhalte damit vor allem in jenen musikalischen Dimensionen ab, die kollektiv realisiert werden – Rhythmus und Klang. Das aber entspricht einer Konzeption von Musik, der eine neuartige, auf die Technologie der Massenkommunikation orientierte Musikauffassung zugrunde liegt.

In dieser Hinsicht steht die Rockmusik am Ende eines historischen Prozesses, in dessen Verlauf eine schrittweise arbeitsteilige Aufsplitterung der Funktionen des Musizierens erfolgte, so daß es bereits so etwas wie einen „quasikollektiven“ Charakter erhielt. Schon um die Jahrhundertwende lieferte der Komponist vielfach nur noch den Rohentwurf für einen Popsong, dessen Ausführung im Detail dann der Routine der Arrangeure überlassen blieb, die ihn für unterschiedliche Besetzungen, Verwendungszwecke und Druckausgaben entsprechend zuschnitten. Anfang der zwanziger Jahre zerfiel dann auch die Personalunion von Komponist und Songtexter, indem die musikalischen Songentwürfe nun nachträglich von darauf spezialisierten Schreibern betextet wurden. Die immer rücksichtsloser auf massenhaften Absatz angelegte Produktionspolitik der großen amerikanischen Musikverlage wie Robbins Music Corporation des Filmkonzerns Metro-Goldwyn-Mayer, der Verlagsgruppe Harms, Witmark & Remick's der Warner Brothers Company oder der Verlagshäuser Shapiro-Bernstein und Buddy Morris zwang zu größtmöglicher Rationalisierung durch arbeitsteilige Spezialisierung. Am Ende dieses Prozesses, in den frühen fünfziger Jahren,

> „... wurden die meisten Popsongs in den Büros der Musikverleger in New York (den Hit-Fabriken) durch eine Spezialtruppe von Schreibern verfaßt, die wie Fließbandarbeiter behandelt worden sind."[29]

Was sich dabei jedoch nicht veränderte, war das konventionelle Songkonzept. Trotz dieser Wandlungen innerhalb des Kompositionsprozesses galten die Lieder weiter als Zeichen des ganz persönlichen Ausdrucks ihrer Schöpfer, obwohl doch die Bezeichnung „Komponist" nun eigentlich nur mehr einen Rechtstitel vorstellte, der das geistige Eigentum am melodischen Einfall sicherte. Der Interpret mußte mit seiner Persönlichkeit jetzt dafür einstehen und das an subjektiver Ausdrucksgebärde nachliefern, was die Fiktion aufrechterhalten konnte, die Lieder vermittelten ein persönliches Zwiegespräch mit dem Hörer. Die Geste des *especially for you* wurde so zur kalkulierten Ideologie der Branche. Als dann schließlich aber auch die Interpretenleistung nur noch das Resultat eines kollektiven Arbeitsprozesses in den Aufnahmestudios darstellte, ist dieses Songkonzept vollends ausgehöhlt worden.
Die Rockmusik hat die gegeneinander verselbständigten Funktionen des Musizierens auf der Basis eines Songkonzepts, das nicht mehr gegen die industriellen Produktionsmethoden von Musik gewendet war, wieder zusammengebracht und damit dem Musizieren neue Dimensionen

erschlossen. Auf den Stellenwert der afroamerikanischen Wurzeln des Rock auch in diesem Zusammenhang hat Simon Frith verwiesen, als er mit Bezug auf die Vokaltechnik der Rocksänger schrieb:

„Schwarze Sänger entwickelten mit diesen Gesangstechniken eine Liedform, die individuellen und kollektiven Ausdruck vereinte. Im Gegensatz dazu schienen die Schlagersänger der traditionellen Popmusik immer nur für einen einzelnen Zuhörer zu singen – das weiße Popideal war eine Form von Massenkommunikation, die sich eher wie eine private Unterhaltung und nicht wie ein öffentliches Ereignis darstellte."[30]

Der Widerspruch zwischen den ästhetischen Grundlagen des Musizierens, wie sie sich im Ausdrucksideal des traditionellen Popsongs niederschlugen, und den realen Produktions- und Verbreitungsbedingungen, auf die es im Medienzusammenhang trifft, hat in der Rockmusik dann eine Lösung gefunden. Sie betraf nicht nur die Modalitäten des Musizierens und seine ästhetischen Grundlagen, sondern auch das Bild des Musikers selbst und öffnete zunächst einer breiten Welle von Amateuren die Studios. Der spezialisierte Professionalismus des alten Stils, die Routine von Komponisten und Arrangeuren, der auf Blattspiel trainierten Musiker paßten nicht mehr in die entstandenen Bedingungen, auf die sich Amateure viel schneller und unkomplizierter einzustellen lernten. Es entstand eine neue Kategorie des Musikers; oder wie es Chris Cutler formulierte:

„Die Technik der Musikaufzeichnung bedeutete weit mehr als nur die bloße Wiederzusammenführung bestehender Kategorien. Sie hat mit jenen eine neuartige, vordem unvorstellbare Kategorie hervorgebracht, die weder als Musiker noch als Komponisten in die neuen Medien hineingegangen sind, sondern die die Medien vielmehr auf eine neue Weise benutzten, nicht mehr den alten Institutionen und deren Gesichtspunkten verhaftet waren, sondern aus den Medien selbst hervorgingen."[31]

Der Rockmusiker repräsentiert einen Typ des Musikers, für den der kreative Umgang mit Technik, mit Verstärkern, Mikrophonen, Effektgeräten, computergesteuerten Synthesizern immer charakteristischer wird. Rockmusiker lernen ihre Instrumente zwar häufig nicht in der Weise spielen, die den traditionellen Normen entspricht, aber sie lernen sie zu kontrollieren, ihre klanglichen Möglichkeiten auf oft unkonventionellen Wegen auszuschöpfen und damit kreativ zu arbeiten. Für sie ist das Studio der Ausgangspunkt und nicht mehr der Endpunkt einer erfolgreichen Musikerlaufbahn.
Vor allem aber waren sie die ersten, die sich ohne Verbrämungen, ohne das verschämte „Als-ob"-Kunstgebaren des traditionellen Popideals mit naiver Unbekümmertheit auf das Synthetische, das Künstliche und Vulgäre, auf die bizarre und gleißende Welt der nach dem zweiten Weltkrieg heraufziehenden Massenkultur einließen. Über der Kritik am hemmungslosen Kommerz, mit dem sich diese Welt aus bunten Magazinen, Werbung, Kino, Fernsehen, Serienkrimis, Schallplatten, Coca Cola und Hot Dogs Bahn brach, ist oft übersehen worden, daß mit ihr zugleich ein ästhetischer Code für massenhaft gelebte Alltagserfahrungen geboren wurde, der der technisierten Kunstproduktion und dem durch die Kanäle der Massenmedien vermittelten, auf Vergänglichkeit orientierten Kunstgebrauch viel eher entsprach als der pseudoindividuelle Ausdruck von „Seele" und „Gefühl" des konventionellen Popsongs. Die Rockmusik ist besonders von ihren intellektuellen Sachwaltern in einem künstlichen Gegensatz zur kommerziellen Massenkultur gesehen worden, der sie immer wieder dem gleichen Mißverständnis ausgesetzt hat. Aus der Absicht heraus, Rockmusik als kulturelles Phänomen in ihrer tatsächlichen Tragweite wirklich ernst zu nehmen und nicht damit zu erledigen, daß aus dem unvermeidlichen Warencharakter des Rock, dem kommerziellen Spektakel, das auch er darstellt, der Schluß auf seine künstlerische Wertlosigkeit gezogen wird, ist um diese Musik herum ein ästhetischer Kodex konstruiert worden, dem die Rocksongs freilich in den seltensten Fällen entprachen. Jon Landau, einer der einflußreichsten amerikanischen Rockkritiker und zugleich namhafter Rockproduzent, formulierte das so:

„Für mich ist das Kriterium für Kunst in der Rockmusik die Fähigkeit des Musikers, eine persönliche, beinahe private Welt zu schaffen und vollständig auszudrükken."[32]

Dahinter stehen die akademischen Dogmen der Kunstwerk-Ideologie, nach denen auch hier „authentischer Rock" von bloßem Kommerz unterschieden sein sollte, den „synthetischen" Zeugnissen der Massenkultur gegenübergestellt ist, nicht aber die realen Rockerfahrungen. Schon John Lennon, dessen Songs gern als Ausweis für diese These genommen werden, hat sich in seinen zahlreichen Interviews immer wieder mit Vehemenz gegen den „Tiefsinn" gewehrt, der in seine Songs hineingeheimnist worden ist:

„Um mich selbst auszudrücken ... konnte ich ‚Spaniard in the Works' oder ‚In His Own Write' schreiben; persönliche Geschichten, die etwas von meinen persönlichen Gefühlen zum Ausdruck bringen. Als Songschreiber aber muß ich ein ganz anderer John Lennon sein; einer, der Lieder schreibt für diese Art von Fleischmarkt; und ich halte sie überhaupt nicht – weder die Texte noch irgend etwas anderes daran – für tiefsinnig. Sie waren nur ein Spaß."[33]

Eine deutlichere Sprache noch sprechen die Kommentare Lennons über jene, die sich mit der ambitionierten Begrifflichkeit einer Kunstwerk-Ästhetik über seine Songs hergemacht haben:

„Es gab da einen Typ in England, William Mann, der für die ‚Times' schrieb und den ersten intellektuellen Artikel über die Beatles geschrieben hat, woraufhin die Leute über uns intellektuell zu quatschen begannen ... Er schrieb 'ne Menge musikalischer Terminologie, und er ist ein Scheißer. Aber er machte uns annehmbar für Intellektuelle ... Er schreibt noch immer denselben Scheiß. Aber er hat uns auch 'ne Menge Gutes gebracht, weil alle Intellektuellen und Mittelklasse-Leute plötzlich ‚Ooh' sagten."[34]

Der rüde Ton sollte nicht darüber hinwegtäuschen, daß Lennon hier sehr genau trifft. Rocksongs sind keine Kunstlieder, nach deren in ihrer Klanggestalt verborgenem Sinn zu forschen wäre. Sie so zu nehmen, war immer nur Sache derer, die sie gegen ihre tatsächliche Eigenart als populäre Kunstform verteidigen zu müssen glaubten.
In Wirklichkeit steht die Rockmusik inmitten des kommerziellen Strudels der Massenkultur, der unterschiedslosen Zirkulation von Kulturgütern, Botschaften, Bildern und Klängen. Sie ist eine Synthese der Bruchstücke, die der Kommerz davon übriggelassen hat; aber eine Synthese, die – weil sie nur noch Bruchstücke von allem und jedem vorfindet – ihrem eigenen ästhetischen Gesetz im Zusammenhang der Medienkommunikation folgen konnte, statt mit dem Schwergewicht von Traditionen behangen zu sein. Auch der Rock 'n' Roll war eigentlich nichts anderes als ein kommerzielles Konglomerat von Spielweisen und Traditionen, die aus ihren ursprünglichen Zusammenhängen herausgerissen worden sind – der afroamerikanischen Blues- und Rhythm & Blues-Tradition sowie verschiedener regionaler Tanzmusikstile der Country Music. Später, im Rock, treffen sich dann indisches Raga mit nordenglischen und schottisch-irischen Volksmusiktraditionen, Reggae, Dub, Rap und New York Scratch, die Straßenmusik amerikanischer Großstadt-Ghettos mit den Klangexperimenten der europäischen Avantgarde. Doch die kommerzielle Verwurstung all dessen ist zugleich eben auch ein Destillationsprozeß gewesen, der jene Elemente daraus freigesetzt hat, die einer an die Medien gebundenen Kunsterfahrung, dem ästhetischen Code des Alltagslebens entsprachen. Der antitechnischen und über die eigenen ökonomischen Grundlagen schamhaft hinwegsehenden Kunstvorstellung des Bürgertums galt das immer nur als Inbegriff der kommerziellen Barbarei, als Destruktion von allen moralischen und künstlerischen Werten unterm nackten Kalkül der Marktinteressen. Die konstruktive, in eine Ästhetik des Alltags mündende Seite dieses Prozesses ist dabei stets übersehen worden. Aber Rockmusik ist keineswegs allein dadurch schon kompromittiert, daß sie in Marktstrategien eingepaßt und ihre Rezeption zum Bestandteil eines kommerziellen Kalküls gemacht ist. Wohl ordnet sie sich damit den herr-

schenden Interessen des Kapitals unter, das nicht nur auf maximalen Profit, sondern gleichermaßen auch auf die Aufrechterhaltung seiner eigenen Ordnung zielt. Aber die dabei ausgelösten sozialen wie kulturellen Massenprozesse sind mittels der dem Kapital eigenen ökonomischen Zwangsmechanismen längst nicht mehr restlos kontrollierbar. Paul Willis hat in seiner Analyse der kulturellen Aktivitäten britischer Rocker und Hippies darauf aufmerksam gemacht, daß der Umgang mit den Dingen der Warenwelt durch deren ökonomische Form nicht völlig determiniert ist:

> „Obgleich die Warenform als solche in starkem Maße die Form des Konsums nahelegt, zwingt sie diese doch keineswegs auf. Gebrauchsgüter kann man aus ihrem Kontext entfernen, auf besondere Weise für sich beanspruchen, weiterentwickeln und in Besitz nehmen, um damit zutiefst etwas zum Ausdruck zu bringen und dadurch ein wenig eben die Gefühle zu ändern, die deren Produkt sind. Und all das kann direkt vor der Nase der herrschenden Klasse geschehen und mit deren Produkten.“[35]

In den jugendlichen Rockmusik-Hörern nur die passiven Marionetten zu sehen, die am ökonomischen und ideologischen Gängelband kapitalistischer Musikindustrie zappeln, ist eine grobschlächtige Vereinfachung des Problems, die die kulturelle Potenz der Klassenkonflikte und den aus den sozialen Widersprüchen des Kapitalismus hervorgehenden Kampf um Bedeutungen und Werte im Umgang mit den populären Künsten völlig verkennt. Die Rockhörer sind keine unterschiedslose Masse manipulierter Zwangskonsumenten. Ihr Umgang mit dieser Musik, die Werte, die sie für sie verkörpert, und die Bedeutungen, die in ihr zirkulieren, folgen den sozial sehr unterschiedlich gelebten Alltagserfahrungen, auf die auch die Musikindustrie mit entsprechender Differenziertheit bis zu einem gewissen Grade eingehen muß, will sie ihre Produkte erfolgreich vermarkten. Die Grenzlinie verläuft nicht zwischen den „kommerziellen“ Rockproduktionen auf der einen Seite und den vermeintlichen „authentischen“ Rocksongs auf der anderen. Rockmusik steht vielmehr inmitten eines kulturellen und

ideologischen Spannungsfeldes, das mit der schematischen Gegenüberstellung von mehr oder weniger „kommerziell" nicht zu erfassen ist.
Die Ursache für eine solche Gegenüberstellung ist das fundamentale Unverständnis der ästhetischen Strategien, die eine in den Alltag eingebettete Kunsterfahrung tragen. Rock wird nicht durch den Apparat der Kontemplation, der anschauenden und anhörenden Betrachtung aufgenommen, sondern seine Rezeption ist ein aktiver, mit der Lebensweise im Alltag praktisch verbundener Prozeß. Rocksongs sind keine Objekte der Anschauung, danach zu bemessen, wieviel an verborgenem Sinn sie in ihren innersten Strukturen offenbaren. Ihre Banalität und Oberflächlichkeit, das Grelle, Bunte und Triviale an diesen Liedern ist kein Makel, der fehlende Tiefsinn nicht künstlerische Schwäche, der offenkundige Nonsens nicht ohne Sinn. Die populären Kunstformen sind niemals pur, als in sich geschlossene ästhetische Gebilde zu nehmen, in deren Gestaltung ein tiefer liegender Sinn eingeschlossen ist. So gesehen sind sie erschreckend banal, erscheinen im Rock die lautstarken, schrillen und von Rhythmuscomputern gesteuerten motorisch stampfenden Klangstrukturen tatsächlich wie das ohrenbetäubende Niederwalzen jeglicher auch nur etwas differenzierteren Wirklichkeitserfahrung. Daran ändern auch alle Versuche nichts, in die Rocksongs Tiefsinn hineinzukonstruieren, was ohnehin immer nur ihren intellektuellen Interpreten Bedürfnis gewesen ist oder allenfalls eine Sache der verbalen Mitteilung des Gesangs blieb. Rocksongs sind kulturelle Texte, die in der profanen Sprache von Gesten, Bildern, Modeeinfällen und Klängen zirkulieren, gebunden an die unscheinbaren Momente des Alltags, die „Ereignisse ohne Prestige", wie sie der französische Soziologe Henri Lefèbvre genannt hat.[36] Von den Medien transportiert „in die Geographie einer besonderen und individuellen Realität"[37], werden sie hier, im Alltagsleben, redimensionalisiert, erweitert um Dimensionen, die weder vom gesungenen Text noch von der Musik ablesbar sind, aber darin so etwas wie einen Rahmen finden. Was am Ende dann zählt, sind nicht die musikalischen und verbalen „Botschaften", sondern die Songs bilden vielmehr ein bewegliches Koordinatensystem kultureller Aktivitätsfelder

des Alltags, der Freizeit, das offen ist für verschiedene Möglichkeiten des Gebrauchs, der Sinngebung, der Lust, der Sinnlichkeit und des Vergnügens. Das schließt nicht aus, daß Text oder musikalische Gestaltung der Songs durch ein Kunstverständnis überformt sein können, das sie zu expliziten „Botschaften" macht. Bob Dylans Rocklyrik etwa gehört zweifellos hierher. Aber auch dann werden die Lieder in einen von den Jugendlichen selbst entwickelten Gebrauchszusammenhang hineingestellt, fragmentiert, relativiert und die festgefügten Bedeutungstrukturen wieder aufgebrochen für andere, neue, für die eigenen Möglichkeiten des Umgangs mit ihnen. Hinter den verbalen und musikalischen Strukturen der Songs steht damit ein sehr komplexer und stets aktiver kultureller Prozeß mit vielfältigen, oft nur flüchtigen und wieder vergänglichen Realitätsbezügen. Sie nach dem simplen Schema der Kunstwerk-Ästhetik als in die musikalische Form hineingegossene Inhalte fassen zu wollen, muß deshalb fehlgehen. Dann erscheinen die Rocksongs oft von grotesker Banalität, ihre tatsächlichen Wirklichkeitsbezüge sind darin aber nicht gespiegelt. Hierzu schrieb Iain Chambers völlig zu Recht:

> „Der Versuch, solche Bezüge vollständig zu erklären, würde sie unter die kontemplative Anschauung zurückzerren, der Autorität einer herablassenden akademischen Gesinnung anpassen, die eine Erfahrung zu erklären sucht, die kaum die ihre ist."[38]

Es sind neue Erfahrungen im Medium Kunst, gebunden an die Technik der Massenkommunikation, vermittelt im Alltag ihrer Rezipienten. Sie haben sich in einem Konzept von Musik niedergeschlagen, für das die Begrifflichkeit der Kunstwerk-Ästhetik untauglich ist. Sie haben den akademischen Kunstexperten seiner Autorität beraubt, weil in diesem sozialen Modell von Kunst, den populären Kunstformen, ein jeder zugleich Experte ist. Darin liegt die tiefere Wahrheit von Chuck Berrys Rock 'n' Roll-Nummer aus den fünziger Jahren –

ROLL OVER BEETHOVEN!

„Rock Around the Clock"

Der Aufbruch

Es ist die Ära Eisenhower der Jahre 1953 bis 1960 gewesen, die jene Alltagserfahrungen geprägt hat, in die der Rock 'n' Roll eingebunden war; die Ära des kalten Krieges, eine Zeit der konservativen Restaurierung des amerikanischen Kapitalismus, seines scheinbar grenzenlosen ökonomischen Wachstums. Freilich, der Name Eisenhowers steht nur als Symbol für eine Phase der Nachkriegsentwicklung in den USA, die weit vor seiner eigentlichen Amtszeit einsetzt. Die Ankurbelung der Rüstungsindustrie schon im Vorfeld des zweiten Weltkrieges hatte die Macht des Kapitals, in den krisengeschüttelten dreißiger Jahren geschwächt, wieder erstarken lassen. Der Sieg über das faschistische Deutschland und seine Achsenpartner Italien und Japan wurde in eine chauvinistische Glorifizierung des *American way of life* umgemünzt. Und die heimgekehrten Kriegsveteranen meinten ein Anrecht darauf zu haben, als die Helden der Nation gefeiert zu werden. Jetzt wollten sie nichts als ihre Ruhe, Versäumtes nachholen: Geldverdienen, Familie, der Traum vom Wohlstand. Ein anachronistischer Nationalismus war das Ergebnis und wurde zur herrschenden Ideologie. David Pichaske schrieb darüber:

> „Was die goldenen Fünfziger wirklich gewesen sind, das war eine unnatürliche Verlängerung des Heroismus und der Geisteshaltung des zweiten Weltkrieges – beides engstirnig und rückschrittlich barbarisch während der Kriegsjahre, beides borniert und anachronistisch in den fünfziger Jahren."[1]

Hierin lag auch der Nährboden für die antikommunistischen Exzesse des McCarthyismus, in denen sich die Globalstrategie der reaktionärsten Kreise des amerikanischen Kapitals mit der inzwischen zum Hauptfeind Nummer Eins gewordenen Sowjetunion innenpolitisch ausdrückte. Harry S. Truman, Eisenhowers Vorgänger im Amt des Präsidenten, hatte mit seiner berüchtigten, im März 1947 proklamierten Truman-Doktrin einen vermeintlichen Anspruch der USA auf ökonomische und politische Weltherrschaft geltend gemacht, basierend auf der These, daß der amerikanische Kapitalismus auch in den USA nur überleben könne, wenn er das System der ganzen Welt sei. Das bedeutete den offenen Bruch der Kriegskoalition mit der Sowjetunion, gefolgt von einem irrationalen Antikommunismus, mit dem zugleich die aufbrechenden sozialen Widersprüche im Inneren der amerikanischen Gesellschaft stillzustellen versucht wurde. Im März 1950 erging sich Senator Joseph R. McCarthy in einer mehr als fünfstündigen Rede vor dem amerikanischen Kongreß über eine angebliche „kommunistische Unterwanderung" der Vereinigten Staaten. Das innenpolitische Klima, angeheizt durch Untersuchungsausschüsse, Kommunistenjagd und Spionagepsychose, schlug daraufhin um in wilde Hysterie. Julius und Ethel Rosenberg werden der aufgeputschten Öffentlichkeit als sowjetische Atomspione präsentiert und in einem beispiellosen Akt von Justizmord durch ein amerikanisches Gericht auf den elektrischen Stuhl geschickt. Der Koreakrieg wird zum Blutbad der amerikanischen Demokratie. Die Hearings vor dem Kongreß-Ausschuß zur „Untersuchung unamerikanischer Betätigung", dem schon 1938 gegen die damals aufkommende Volksfrontbewegung geschaffenen, 1946 wieder aktivierten *House Un-American Activities Committee* (HUAC), erreichen ihren Höhepunkt. Auf der Basis der 1947 verabschiedeten Loyalty Order sind Loyalitätsüberprüfungen von rund 2,5 Millionen Angestellten der staatlichen Behörden durchgeführt worden. Der McCarran Act, der die Registrierung von Kommunisten und kommunistischen Organisationen vorschrieb, legalisierte umfangreiche Bespitzelungsaktionen durch das FBI. Gefahndet wurde dabei nicht nur nach vermeintlichen Anzeichen „kommunistischer Verschwörung", sondern die Schnüffelei begriff Alkoholkonsum und sexuelles „Fehlverhalten" gleich mit ein. Der Schriftsteller Bernard Malamud zeichnete später ein düsteres Bild der Situation jener Jahre, das sich in der Amtszeit Eisenhowers dann verfestigte:

> „Das Land stand im Bann einer wilden Angst vor ... Spionen und Kongreßausschüssen, vor Fliegenden Untertassen und Kommunisten samt ihren Freunden und Kolle-

gen und vor jedem, der sie um Feuer bat oder nach der Uhrzeit fragte. Intellektuelle, Wissenschaftler und Lehrer wurden von zahlreichen Ausschüssen geprüft, und wenn sie für gute Amerikaner befunden wurden, aufgefordert, Loyalitätserklärungen zu unterschreiben."[2]

Das erklärt die kulturelle Leere, soziale Starre, den Konservatismus im Nachkriegsamerika. Konformismus wurde zum Grundzug des Sozialverhaltens.
Vor allem die Jugendlichen sahen sich damit im Elternhaus wie in der Schule einer monströsen Propagierung „amerikanischer Werte", des *American way of life* gegenüber. Der Konformitäts- und Leistungsdruck innerhalb des amerikanischen Bildungssystems wuchs proportional mit den Exzessen des McCarthyismus und wurde für diese Nachkriegsgeneration zu einer sozialen Grunderfahrung. Am nachhaltigsten schlug das auf die High School durch; die Schulform, die den Weg zum sozialen Aufstieg ebnete, auf eine College- oder Universitätsausbildung vorbereitete. Mit dem langsam wachsenden Wohlstand im Amerika der fünfziger Jahre, zumindest für die weiße Bevölkerungsmehrheit – das durchschnittliche Familieneinkommen stieg um fünfzehn Prozent[3], der Durchschnittslohn sogar um zwanzig Prozent –, wurde sie zum klassischen Bildungsweg für die Jugendlichen aus den kleinbürgerlichen Mittelschichten:

„Die Bedeutung einer Collegeausbildung war jedem jungen Mittelklasse-Amerikaner von frühester Kindheit an tief eingeprägt; teils weil die Amerikaner in dem kindischen Glauben leben, daß jedes Problem allein dadurch lösbar sei, daß der Betroffene über die richtigen Beglaubigungsschreiben verfügt, teils weil die Collegeausbildung ihrer Kinder etwa das Gleiche war wie eine Gartenparty oder ein neuer Chrysler – nichts anderes als ein mittelständiges Statussymbol."[4]

Eine immer größere Zahl von jungen Amerikanern strebte so auf die High Schools. Hier waren die Vierzehn- bis Siebzehnjährigen einem Reglement unterworfen, das einen gesellschaftlichen Organismus eigener Art abgab und für die Rock 'n' Roll-Erfahrung den sozialen Hintergrund bildete.

Die amerikanische High School verstand sich damals noch traditionsgemäß nicht nur als Lernanstalt, sondern sie wollte darüber hinaus ein Modell des gesellschaftlichen Lebens sein, das die Jugendlichen nach dem Bild eines dynamischen und flexiblen, hochgradig leistungsmotivierten und im äußeren Auftreten stets smarten mittleren Angestellten konditionierte, der später einmal seiner Firma wahrhaft zur Zierde gereichen würde. Besonders in den unzähligen Kleinstädten bildeten diese Bildungsinstitute mit ihren obligatorischen Sportveranstaltungen, ihren vielfältigen kulturellen Aktivitäten und den als bleibende Höhepunkte vorbereiteten High School-Bällen, den *Proms*, so etwas wie den Mittelpunkt des lokalen Kulturlebens. Das Reglement, nach dem der Alltag in den Klassenzimmern organisiert war, frönte den konservativsten Vorstellungen bürgerlicher Wohlanständigkeit. Ein Auszug aus einem der vielen Handbücher, die den Schülern die Grundregeln angemessenen Verhaltens ans Herz legten, dem „High School Student Handbook" der Springfield High School in Springfield/Pennsylvania, mag dies belegen:

> „Eine Sache, auf die du dich in Springfield immer verlassen können sollst, ist die gepflegte Erscheinung und das gute Benehmen deiner Klassenkameraden. Jedesmal wenn wir einen Ausflug machen, Besucher in unseren Gesellschaftsprogrammen haben oder auf irgendeine Weise vor die Öffentlichkeit treten, tragen die Jungen Jackett und Krawatte, und die Mädchen machen sich ein bißchen feiner als sonst. Als ein Vertreter der Springfield High School mußt du dich jederzeit von deiner besten Seite zeigen, innerhalb und außerhalb der Schule."[5]

Mit ihrer Kleiderordnung, den andressierten Umgangsformen, dem Vereins- und Korpsgeist, dem ganzen spießigen Drumherum, Gesellschaftsprogrammen, Schülerklubs und eigener Zeitung war dies eine Welt für sich. Der amerikanische Soziologe Arthur Coleman beschrieb den High School-Schüler dann auch als

> „... abgeschnitten vom Rest der Gesellschaft, in seine eigene Altersgruppe hineingezwängt. Mit seinen Klassenkameraden bildete er schließlich eine Mini-Gesellschaft

aus, die ihre wichtigsten Interaktionen in sich selbst hat und zu der Erwachsenen-Gesellschaft draußen nur noch wenige Verbindungsfäden unterhält."[6]

Genau das entsprach dem Erziehungskonzept der High School, denn die Künstlichkeit dieser Schulwelt sollte jene Persönlichkeitseigenschaften prägen, die den späteren Staatsbediensteten oder leitenden Angestellten der unteren Etagen auszuzeichnen hatte, ohne daß diesem Standardformat des Büromenschen dann in irgendeiner Weise noch die geheiligte „individuelle Freiheit" beschnitten zu werden brauchte. Seine Programmierung auf die Regeln dieser Gesellschaft erfolgte in der High School, danach hatte er nur noch zu funktionieren, durfte das dann aber für den Ausdruck seiner „individuellen Freiheit" halten.
Die Gründe dafür, daß dieser wohlorganisierte Bildungsperfektionismus Anfang der fünfziger Jahre auf immer größere Widerstände stieß, vom Makel der Disziplinlosigkeit getroffen wurde, bis schließlich sogar der vulgäre, lärmende Rock 'n' Roll in die heiligen Hallen Einzug hielt, lagen in nicht unwesentlichem Maße in ihm selbst. Der Mief des Konservatismus, der die High Schools beherrschte, entsprach zwar dem politischen Klima der Zeit, aber längst nicht mehr den realen Erfahrungen der Jugendlichen, die darin zu ersticken drohten. Die propagierten traditionellen Werte höherer Schulbildung hielten der sozialen Wirklichkeit einfach nicht mehr stand. Aufrechterhalten wurden sie durch Heuchelei. Das versprochene Paradies nach erfolgreich abgeschlossenem Schulexamen mit Bestnoten erwies sich als fader Wohlstand, der als Zielvorstellung nicht mehr taugte, weil es ein Wohlstand auf Kredit geworden war, bloße Fassade, unecht durch und durch. Der seine Produktionsweise radikal modernisierende amerikanische Kapitalismus ließ eine akzeptable berufliche Perspektive auch für die Absolventen höherer Bildungseinrichtungen nicht mehr erkennen. Der Do-it-yourself-Kapitalismus war endgültig vorbei. Gefragt war ein Heer von technischen Angestellten, die Bürostunden absaßen oder automatisierte Fertigungsstrecken überwachten und disponibel eingesetzt werden konnten; sofern eine Qualifizierung zur kreativen Leistungselite von Spitzenwissenschaftlern im Technologiebe-

reich nicht in Frage kam – eine Perspektive allenfalls für die besonders Begabten mit entsprechend begütertem Elternhaus, denn derartige Studienplätze kosteten angesichts des dafür notwendigen Technikaufwandes astronomische Summen. Das Fehlen eines allgemeinen Lebensziels wurde so zum Grunderlebnis dieser Generation. In dem von den amerikanischen Soziologen dazu gesammelten Material kommt dieser Aspekt oft genug eindrucksvoll zum Ausdruck:

> „Ich möchte nicht sein wie jeder andere. Die Schablonen hängen alle da und warten darauf, daß man in die Form gegossen wird. Heirate einen Ingenieur, wohne in einem kombinierten Typenhaus in einem anständigen Vorort für den wohlhabenden Mittelstand, bringe zwei-Komma-drei Kinder zur Welt, zahle deine Steuern und vollziehe zweimal wöchentlich den Beischlaf mit deinem dir gesetzlich angetrauten Gatten. Jeden Morgen, wenn du erwachst, zieh dich wie ein japanisches Kinderspielzeug selber mit dem kleinen Schlüssel auf, der in deinem Kreuz steckt. Geh durchs Leben ohne eine einzige Sache ganz allein zu denken, zu fühlen oder zu tun, indem du dich vom Strom treiben läßt und es nimmst, wie es kommt. Nein, besten Dank; ohne mich, niemals."[7]

Mußte das schon die in den High Schools verfolgten Bildungsziele in Frage stellen, so tat die auf den Fernsehschirmen flimmernde, aus den Lautsprechern der Kofferradios und Musikautomaten strömende, auf Kinoleinwänden und glänzenden Magazinseiten abgebildete kommerzielle Welt der Massenkultur das ihre, um dem konservativen Bildungseifer an diesen Instituten endgültig den Garaus zu machen. Hier strömte eine Flut von Konsummöglichkeiten auf die Jugendlichen ein und lieferte ihnen als Stimulation zu immer neuem Konsum das Leitbild eines schrankenlosen Hedonismus, des Vergnügens als Lebensziel und -inhalt. Das ganze System der Werbung mit ihrer raffiniert kalkulierten Verkaufspsychologie war letztlich auf nichts anderes abgestellt als die Propagierung von Konsum um seiner selbst willen, den zu rechtfertigen es eines entsprechend starken Motivs bei den zahlenden Kunden bedurfte: das Vergnü-

gen daran. Vergnügen als der eigentliche Lebenszweck, so hieß der unablässig variierte Wahlspruch der Werbung. Wie noch keine Generation vor ihnen waren die Jugendlichen jetzt durch eigens für sie ausgestrahlte Rundfunkprogramme, Fernsehsendungen, das Kino und in den aufkommenden Jugendzeitschriften der verlockenden Bilderwelt der Reklame ausgesetzt, die auf einen auf ihre Bedürfnisse abgestimmten Freizeitmarkt aus Modeartikeln, Kleidung und natürlich Musik zielte. Und wie noch keiner Generation zuvor standen vor allem den an den High Schools versammelten Jugendlichen auf Grund ihrer sozialen Herkunft auch die Möglichkeiten zur Verfügung, auf das propagierte Konsumvergnügen einzugehen; um so mehr, als sie den Preis dafür ja noch nicht selbst zu zahlen hatten. Vergnügen wurde so zu einem bewußt ausgelebten und wesentlichen Inhalt ihrer Freizeit, zu einem zentralen Wert in ihrem Verhalten, das Auto, die Party, Petticoat und Pferdeschwanz zu äußeren Zeichen dafür.
Kein Wunder, daß das mit dem konservativen Bildungsanspruch der High School wie mit den Erziehungsnormen des Elternhauses kollidierte. Dahinter stand der immer tiefer gewordene Widerspruch zwischen der gesellschaftlichen Konditionierung der Arbeitskraft, die von der Schule zu leisten und in letzter Konsequenz auf Askese wie Konsumverzicht gerichtet war, möglichst hohe Arbeitsleistungen für möglichst niedrigen Lohn gewährleisten sollte, und demgegenüber der ökonomischen Formierung eines geeigneten Konsumentenleitbildes für die expandierende Konsumgüterindustrie, das das genaue Gegenteil davon zu sein hatte. Der dort indirekt geforderte Konsumverzicht – das Bild vom fleißigen, seiner Firma treu ergebenen und sich jeglicher Extravaganzen enthaltenden Angestellten – erwies sich hier als das größte Hindernis für das ökonomische Funktionieren des kapitalistischen Gesellschaftszusammenhangs, denn außerhalb der Produktionssphäre war der Spontankäufe tätigende, auf jede Extravaganz des Warenangebots eingehende Konsument gefragt. In der Nachkriegsentwicklung der USA erreichte dieser Konflikt durch den reaktionären Konservatismus des McCarthyismus mit seiner Berufung auf die bewährten Muster des amerikanischen Kapitalismus, der in der Politik Eisenhowers seine lineare

Fortsetzung fand, und andererseits der einsetzenden wirtschaftlichen Prosperität, die das Wort von der „Konsumgesellschaft" aufkommen ließ, eine nie dagewesene Schärfe. Die Jugendlichen an den High Schools durchlebten ihn im Aufeinanderprallen der völlig konträren Wertsysteme von Schule und Freizeit mit der ganzen Wucht der hier wirkenden sozialen Kräfte. Die Autorität von Elternhaus und Schule verlor darin zwangsläufig an Glaubwürdigkeit, denn die von ihnen vermittelten Werte stimmten so gar nicht mehr mit dem „wirklichen Leben" außerhalb der Schule überein. In gleichem Maße aber wuchs auch die Abhängigkeit von ihnen, war es doch der elterliche Wohlstand, der die diversen Vergnügungen der Freizeit wie Autofahren, Tanzen, Partys und stets neue schicke Kleider ermöglichte, während der High School-Abschluß mit der Aussicht auf entsprechende Verdienstmöglichkeiten später einmal eine solche Lebensweise auch für die Zukunft sicherte. Das Bewußtsein dieser Abhängigkeit verstärkte noch die Alternativfunktion der Freizeit, ließ sie zum Refugium werden, das wenigstens zeitweilig eine Verwirklichung der eigenen Jugend erlaubte. So wurde die Freizeit für diese Jugendlichen zur Gegenwelt von Schule und Elternhaus; ihr Alltag bewegte sich zwischen diesen Polaritäten. Es ist das auch der Erfahrungshintergrund für den Rock 'n' Roll, immer wiederkehrendes Grundmuster in seinen Texten. In Chuck Berrys „School Day"[8] etwa kommt das auf eine sehr charakteristische Weise zum Ausdruck:

Up in the morning and out to school,
The teacher is teaching the golden rule,
[...]
Working your fingers right down the bone,
And the guy behind you won't leave you alone,
[...]
Back in the classroom, open your books,
Gee, but the teacher don't know how mean she looks,
[...]
Soon as three o'clock rolls around,
You finally throw your burden down,
Close your books get out of your seat,
Out of the classroom into the street,

Up to the corner and round the bend,
Right to the juke box joint you go in.
Drop the coin right into the slot,
You've got to hear something that's really hot,
With the one you love you're makin' romance,
All day you've been wanting to dance.

Der hier ausgesprochene Gegensatz von Schule und Freizeit umfaßt eine reale Erfahrung, die im Selbstverständnis Heranwachsender sicher generell zu beobachten ist, an den amerikanischen High Schools der fünfziger Jahre aber eine zusätzliche Dimension erhalten hatte, weil sich in dieser Erfahrung nun zugleich auch die aufreißenden inneren Widersprüche der Lebensweise im Kapitalismus zu spiegeln begannen. Die zentrale Bedeutung, die der Rock 'n' Roll für die Jugendlichen an den High Schools erhielt, hing damit zusammen, daß an ihm die Bedeutungen und die Werte ihres Freizeitverständnisses festgemacht und ausgelebt werden konnten. Mit ihrem Musikgebrauch haben sie den Rock 'n' Roll entscheidend geprägt, ihre Alltagsproblematik bestimmte seine Inhalte. Über die Medien wurde das dann schließlich auch zum Modell für das Freizeitverhalten der Jugendlichen aus anderen sozialen Schichten.
Musik ist immer schon am unmittelbarsten mit der Erfahrung des Heranwachsens verbunden. Das war schon so, als zu Beginn des Jahrhunderts die Tanzmoden die amerikanischen Städte überschwemmten. Besonders der Jazz hatte dann als Tanzmusik eine ungeheure Anziehungskraft auf die junge Generation seiner Zeit. Doch er vermittelte den Jugendlichen vor allem noch den Reiz des Schon-Erwachsenseins, der gleichberechtigten und selbständigen Teilnahme an den Vergnügungen der Erwachsenen, von denen und für die er ja auch gemacht wurde. Der Rock 'n' Roll dagegen war ein unmittelbares Produkt der Verschmelzung von jugendlichem Selbstverständnis und populärer Musik, wie sie durch die nach dem zweiten Weltkrieg entdeckte Kaufkraft Jugendlicher vor allem auf dem Schallplattenmarkt zustande kam. Bislang immer nur mehr oder weniger hingenommene Selbstverständlichkeit – Musik gehörte zu den regelmäßigen High School-Festen einfach dazu und ging voll und ganz darin auf, den Anlaß zum Tanzen und

den Rahmen zur Partnerbegegnung zu liefern –, wurde sie mit dem Rock 'n' Roll jetzt zu einem von den Jugendlichen bewußt angeeigneten Medium der Verkörperung der von ihnen entwickelten Sinnstruktur ihres Freizeitverhaltens. Fortan waren Tanzen und Musik nicht mehr nur beliebte und willkommene Zerstreuungen, sondern es erhielt das nun einen Bedeutungsgehalt eigener Art, fixierte die zentralen kulturellen Werte ihrer Freizeit, nahm sie in sich auf, absorbierte sie und gab sie weiter. Das kam einem prinzipiellen sozialen Bedeutungswandel gleich, den die populäre Musik hier in den Freizeitstrukturen Jugendlicher erfuhr. Mit Plattenspieler, Autogrammpostkarten und Postern hielt sie Einzug in das zum Teenager-Reich umfunktionierte Kinderzimmer, worin sie nun über alle Maßen ernst genommen war, sich vom unverbindlichen Spaß am Rande zum wesentlichen Freizeitinhalt wandelte. Statt nur noch passiv hinzunehmen, was die Erwachsenen für „gute" Musik hielten, was in den Tanzstunden die Klangfolie zum Erlernen der Regeln des „guten Benehmens" abgab, wählten die Jugendlichen „ihre" Musik jetzt selbst aus, suchten sich das an Musik, was die Werte und Bedeutungen ihrer Freizeit aufnehmen und weitergeben konnte. Dabei handelte es sich um Musikformen, die alle schon existierten und sich auch kaum veränderten, den Rhythm & Blues der Afroamerikaner, eine Nachkriegsentwicklung des städtischen Blues-Idioms, und die Country Music aus dem ländlichen Süden. Neu daran war nur die Bezeichnung: Rock 'n' Roll. Greil Marcus hat so völlig recht, wenn er feststellt:

> „Die meisten der frühen Rock 'n' Roll-Stile waren Variationen schwarzer Formen, die Gestalt angenommen hatten, bevor die weißen Hörer sie entdeckten ..."[9]

Die Musikindustrie brauchte lange, um damit zurechtzukommen, daß der von ihr gerade so hoffnungsvoll entdeckte neue Markt der jugendlichen Plattenkäufer sich nicht einfach bloß beliefern ließ nach den bisherigen Regeln kommerzieller Logik. Es bedeutete das eine Erschütterung der Grundfesten des Musikgeschäfts, was die sorgfältig auskalkulierten Verkaufskategorien von Popular Music für den nationalen Markt, Country Music für den regionalen Markt und Rhythm & Blues für den afroamerikanischen Markt schließlich vollkommen ad absurdum zu führen drohte. Doch bevor es soweit kommen konnte und das ohnehin schon risikoreiche Geschäft mit der Musik völlig unkontrollierbar machte, nahmen die Strategen der Musikindustrie eine Neuaufteilung ihres Marktes vor. Rock'n' Roll wurde nun diejenige Verkaufskategorie benannt, in der Angebot und Abrechnung dessen erfolgte, was die Bedürfnisse jugendlicher Plattenkäufer traf. Kalkulierbar aber war das auf Grund des aktiv gewordenen Umgangs mit Musik, die jetzt in einem von den Jugendlichen selbst entwickelten Gebrauchszusammenhang stand, nicht mehr.

Bereits zu Beginn der fünfziger Jahre, ausgehend vom urbanen und kleinstädtisch entwickelten Süden der USA, begannen sich auffällige Veränderungen im Musikgeschmack der Jugendlichen an den High Schools abzuzeichnen. Statt weiterhin Publikumslieblingen wie Frank Sinatra oder Frankie Laine, den kessen Balladen der Rosemary Clooney oder den sanften Wellen von Patti Pages „Tennessee Waltz“[10] zu folgen, ließen sie sich von den energiegeladenen Rhythmen der Tanzmusik der Afroamerikaner faszinieren. Fats Dominos „The Fat Man“[11] gehörte 1950 zu den ersten Platten des Rhythm & Blues, die sowohl schwarze als auch weiße Käufer fanden. Dabei handelte es sich um einen konventionellen achttaktigen Blues, der auf den 1940 eingespielten „Junker Blues“[12] des farbigen Musikers Champion Jack Dupree aus New Orleans zurückging. Die Voraussetzungen dafür, daß diese Musik überhaupt über die massiven Rassenschranken hinweg bis zu den weißen Jugendlichen vordringen konnte, hatte das Radio geschaffen.

Rundfunkstationen, die sich durch eine entsprechende Musikauswahl – Blues, Jazz, Gospel und vor allem die verschiedenen Stilrichtungen des aufkommenden Rhythm & Blues – an die afroamerikanische Bevölkerung der USA als Zielgruppe für ihre Werbung richteten, gab es in immer größerer Zahl schon in den Kriegsjahren. Steigende Löhne im Zusammenhang mit dem wachsenden Arbeitskraftbedarf der mit der Rüstung verbundenen Industriezweige hatte auch sie für die Rundfunkwerbung interessant werden lassen. Die Zielgruppen für ihre abzusetzende Werbung bauten sich die kommerziellen Rundfunkstationen über das

Musikprogramm auf. Auf der Basis einer regelmäßig erneuerten *playlist*, in der alle Titel aufgeführt waren, die im Programm eingesetzt werden durften, erfolgte seine Zusammensetzung mit genau jener Musik, die die potentiellen Kundenkreise der Werbeträger ansprach. Die so entstandenen Rhythm & Blues-Stationen hatten sich Anfang der fünfziger Jahre über das ganze Land ausgebreitet. Und da es unmöglich war, die Rassentrennung auch im Äther aufrechtzuerhalten, bedurfte es nicht mehr als des Drehens an der Sendereinstellung, um diesen Stationen mit ihrer Musik und der atemberaubenden „heißen" Sprechweise ihrer Diskjockeys zuzuhören. Der Trend zum Fernsehen veranlaßte dann auch die zu überregionalen Senderketten zusammengeschlossenen nationalen Rundfunkstationen für das „weiße Amerika", sich auf die lokale Ebene zu orientieren, um gegenüber den landesweit operierenden Fernsehsystemen mit einem etwas anderen Programmakzent konkurrenzfähig zu bleiben. Andernfalls hätten sie ihre zahlenden Werbeträger völlig ans Fernsehen verloren, was für sie der Bankrott gewesen wäre. Damit erhielten die verschiedensten regionalen Musikstile der Country Music wieder einen erheblich größeren Stellenwert in ihrem Programmangebot.

Sowohl Rhythm & Blues – eine Bezeichnung, hinter der sich die Spielweisen im städtischen Blues-Idiom, afroamerikanische Tanzmusik und der damals von gospelbeeinflußten Vokalensembles wie den Inkspots oder den Drifters interpretierte schwarze Schlager verbargen – als auch die Country Music setzten sich aus einer enormen Breite divergierender Musikstile zusammen. Von den Teenagern, die über das Radio jetzt Zugang zu beidem hatten, wurde ohne Rücksicht darauf einfach das ausgewählt und angenommen, was ihren Freitzeitwerten entsprach – Musik, die rebellisch und provozierend wirkte, sinnliches Vergnügen vermittelte und sich in ihre Welt aus Partys, Rendezvous, protzigen Autofahrten, Träumen und Sehnsüchten einordnen ließ. Elvis Presleys erste Singleproduktionen kombinierten gleich beides, eine nachproduzierte Bluesnummer auf der Vorderseite der Platte mit einem nachgesungenen Countrysong auf ihrer Rückseite. Bill Haley kam von einem hauptsächlich in Texas und Oklahoma beheimateten Country-Ableger des Swing, einer Adaption von Swingstandards in den Sound der volksmusikalischen String Bands dieser Region. Seine Band, in der er ab 1947 zunächst als Sänger arbeitete, bevor er sie als Leiter übernahm, nannte sich bis 1947 noch The Four Aces of Western Swing. Wenige Jahre vor seinem großen Erfolg mit „Rock Around the Clock" hatte ihn eine Werbeanzeige der Radiostation WPWA in Chester/Pennsylvania, bei der er zugleich als Diskjockey angestellt war, als „der Nation singender und jodelnder Cowboy Star"[13] ins Geschäft zu bringen versucht. Chuck Berry kam aus Chicagos Bluesszene, wo er einige Jahre in den Southside-Bars der Stadt gewirkt hatte, bis ihm 1955 mit „Maybellene"[14] ein Song gelang, von dessen Musik nun auch weiße Jugendliche fasziniert waren. Das machte Berry zum ersten, auch von den Medien akzeptierten Rock 'n' Roll-Star schwarzer Hautfarbe. Er blieb nicht der einzige afroamerikanische Musiker im Rock 'n' Roll-Geschäft; Fats Domino, Little Richard, Bo Diddley spielten dann eine nicht minder große Rolle.

Beide an sich grundverschiedenen Musikrichtungen, Country & Western wie Rhythm & Blues, wiesen Gemeinsamkeiten auf, die sie trotz ihrer ausgeprägten musikalischen Verschiedenartigkeit den Jugendlichen an den High Schools zu etwas substantiell Gleichem werden ließen – zum unverfälschten Ausdruck durchlebter Erfahrung. Beide gingen auf volksmusikalische Quellen zurück – auf die Tradition des Blues beziehungsweise die Lieder und Tänze der weißen Landbevölkerung –, die die Ausgestoßenen und Außenstehenden im Amerika des zwanzigsten Jahrhunderts repräsentierten, die Farbigen und den *poor white trash*, den „armen weißen Dreck", die Landarbeiter und Kleinfarmer. Obwohl der Rhythm & Blues und stärker noch die Country Music zu Beginn der fünfziger Jahre längst kommerziell gewordene Spielarten ihrer ursprünglich volksmusikalischen Traditionen vorstellten, in streng voneinander abgegrenzte und durch die Rassenschranken getrennte Verkaufskategorien eingeordnet waren, lagen ihre Wurzeln damit gar nicht so weit auseinander wie das die Musikindustrie mit ihrer starren Gegenüberstellung von „weißer" Country Music und „schwarzem" Rhythm & Blues glauben machen wollte. John Grissim bezeichnete deshalb nicht zu Unrecht die

Country Music als den „Blues des weißen Mannes“[15]. Beide wiesen einen inhaltlichen Naturalismus auf, der himmelweit entfernt war von der Phantasiewelt des Broadway und sich statt dessen mit den tatsächlichen Erfahrungen wirklicher Menschen in oft sehr drastischen sprachlichen Bildern auseinandersetzte, etwas Echtes und Unverfälschtes repräsentierte in einer Welt, die nur noch durch Geld und Konsum beherrscht schien. Über den Blues schrieb Rudi Thiessen sehr treffend:

> „Die Erfahrung mit Blues ist zunächst die Utopie einer nicht verstümmelten Erfahrung ...“[16]

Und zur Country Music heißt es bei Bill Malone, daß sie

> „... mehr als jede andere Musikform die naturalistischste Ausdrucksform der amerikanischen Musik wurde und sich mit Problemen wie Trunksucht, Scheidung, Untreue, Eheproblemen und Tragödien beschäftigte.“[17]

Auch in musikalischer Hinsicht gab es zwischen Country Music und Blues wenigstens in einem Punkt Entsprechungen. Beide basierten auf einer Klangästhetik, die im vokalen Ausdruck emotionale Qualitäten sinnlich direkt und unmittelbar umsetzbar machte; in der Country Music durch eine scharfe und etwas nasale Tongebung, im Blues durch eine gebrochene, expressive Singweise.

Trotzdem war die soziale Lage der weißen und schwarzen Landbevölkerung im Süden der USA, wo beide Musikrichtungen ihre Wurzeln hatten, doch immer noch so unterschiedlich, daß ihre musikalischen Ausdrucksformen über diese Gemeinsamkeiten hinaus und unbesehen der wechselseitigen Beeinflussungen grundverschieden blieben, Unterschiede aufwiesen, die sich im Prozeß ihrer kommerziellen Verwertung dann noch vertieften. So lebte der Blues von den kollektiven Erfahrungen der schwarzen Bevölkerungsminderheit und entwickelte sich mit den Veränderungen ihrer Lebensumstände weiter. Er paßte sich der Lebensweise in den Ghettos der Großstädte an und fand hier zu neuen musikalischen Ausdrucksmitteln, die das Denken und die Gefühle des schwarzen Industrieproletariats spiegeln konnten, im Rhythm & Blues dann ihrem Bedürfnis nach wenigstens einem Moment unbeschwerten Alltagsvergnügens entsprachen. Die Country Music dagegen hat auf soziale Veränderungen kaum reagiert. Sie war geprägt vom Individualismus der amerikanischen Gründerzeit, nur eben auf der Verliererseite, der sich deshalb aber nicht weniger tief auf Gottvertrauen und harte Arbeit gründete, in beidem Ewigkeitswerte menschlicher Ordnung sah. Ihr Grundzug ist ein oft bornierter Konservatismus, und der verfestigte sich noch, als sie mit dem Aufkommen des Radios in den zwanziger Jahren nach und nach kommerziell verwertet wurde. Jetzt stand sie für die Wertvorstellungen eines natürlich gebliebenen „uramerikanischen" Lebens, die nostalgisch dem hektischen Großstadtbetrieb gegenübergesetzt wurden und den Pioniergeist der Landnahme in die nüchterne Geschäftswelt des Industriekapitalismus projizierten, die Größe und Weite Amerikas in die bürgerliche Enge seiner Gesellschaftsstrukturen hineintrugen.

Der Konservatismus der Country Music auf der einen Seite und die rebellische Energie des Rhythm & Blues auf der anderen wurden zur Essenz des Rock 'n' Roll, der damit eine Ambivalenz offenbarte, die dem Lebensgefühl der Jugendlichen an den High Schools sehr genau entsprach. Alles ganz anders machen zu wollen als ihre Eltern und doch genauso zu sein – in Wohlstand und Konsum die wesentlichen Voraussetzungen eines sinnerfüllten Lebens zu sehen, aber dessen Sinn nicht mehr finden zu können –, das war der innere Konflikt, an dem sich diese Generation Jugendlicher abmühte. Der Rock 'n' Roll hat diesen Konflikt, sowohl das lautstarke Aufbegehren als auch den heimlichen Konformismus, musikalisch auf eine Formel gebracht. Deshalb konnte er zum Medium werden, das die widersprüchlichen Erfahrungen der Teenager zu umfassen, aufzunehmen und weiterzugeben in der Lage war.

Zum erstenmal kam das explizit in jenen Aufnahmen zum Ausdruck, die ein damals völlig unbekannter junger Mann, Lastwagenfahrer der Crown Electric Company, im Juli 1954 für das kleine Sun-Label des Memphis Recording Service einspielte – Elvis Presley. Der Memphis Recording Service ist eines jener obskuren Einmannunternehmen gewesen, die darauf hofften, irgendwann einmal auf dem Musikmarkt eine Goldader zu entdecken. Zu den Einnahmequellen gehörte neben den Aufnahmen unbekannter Bluessänger der Region, die an die großen Schallplattenfirmen weiterverkauft wurden, auch ein Schallplattendienst für jedermann. Gegen Entgelt von einigen wenigen Dollars konnte sich wer wollte ins Studio stellen und zum privaten Gebrauch eine Plattenaufnahme von sich machen lassen. Als im Sommer 1953 auch Elvis Presley hier das erste Mal auf eigene Kosten seine Gesangskünste versuchte, hatte er gerade die Humes High School in Memphis hinter sich und angesichts der eher bescheidenen Ergebnisse seiner Abschlußprüfung nicht mehr als einen Job als Fahrer in Aussicht. Bis zu diesem Zeitpunkt ist seine Entwicklung in vieler Hinsicht typisch für diejenige seiner Generation im Kleinstadt-Amerika verlaufen. Geboren 1935 in Tulepo/Mississippi, das Elternhaus verarmter kleinbürgerlicher Mittelstand – sein Vater war selbständiger Lastwagenfahrer gewesen, bevor er für ein Fuhrunternehmen arbeitete –, aufgewachsen in Memphis, wo Elvis Presley es schließlich bis zur High School brachte, hatte er die Trostlosigkeit der kleinbürgerlichen Alltagsrealität und den erdrückenden Konformismus der Zeit ganz unmittelbar erfahren. Die Reaktion darauf war Gleichgültigkeit und eine tiefe Abneigung gegen die Übernahme jeder Verantwortung, die ihn in die Zwänge des properen Typenmenschen gebracht hätte, zu dem ihn, ebenso wie seine Altersgenossen, die High School hatte formen wollen. Seine erste Begegnung mit der Musik geht auf die Vorschulzeit und den Kirchenchor der Pentecostal First Assembly of God Church in Memphis zurück. Im Alter von zehn Jahren gewann er einen Preis bei der *Mississippi-Alabama Fair and Dairy Show,* einem schulischen Gesangswettbewerb. Er spielte etwas Gitarre, denn die Eltern hatten ihm zu seinem elften Geburtstag ein Instrument geschenkt, hörte stundenlang Radio und entwickelte wie alle seine Alterskameraden eine Vorliebe für die Urwüchsigkeit des Rhythm & Blues und die rauhen Balladen der Country Music. Seine Heimatstadt Memphis bot in dieser Hinsicht ein faszinierendes Spektrum der musikalischen Traditionen der Südstaaten: eine eigenständige lokale Bluesentwicklung, die bis weit in die zwanziger Jahre zurückreichte, eine ausgeprägte Gospeltradition in den schwarzen Kirchen und eine

reichhaltige Auswahl an Country Music im ungehobelten Hillbilly-Stil. In Memphis stand die erste von Schwarzen betriebene Radiostation der USA, machten namhafte Bluesmusiker wie Howlin' Wolf und Sonny Boy Williamson eigene Sendungen im lokalen Rundfunk.
Als im Sommer 1954 der Memphis Recording Service dem Drängen von Presley schließlich nachgab und eine kommerzielle Platte mit ihm produzierte, enthielt sie wie alle folgenden fünf Singles auf dem hauseigenen Sun-Label einfach eine Auswahl aus diesem Spektrum, die sich am Musikgeschmack seiner ehemaligen Klassenkameraden an der High School orientierte. „That's All Right (Mama)" des Bluessängers Arthur Big Boy Crudup auf der A-Seite war hier gekoppelt mit „Blue Moon of Kentucky", den Bill Monroe zu einem Klassiker der Country Music gemacht hatte.[18] Diese Zusammenstellung traf exakt den Nerv der Zeit, zumal Presley beide Vorlagen völlig unprätentiös, mit der Spontaneität des Amateurs und ziemlich unbekümmert um ihre ursprünglichen stilistischen Eigentümlichkeiten kopierte. „That's All Right" ist ein kunstloser, konventioneller Blues, einfach nachzusingen und simpel im Ablauf. Presleys Stimme – mit ihrer etwas nasalen Tongebung weit entfernt von der sinnlichen Expressivität des afroamerikanischen Bluesgesangs – gab ihr zusammen mit der akkordisch geschlagenen, die Zählzeiten markierenden Rhythmusgitarre, mit dem plumpen, in einfachen Tonschritten sich bewegenden Baß und der den Gesang stützenden Melodiegitarre ein absolut unverwechselbares Gepräge, das die sichtliche Unbeholfenheit durch einen fast rührend-komischen Enthusiasmus wettzumachen suchte. Hier paßte eigentlich nichts recht zusammen; die Stimme nicht zum konventionellen Stil dieses Songs, die in Country-Manier geschlagene Rhythmusgitarre nicht zu der an der Bluesvorlage orientierten Melodiegitarre und der ungezügelte Enthusiasmus nicht zur Banalität des gesungenen Textes. Aber gerade das war es, was dem Ganzen das unwiderstehliche Image der Rebellion vermittelte. Den Jugendlichen galt der, der hier sang, als einer der ihren; einer, der es geschafft hatte, der es mit seiner unprofessionellen Musikalität den anderen, den Erwachsenen, gezeigt hatte. Nein, sie waren keine Versager, nur weil sie sich dem Konformismus, den Normen und

Regeln der Disziplin an den High Schools zu verweigern suchten, allenfalls mit zur Schau gestelltem Widerwillen beugten. Sie wollten nur anders sein, ohne freilich genau zu wissen wie eigentlich; aber die Regeln ihrer Gesellschaft stellten sie im Grunde genommen deshalb keineswegs in Frage. Für sie lag die Bedeutung von Elvis Presley darin, daß es ihm, stellvertretend für sie alle, gelungen war, in eine gesellschaftliche Sphäre – das Musikgeschäft – einzudringen und sich darin Respekt zu verschaffen, ohne sich dessen Normen angepaßt zu haben. An seinen Platten war das überzeugend ablesbar; an ihrem naiven Dilettantismus, gemessen an den professionellen Standards der Zeit, und ihrer provokativen Unverschämtheit, mit der sie das ausstellten. Paul Willis hat das sehr genau beobachtet, als er schrieb:

> „Elvis Presleys Platten steckten voller Aggression. Es war zwar oft nicht auszumachen und blieb dunkel, wogegen sie sich richtete, sie besaß jedoch eine starke gefühlsmäßige Sprengkraft. In der Atmosphäre der Musik, in den Texten, in der Art, wie er die Wörter aussprach, in seinem persönlichen Image lag etwas, das unübersehbar darauf hinwies: hier ist ein Mann, der sich nicht herumschubsen läßt. Seine ganze Erscheinung verlangte Respekt, obgleich die Gründe für diesen Respekt, gemessen an den konventionellen Maßstäben, nicht reputierlich und antisozial waren.“[19]

Elvis Presley verkörperte das unbestimmte und verzehrende Verlangen der Jugendlichen an den amerikanischen High Schools der fünfziger Jahre, der bedrückenden Alltäglichkeit, die sie umstellte, irgendwie zu entkommen, ohne dafür den bitteren Preis der Anpassung zu bezahlen. Sein rascher Erfolg schien der Beweis dafür, daß dies prinzipiell möglich war. Auch die bloß nachproduzierten Songs, die eigentlich längst bekannt waren – und das sind nicht wenige im Repertoire von Elvis Presley gewesen – erhielten so noch eine zusätzliche Dimension. Presley machte sie endgültig zu „ihrer“ Musik, denn er war ja einer der ihren. Aus diesen Liedern sprach jetzt nicht mehr eine fremde kulturelle Identität, die der Outlaws, der afroamerikanischen und weißen „Randgruppen“ am unteren Ende der sozialen Hierarchie, sondern ihre eigene. Die Teenager hatten diese Musik in den Kontext ihrer Lebensweise hineingestellt, begleitet von den abschätzigen Bemerkungen der Erwachsenen, bedroht von elterlichen Verboten und schulischen Disziplinarmaßnahmen. Durch Elvis Presley wurde dieser Kontext nun öffentlich, im Musikgeschäft sanktioniert. Der ganze kommerzielle Rummel um ihn war ihre gesellschaftliche Bestätigung. Die Wirkung ist überwältigend gewesen. Der Countrysänger Bob Luman beschrieb sie später für einen Zeitpunkt, als Elvis Presley kurz nach der Veröffentlichung seiner ersten Singles im Süden des Landes noch von einem High School-Ball zum anderen zog:

> „Dieser Bursche kam raus mit roten Hosen, einem grünen Umhang und Socken in gelb; und er hatte dieses höhnische Grinsen auf seinem Gesicht. Er stand bestimmt fünf Minuten hinter dem Mikrophon, bevor er irgend etwas tat. Dann schlug er einen Akkord auf seiner Gitarre an, und dabei gingen gleich zwei Saiten drauf. Ich habe zehn Jahre lang gespielt und in der ganzen Zeit nicht eine Saite zum Reißen gebracht. Da stand er nun, zwei Saiten baumelten herunter, und er hatte noch immer nichts gemacht. Die High School-Mädchen kreischten, fielen in Ohnmacht, rannten nach vorn zur Bühne, und dann fing er an, seine Hüften ganz langsam zu bewegen, so als ob er nicht seine Gitarre, sondern ein Mädchen da hätte. Das war Elvis, als er ungefähr neunzehn war und in Kilgore, Texas, spielte.“[20]

Was hier berichtet ist, war mitnichten die mystische Wirkung einer charismatischen Persönlichkeit, als die ihn die Musikpresse zu verkaufen suchte, und auch nicht die vermeintlich „rauschähnliche“ Wirkung dieser Musik, die ihr mit Bezug auf solche und ähnliche Szenen immer wieder unterstellt worden ist. Es war das vielmehr eine Reaktion auf das gesellschaftliche Phänomen Elvis Presley, auf die Tatsache seiner Existenz in jener muffig-konservativen Atmosphäre der Eisenhower-Ära; und die schaukelte sich in dem Maße hoch, wie die Medien daraus eine Bedrohung Amerikas machten. Sein jugendliches Publikum erlebte in der Tatsache, daß mit Elvis Presley zum erstenmal einer der ihren auf der Bühne stand – genauso alt wie sie, die gleichen Erfahrungen wie sie, genauso unverschämt und provozierend, wie sie zumindest gern gewesen wären –, seine eigene gesellschaftliche Wirksamkeit. Diese erschien dann um so überdimensionaler, je mehr die Medien sie zum ernsthaften Angriff auf Amerika aufbauschten.

> „Reaktionäre und Patrioten sahen in dem demonstrativ aufmüpfigen Musikkult einen tückischen Versuch der Kommunisten, die amerikanische Gesellschaft mittels der Jugend zu unterminieren."[21]

Die Anti-Rock 'n' Roll-Kampagnen in der amerikanischen Öffentlichkeit, begleitet und geschürt von internen Auseinandersetzungsprozessen in der Musikindustrie, denn die Verlagsimperien des Broadway sahen zu Recht die Gefährdung ihrer Existenz durch den Siegeszug des Rock 'n' Roll voraus, vermochten allerdings nur kurzzeitig zu überdekken, daß Elvis Presley und der Rock 'n' Roll nicht für die Ablehnung des *American way of life*, sondern nur für eine andere, zeitgemäßere, weniger konservative Version dessen stand; eine Version, die der amerikanische Kapitalismus letztlich in sich selbst erzeugt hatte. Greil Marcus schrieb später:

> „Die Version des amerikanischen Traums, die Elvis aufgeführt hat, ist immer weiter aufgeblasen worden, um mehr an Geschichte, Leuten, Musik und Hoffnungen zu umfassen; die Luft ist dünn geworden, aber der Ballon platzt nicht und wird nie platzen. Es ist das ein Amerika, das sich selbst überholt, in aller seiner Extravaganz ..."[22]

Freilich schließt das nicht aus, daß der Rock 'n' Roll trotz allem als Alternative zu den offiziellen Kulturmustern, Lebensstrategien und Denkschemata der konservativen fünfziger Jahre aufgefaßt worden ist und als solche von den Jugendlichen an den High Schools in ihre Lebensweise integriert wurde. Allein schon die obskure Herkunft dieser Musik, ihre Anzüglichkeit im versteckten Andeuten, ihre hemmungslose Unbeschwertheit mußten in einem Umfeld sensationelle Sprengkraft erhalten, wo selbst Shakespeare für die Leseausgaben an den High Schools nur in einer gekürzten, moralisch gesäuberten Fassung zugelassen war.

> „Rock 'n' Roll bot eine ziemlich treffende und radikale Kritik am Leben in den fünfziger Jahren, zusammen mit einer ebenso schlüssigen Alternative."[23]

Dem Konservatismus und Konformismus von Eisenhowers Amerika war mit ihm eine Philosophie des Vergnügens entgegengesetzt, gebündelt im Tanzen, erotischen Beziehungsgeplänkeln, den legendären *dates* der amerikanischen Teenager (die Regeln der Verabredung mit Freund bzw. Freundin), Autofahren und natürlich dem Spaß an der Musik selbst. Rock 'n' Roll bildete so etwas wie eine Matrix, ein unsichtbares, aber manifestes Raster für die Freizeitaktivitäten der High School-Jugend, vermittelte einen Sinnzusammenhang aus Werten und Bedeutungen, der an ihm dann weiterentwickelt werden konnte. Damit gab er ein kulturelles Koordinatensystem ab, um darin auch die langweiligen Prozeduren des High School-Alltags festzumachen. Geändert hat sich deshalb daran natürlich nichts; die High School blieb nach wie vor der Mittelpunkt im realen Alltag der Teenager. Aber der war in ihrer Freizeit und mit dem Rock 'n' Roll nun um kulturelle Dimensionen erweitert worden, die die Struktur ihres Lebensprozesses veränderten, indem sie in die durch High School und Elternhaus vorgegebenen Alltagsbeziehungen zusätzliche, eigene einfügten.
Zum Inbegriff dessen wurde nicht zu Unrecht Bill Haleys „Rock Around the Clock"[24], ein Song des Autorenteams Jimmy DeKnight und Max C. Freedman, ursprünglich für Sonny Dae And His Knights als Boogie entstanden[25], in deren Fassung er allerdings ein glückloser Mißerfolg war. In Bill Haleys Version wurde er, wenn auch erst beim zweiten Anlauf, mit der ein Jahr nach dem Ersterscheinen erfolgten Wiederveröffentlichung, zum klassischen Ausdruck des Rock 'n' Roll. Er basiert wie die meisten Rock 'n' Roll-Songs auf der konventionellen zwölftaktigen Bluesform. Was ihn von ganz ähnlich angelegten afroamerikanischen Rhythm & Blues-Titeln deutlich unterscheidet, ist die alles beherr-

schende Motorik, die diesen Song durchzieht. Das aufdringliche Getöse des Schlagzeugs und die stotternden Terzrepetitionen von Gitarre und Saxophon geben ihm das Gepräge, was den motorischen Charakter noch unterstreicht. Der metrische Grundschlag, der Beat, ist gegenüber dem triolisch punktierten Shuffle-Rhythmus lautstark in den Vordergrund gespielt und konsequent gegen das herkömmliche Taktmetrum, auf den eigentlich „leichten" Zählzeiten akzentuiert. Selbst der Gesang gleicht eher einem rhythmisierten Ausstoßen kurzer melodischer Partikel, als daß er der gutbürgerlichen Vorstellung vom Singen folgt. Das Klangbild ist bewußt unausgewogen und lärmend. Buchstäblich jeder Takt scheint so Aufruhr zu signalisieren. Doch ist das nur eine Seite dieses Songs. Weit wichtiger ist, daß er in seiner musikalischen Gestalt wesentliche kulturelle Freizeitwerte der amerikanischen High School-Jugend umschließt.

Der musikalische Aufbau von „Rock Around the Clock" ist voll und ganz auf Bewegung abgestellt. Die einzig angemessene Weise, sich zu diesem Song in Beziehung zu setzen, ist das Tanzen, das Reagieren und Agieren in der körperlichen Bewegung. Darin vermittelt sich ein sinnliches Erlebnis eigener Art von geradezu zwingender Unmittelbarkeit, dem das Klangbild korrespondiert. Sowohl das Moment der Bewegung wie die darin eingeschlossene sinnliche Qualität stehen hier für allgemeine kulturelle Aspekte von Lebensweise, um die herum die Freizeit der Teenager organisiert war. So ist der Stellenwert, den Freizeitbeschäftigungen erhielten, die irgend etwas mit Bewegung zu tun hatten, schlechterdings nicht zu übersehen – an erster Stelle neben dem Tanzen natürlich der Kult des Autos. Und das entsprach wiederum nur der in die Freizeit umgesetzten realen Erfahrung wachsender Mobilität, der Dynamisierung der Lebensprozesse durch den hochentwickelten Kapitalismus, die im Amerika der fünfziger Jahre mit der sozialen Starre und dem Konservatismus insbesondere an den High Schools kollidierte. Gleiches gilt für die lustbetonte Sinnlichkeit, die sich im Rock 'n' Roll auf so spektakuläre Weise Geltung verschaffte und doch nichts anderes als ein von den Jugendlichen nur angenommenes, aber in der Werbung beispielsweise, der warenästhetischen Aufmachung der

Konsumgüter, längst allgemein gesetztes Moment der Lebensweise im Kapitalismus darstellte. In Bill Haleys „Rock Around the Clock“ sind damit die kulturellen Zusammenhänge, in denen der Rock ’n’ Roll stand, nun in die Musik selbst hineingenommen.
Zum Inbegriff der Gesamterscheinung aber wurde dieser Titel wohl vor allem deshalb, weil er all das in einem griffigen sprachlichen Ausdruck zusammenfaßte, der einen klaren, wenn auch gründlich mißverstandenen Anhaltspunkt für die kulturelle Bedeutung des Rock ’n’ Roll lieferte, wie ein Schlachtruf den verstörten Erziehungsträgern, den Eltern und der Schule, entgegengeschleudert werden konnte:

One, two, three o’clock, four o’clock rock
Five, six, seven o’clock, eight o’clock rock,
Nine, ten, eleven o’clock, twelve o’clock rock,
We’re gonna rock around the clock tonight.
Well put your glad rags on,
Join the hop, we’ll have some fun
When the clock strikes one.
We’re gonna rock around the clock tonight,
We’re gonna rock, rock, rock
Till the broad daylight,
We’re gonna rock, we’re gonna rock around the clock tonight.

Die hier formulierte Beschwörung der Ekstase des Tanzens rund um die Uhr zielt auf einen zentralen Aspekt im Freizeitverhalten der Teenager, der eine wichtige Dimension ihrer kulturellen Aktivitäten ausmachte – die vorgestellte Zeitlosigkeit. Das Außerkraftsetztten von festgefügten, geordneten und geplanten Zeitabläufen in der Freizeit – später wurde es „gammeln“ genannt, was hier noch am Tanzen festgemacht ist – hob die vorgegebene und im täglichen Zeitplan ausgedrückte Wertigkeit der Tätigkeitsstrukturen des Alltags zumindest scheinbar auf und bot damit die Möglichkeit zu ihrer Neuordnung als Grundlage der eigenen Lebensstrategie. Es ist das nichts anderes als der notwendige Vorgang ihrer Aneignung, nur in einer kulturellen Form. Gündlich mißverstanden ist das allerdings, wird dieser Text in der Begrifflichkeit der Kunstwerk-Ästhetik als die „Botschaft", als der eigentliche „Inhalt" des Songs verstanden; wenn er pur genommen ist, so, als ob den Jugendlichen damit die asoziale Verhaltensweise nahegelegt würde, das Tanzen rund um die Uhr als den eigentlichen Lebensinhalt zu akzeptieren. Michael Naumann und Boris Penth schrieben dazu:

> „Wenn er [Bill Haley – PW] ‚Rock around the clock' propagierte, dann hieß das für die Jugendlichen, die es begeistert aufnahmen, nicht, wie man es dem Wortsinn nach auffassen könnte, sie seien nun damit restlos einverstanden, daß es nur noch darum ginge, sich auf der Tanzfläche besinnunglos und frei zu tanzen und darin erschöpfe sich schon das Glücksversprechen. [...] Dieses und vergleichbare Lieder, der Rock 'n' Roll überhaupt, wirkte wie ein Auslöser von Assoziationsketten, Phantasien, die den *gesamten* Lebenszusammenhang der Jugendlichen umfaßten und ihn neu interpretierten."[26]

Der Rock 'n' Roll bildete um den Alltag der Jugendlichen, um ihre häuslichen und schulischen Verpflichtungen herum einen neuen kulturellen Kontext, der die Vielfalt der mit dieser Musik verbundenen Freizeitaktivitäten einschloß. Das hat die bestehenden Alltagsstrukturen erweitert, relativiert, ihre Wertigkeit verändert, sie zugleich aber eben auch akzeptabel und integrierbar gemacht.

Chuck Berry hat das in seinem 1958 erschienenen „Sweet Little Sixteen"[27] sehr schön beschrieben, so wie von ihm überhaupt die intelligentesten und am genauesten beobachteten Textbeiträge zum Rock 'n' Roll gekommen sind. Er hat wie kein anderer sein Publikum verstanden und dessen Erfahrungen in seinen Songs verallgemeinert. In seinem „Sweet Little Sixteen" ist der Rock 'n' Roll-Begeisterung einer bei ihren Eltern um Ausgang bettelnden Sechzehnjährigen die Rolle gegenübergestellt, der sie am nächsten Morgen wieder zu entsprechen hat und auch entspricht, nämlich die „süße kleine Sechzehnjährige" auf der Schulbank zu sein:

Oh mummy, mummy please may I go,
It's such a sight to see, somebody steal the show.
Oh daddy, daddy I beg of you,
Whisper to mummy, it's all right with you.
Sweet little sixteen she's got the grown-up blues,
Tight dresses and lipstick, she's sportin' high-heeled shoes.
Oh but tomorrow morning she'll have to change her trend,
And be sweet little sixteen back in class again.

Das verbleibt voll und ganz auf der Basis traditioneller Verhaltensweisen. Chuck Berrys „Sweet Little Sixteen" protestiert oder rebelliert nicht etwa gegen den Zwang, um Erlaubnis fragen zu müssen, bevor sie ausgehen darf. Sie hält sich an die Normen des Elternhauses und bettelt um ihr Stückchen Freiheit, raffiniert den Einfluß der Tochter auf den Vater nutzend, damit er sie gegen die mütterliche Strenge verteidige *(Oh daddy, daddy I beg of you/Whisper to mummy, it's all right with you)*. Dann aber ist ihr das Wichtigste, sich „fein" anzuziehen, sich fein zu machen mit Lippenstift und Absatzschuhen, den äußeren Insignien des Erwachsenseins *(she's got the grown-up blues/Tight dresses and lipstick, she's sportin' high-heeled shoes)*, was einem durch und durch konventionellen Rollenverständnis entspricht. Und am nächsten Morgen wird sie wieder die „süße kleine Sechzehnjährige" sein, die sich in der High School müht *(Oh but tomorrow morning she'll have to change her trend/And be sweet little sixteen back in class again)*. Der Gegensatz von Freizeitwelt und Schule ist hier zugleich in seinem inneren Zusammenhang gefaßt. Nur das letztendliche Akzeptieren der Normen von Elternhaus und Schule ermöglicht die als Alternative dazu verstandene Freizeitwelt, die ihrerseits in ihrer Funktion eben gar nicht so alternativ ist, wie sie verstanden wurde, sondern nur einen Kontext liefert, in dem die zur Norm erhobenen Verhaltensmodelle für die Jugendlichen akzeptierbar und in letzter Konsequenz dann auch angeeignet werden.
Chuck Berry hat damit ein ganz wesentliches Moment angesprochen. So rebellisch und provozierend sich der Rock 'n' Roll auch gab und so sehr er mit dem Konformi-

tätszwang und Konservatismus in den High Schools damals auch kollidierte, er bildete trotz allem nichts anderes als die kulturelle Form, in der sich die Teenager ihre realen Lebensbedingungen in den USA der fünfziger Jahre aneigneten. Seine Bedeutung liegt gerade darin, daß mit ihm diesem Prozeß eine durch Musik vermittelte, an die Medien gebundene komplexe kulturelle Form gegeben war, die die eigenen Erfahrungen der Jugendlichen aufnehmen konnte und auf ihn rückkoppelte. Hier bestand Musik eben keineswegs mehr nur in der austauschbaren Reproduktion beliebter Melodien, die lediglich ihre Funktion als Tanzmusik zu erfüllen hatten. Jetzt stand sie vielmehr in einem Zusammenhang, der ihr völlig neue Perspektiven eröffnete.

„Love Me Do"

Ästhetik der Sinnlichkeit

Im Rock 'n' Roll lag der Ausganspunkt einer Entwicklung, die in den sechziger Jahren dann zu neuen musikalischen Dimensionen vordringen sollte. Die Grundlagen dafür sind im britischen Beat gelegt worden. Mit dem Rock 'n' Roll war aus Musik zwar eine kollektiv genutzte kulturelle Freizeitform Jugendlicher entstanden, aber die darin enthaltenen Ansätze zu einer grundlegenden Wandlung der populären Musik scheiterten schließlich an den Produktionsbedingungen in den Massenmedien. Seine musikalischen Wurzeln, die Traditionen der afroamerikanischen Musik und der Country Music, waren noch viel zu sehr von ihren volksmusikalischen Ursprüngen gezeichnet, als daß sie nun ohne weiteres in eine auf dem Medienzusammenhang aufbauende Ästhetik transformierbar gewesen wären. Mit der wachsenden Bedeutung der Massenmedien für den Musikgebrauch, insbesondere der Schallplatte, verschoben sich die inneren Relationen des Musizierens immer weiter in Richtung auf die musikalischen Potenzen der Studioproduktion, wofür die Spielweisen des Rock 'n' Roll einfach nicht elastisch genug waren, so daß sie ihre ursprüngliche Eigenart mehr und mehr verloren. Die anfangs einmal sehr unmittelbare Verbindung zwischen der Musik und dem Gebrauchszusammenhang, in den die amerikanischen Teenager sie gestellt hatten, zerriß damit wieder. Es fehlte die Verankerung in der Musikproduktion, die davon unberührt geblieben war. Der Bedeutungswandel, den die populäre Musik mit dem Rock 'n' Roll erfahren hatte, interessierte in den Plattenfirmen und Aufnahmestudios nicht. Die Anwendung neuer Produktionsverfahren, wofür zwar bereitwillig geeignete Musikformen aufgegriffen wurden, veränderte nicht im mindesten die konventionellen Vorstellungen über populäre Musik als leicht verkäufliche Unterhaltungsware, nach denen in den Medien gearbeitet wurde. Vielmehr haben sie den Rock 'n' Roll von innen her ausgehöhlt. An Elvis Presleys 1956 erschienenem „Love Me Tender"[1] ist das geradezu musterhaft ablesbar. David Pichaske schrieb über diesen Song:

„Es ist schwierig, ein simpleres, dünneres, weniger professionelles Stück zu finden als ‚Love Me Tender'; Elvis' erste Nummer-Eins-Ballade – in jeder Hinsicht dürftig, akustische Gitarrenbegleitung, Dezimen-Barbershop-Harmonie, die Stimme wie aus einem langen Tunnel kommend, eine Vortragsweise, die den metrischen Trott des reinen Knittelverses auch noch betont: ‚Love me tender, love me true,/Never let me go./You have made my life complete,/And I love you so'. Die totale Blamage; gleich hinter ‚Aura Lee', von dem die Melodie geklaut ist, eine Scheußlichkeit. Das perfekte Beispiel für die ‚Verweigerung' von Schönheit, Überfeinerung, akademischer Orchestrierung und akademischen Texten, von Glätte und Subtilität im Rock 'n' Roll."[2]

Das Selbstverständnis der Produzenten in den Medien orientierte sich an einem Professionalismus, dem die Normen des traditionellen Popsongs eingeprägt waren. So wurden die Eigenarten des Rock 'n' Roll nach den alten Schemata der Musikindustrie formalisiert und richteten sich dann schließlich gegen ihn selbst. Ende der fünfziger Jahre blieb von ihm nicht mehr „als eine sanfte Berieselung für angehende Teenager"[3]. Allerdings spiegelte die Austauschbarkeit der jetzt in immer rascherer Folge einander ablösenden Teenagerstars wie Frankie Avalon, Paul Anka, Annette, Bobby Vee oder Ricky Nelson ebenso wie der soundorientierte Rock 'n' Roll der Vocal Groups, der Drifters, Shirelles, Marcels, Platters, nun sehr deutlich, daß sich der Schwerpunkt der Musikproduktion vom Musiker weg auf die Schallplattenmacher verlagert hatte.
Die britische Beatmusik dagegen schlug dann auch auf die Musikproduktion selbst durch, etablierte darin eine Ästhetik, die sowohl den entstandenen kulturellen Gebrauchszusammenhängen wie der technisch vermittelten Herstellung von Musik entsprach. Der erste Song, an dem das greifbar wurde, ist das „Love Me Do" der Beatles gewesen; ein Song, der nicht zuletzt deshalb zur Legende geworden ist. Zwanzig Jahre nach seinem Ersterscheinen im Oktober 1962 tauchte er sogar erneut in den britischen Hitlisten auf.
„Love Me Do", gekoppelt mit „P.S. I Love You", war die erste offizielle Single der Beatles.[4] An dem Song ist nichts ei-

gentlich aufregend. Seine Vorbilder sind mühelos an ihm ablesbar. Carl Perkins' schon etwas ältere Countryballade „Sure to Fall“[5] lieferte das musikalische Grundgerüst bis hin zum melodischen Material. Für John Lennons Mundharmonikaeinschübe hatte „Hey Baby“ des amerikanischen Popsängers Bruce Channel[6] Pate gestanden, für dessen Konzert im Juni 1962 in Liverpool die Beatles zusammen mit Howey Casey And The Seniors, The Big Three und The Four Jays – die Lokalmatadore der Liverpooler „Szene“ in jenen Jahren – das Vorprogramm bestreiten durften. Der Song selbst besteht aus einer permanenten Wiederholung seiner eher dürftigen Grundbestandteile: eine knappe Rhythmusfloskel in den Begleitstimmen, ein kurzes melodisches Motiv und das unablässig wiederkehrende *Love, love me do, I know I love you ...* Das Arrangement ist mit drei Gitarren und Schlagzeug sowie der eingesetzten Mundharmonika simpler kaum vorstellbar. Die Baßgitarre pendelt zwischen den Grundtönen der verwendeten drei Akkorde hin und her, während die Rhythmusgitarre die gleichmäßig durchgeschlagenen Dreiklänge dazu liefert und die Leadgitarre einfach dem Gesang folgt. Darunter liegt eine stereotype Schlagzeugfigur, die die Zählzeiten markiert. Das Wechselspiel von Paul McCartneys Gesang, unterstützt durch George Harrison und John Lennon, mit den Mundharmonikaeinschüben ist das einzig tragende Element des Songs, und auch das war bloß kopiert.

Was also läßt ein solches Lied zur Legende werden, wieso markiert es einen kulturellen Einschnitt von derartiger Tragweite, daß George Melly darin sogar den Ausgangspunkt einer „Revolte“ sehen wollte?[7] Die musikalische Substanz scheint dies, auch nach damaligen Maßstäben, kaum zu rechtfertigen. Eine mögliche Antwort darauf hat Dave Harker gegeben, als er in Auseinandersetzung mit Mellys These vom Anbruch einer „Revolte“ über die Beatlesproduktionen bis Mitte der siebziger Jahre schrieb:

> „Die Musik ihrer frühen Singles hat lediglich – und auf dem ‚lediglich‘ liegt die Betonung – auch anderthalb Jahrzehnte später ihre ursprüngliche Frische bewahrt; doch rückblickend bleibt zu fragen, ob selbst dieser Beitrag so epochemachend erschienen wäre, hätte damals die

kommerzielle Konkurrenz nicht derart miserabel ausgesehen, wie sie das in den frühen sechziger Jahren war. Nostalgie beiseite, ich glaube nicht."[8]

Tatsächlich befand sich diese Platte innerhalb der britischen Hitparade, in der sie einen achtbaren siebzehnten Platz erreichte, in einem musikalischen Umfeld, in dem aufzufallen es nicht sehr viel kostete. Und so ist es dann auch nicht mehr als die Tatsache gewesen, daß mit diesem Song erstmals ein ganz anderes Grundverständnis von populärer Musik in die Hitparade einzog, die seine vielgelobte „Frische" ausmachte, so simpel, ja geradezu naiv sich das auch darbot.
Bemerkenswert war an dieser Aufnahme allerdings schon, daß sie die bis dahin konsequent behaupteten professionellen Standards in der Musikproduktion hörbar durchbrochen hatte. Hier hatten Jugendliche im Studio gestanden, die in den Augen der Musikprofis pure Dilettanten waren. Das Material, das sie einspielten, kam nicht mehr von den Schreibtischen der professionellen Songschreiber aus Londons Denmark Street, dem Sitz der großen englischen Musikverlage, sondern war in zahllosen Liveauftritten von ihrem Publikum längst angenommen. Mit Studiomusikern, wie sonst bei Neulingen und auch im Rock 'n' Roll noch üblich, konnte nicht gearbeitet werden, da die Titel auf das vorhandene Instrumentarium bezogen waren, das die Gruppe selbst spielte. Und die Art und Weise, wie sie das tat, widersprach mit ihrer naiven Unbekümmertheit und der enthusiastischen Unbedarftheit jeder Norm. Das Erscheinen dieser Platte in den offiziellen Kanälen des britischen Musikgeschäfts signalisierte den Bruch mit einer Vorstellung von Professionalität, die die britische Musikindustrie bis dahin mit absoluter Ausschließlichkeit beherrscht hatte – und das bei dem wichtigsten Produzenten von populärer Musik in Großbritannien, der EMI (Electrical & Musical Industries), dem „größten Plattenproduzenten der Welt", wie es ein Aufdruck auf jeder Platte, die das Markenzeichen des Konzerns trägt, selbstbewußt verkündet.
Freilich sind die Beatles damals keineswegs die einzige Gruppe gewesen, die diese Art Musik machte, nicht einmal die erste, die damit auf Schallplatte verewigt worden ist.

Die Kellerklubs und Lokale überall im Lande, besonders aber in den nordenglischen Industriestädten, waren zu jener Zeit voll mit Amateurbands, die sich mit drei Gitarren und Schlagzeug bei einem ausschließlich jugendlichen Publikum im Alter zwischen 14 und 18 Jahren zu behaupten suchten. Um die 400 sollen es allein in Liverpool gewesen sein.[9] Schon vor den Beatles veröffentlichten unter anderem Howie Casey And The Seniors aus Liverpool einige Songs auf Fontana, einem kleinen Sub-Label der zum niederländischen Philips-Konzern gehörenden Phonogramme Records. Verglichen mit dem explosiven Rock 'n' Roll von Howey Casey And The Seniors wirkt das „Love Me Do" der Beatles sogar eher brav und bieder. Dafür aber waren die Beatles die ersten, die es dank ihres cleveren Managers Brian Epstein geschafft hatten, bei einer der großen marktbeherrschenden Plattenfirmen unterzukommen. Eben das aber kam damals dem Öffnen einer Schleuse gleich und gab dieser Single ihre legendäre Bedeutung. „Love Me Do" ist der erste Song aus der breiten Amateurmusikbewegung jener Jahre gewesen, der unbegrenzte Medienpräsenz erhielt, in den überregionalen Rundfunkprogrammen lief, in die großen Schallplattenläden kam. Schon Monate später gab es wohl kaum noch eine jener Amateurgruppen, die nicht vorsorglich unter Vertrag genommen worden wäre. Bill Harry, damals auf dem Liverpooler College of Art mit John Lennon eng befreundet und zwischen 1961 und 1965 der Herausgeber der Zeitschrift *Mersey Beat*, schrieb später:

> „Rückblickend aus einer Zeit, in der die Rockmusik so fest etabliert ist, ist es für viele Leute kaum vorstellbar, wie schwer es für eine Gruppe aus der britischen Provinz tatsächlich war, erfolgreich zu werden und Erfolg zu behalten. Die Musikszene war fest in der Kontrolle einiger weniger Mogule in London und die Popmusik ein reines Fließbandprodukt. Die Beatles haben der Welt nicht nur ihre Musik gegeben, sondern sie haben Barrieren niedergerissen und die Schleusentore für diejenigen geöffnet, die ihnen folgten ..."[10]

Genauer betrachtet, repräsentiert das „Love Me Do" der Beatles allerdings nicht nur den Beginn von Strukturveränderungen innerhalb der Musikindustrie, in deren Folge die Popmusik den Händen einer kleinen Gruppe professioneller Songschreiber entrissen wurde, sondern eben vielmehr noch eine andere Konzeption von populärer Musik, die die Elementarform des Rock darstellte.

Daß hier nicht mehr ein einzelner Sänger, sondern die Gruppe als Ganzes den Identifikationsbezug fürs Publikum abgab, durchbrach nun erstmals auch sichtbar die der Popmusik traditionell zugrunde liegenden ästhetischen Kommunikationsmuster. Was sich beim Rock 'n' Roll noch unter der Oberfläche vollzogen hatte – von außen gesehen schien er dem herkömmlichen Popsong ja analog, nur eben in einem anderen musikalischen Gewand –, wurde jetzt evident. Hinter dem *Love, love me do, I know I love you* ... der Beatles verbarg sich nicht mehr das stilisierte Rollenspiel des schmachtenden Liebhabers zur Unterhaltung seines Publikums. Von mehreren gesungen machte das keinen Sinn mehr. Dieses Lied entbehrt damit jener Theatralik, die dem traditionellen Popsong aus seiner Verwurzelung in der musikalischen Bühnenunterhaltung des neunzehnten Jahrhunderts, der Operette, der Music Hall, dem Tonfilm später, zugewachsen war. Und das verschob zwangsläufig auch die ästhetischen Koordinaten der Musik, die nicht mehr als Chiffre individuellen Ausdrucks, der im Sänger personifizierten Emotionen genommen werden konnte. Die Vorstellung, nach der ein Popsong wie ein Zwiegespräch des Sängers mit seinem Publikum aufgebaut sei, er der Musik einen persönlichen Sinn gebe, zerbrach hier endgültig. Hinter den Beatles-Songs stand nicht mehr ein romantisiertes „Ich", sondern, nunmehr auch sichtbar, ein kollektives „Wir"; und das hob die Musik aus einem Kommunikationsmuster heraus, in der sie als Klangzeichen individueller Emotionen aufgefaßt werden konnte. Statt Emotionen gefühlvoll auszudrücken, wie der Text von „Love Me Do" eigentlich nahelegen würde und wofür im herkömmlichen Popsong ja auch ein entsprechendes Reservoire an klanglichen Ausdrucksmitteln zur Verfügung stand, ist dieses Lied demgegenüber völlig unsentimental in der Machart. Die Intensität des *Love, love me do* ... wird vielmehr real hergestellt, statt Konventionen zu folgen, die den musikalischen Ausdruck großer Liebe stets in „große" Melodiebögen zwingen.

So dominiert im Aufbau dieses Titels die rhythmische Organisation über alle anderen musikalischen Faktoren. Selbst der Vokalpart verkörpert nicht eine besonders originelle oder besonders prägnante Melodie, hat eigentlich gar keine eigenständige melodische Gestalt, sondern ist nichts anderes als ein Element im rhythmisch aufgebauten Gesamtzusammenhang. Das Hören ist einem rhythmisch organisierten Bewegungsablauf koordiniert, der mit seiner manischen Gleichförmigkeit voller Intensität ist, statt diese nur nach konventionellen Regeln abzubilden. Die unablässige Wiederholung der musikalischen Grundelemente des Songs hat eine geradezu hypnotische Wirkung. Jeder Tänzer weiß, welches Intensitätsgefühl ein immergleicher Bewegungsvorgang vermitteln kann; und als Tanzmusik war „Love Me Do" ja auch entstanden. Mit anderen Worten: Statt Emotionen nach einem tradierten ästhetischen Code in klangliche Strukturen umzusetzen, sind sie hier in Bewegungsvorgängen d a r g e s t e l l t, die allerdings den aktiven Mitvollzug des Hörers verlangen, um sie real entstehen zu lassen. Bram Dijkstra hat in einer Untersuchung zur afroamerikanischen Musik, in der diese Form des Musizierens seine Wurzeln hat, dazu festgestellt:

> „Diese Bewegung braucht nicht wirklich stattzufinden. Ebenso wie der Tänzer zu der Musik in seinem Kopf tanzen kann, reagiert der anscheinend passive Zuhörer, selbst wenn er nicht bewußt zuhört, immer geistig auf die rhythmischen Muster, die seine Sinne registrieren ..."[11]

Die Grundlage dafür ist die unmittelbare sinnliche Wirksamkeit von Musik. Es ist eine Ästhetik der Sinnlichkeit, nach der hier musiziert wird.
Pate gestanden für diese Musikauffassung hatte der amerikanische Rock 'n' Roll, vor allem in dessen afroamerikanischen Formen das bereits angelegt ist. Aber da dieser Musikimport aus den USA in Großbritannien nun auf völlig andere Bedingungen traf, aus seinem ursprünglichen Kontext herausgerissen war, erfuhr er hier eine Entwicklung über die ihm immanenten Grenzen schließlich weit hinaus. Der Schlüssel zum Verständnis der britischen Beatmusik – und all dem, was folgen sollte – liegt dann auch in den Be-

sonderheiten der Rock 'n' Roll-Rezeption in Großbritannien. Die Ästhetik des Rock, die alle seine Spielweisen und Stilformen mit immer wieder wechselnden Akzenten, immer wieder neuen Ansätzen zur Entfaltung der darin enthaltenen musikalischen Möglichkeiten durchzieht, ist in diesem Kontext entstanden. Ihre Eigenart ist das Ergebnis der Zusammenhänge, in die der Rock 'n' Roll im Großbritannien der fünfziger Jahre geriet.
Über die britische Rock 'n' Roll-Rezeption schrieb Dick Hebdige:

> „Die Musik war aus ihrem ursprünglichen Zusammenhang … herausgerissen und nach England verpflanzt worden … Dort existierte sie in einer Art Vakuum – eine gestohlene Form, Brennpunkt einer verbotenen abweichenden Identität. Man hörte diese Musik in den leeren Sitzecken der neuen britischen Coffee Bars: barock wie die Jukebox, auf der sie abgespielt wurde, demonstrativ fremdartig und futuristisch – trotz der unverwechselbaren englischen Atmosphäre von heißer Milch und Getränken, die sie auffing und filterte. Und wie jene anderen Artefakte – die Schmalzlocke, die aufgeschnittenen Hosen, die Bryl-Creme, die amerikanischen Filme – wurde sie zum Zeichen für Amerika: jenen Phantasiekontinent aus Western und Gangsterfilmen, Luxus, Glamour und Automobilen."[12]

Rock 'n' Roll konstituierte hier ähnlich wie in den USA einen komplexen kulturellen Raum, der freilich auf andere Alltagserfahrungen und andere Lebensbedingungen bezogen war. Und er hob sich radikal von der einheimischen Popmusik ab. Was in England damals unter Popmusik verstanden wurde, war eine völlig andere Welt.
Die BBC als nationale britische Kulturinstitution besaß in jenen Jahren noch eine fast uneingeschränkte Autorität in allen Fragen der musikalischen Unterhaltung der Nation. Die einzigen Alternativen zu ihr bestanden in den englischsprachigen Abendprogrammen von Radio Luxemburg und dem 1954 nach langen Auseinandersetzungen von der britischen Regierung schließlich zugelassenen kommerziellen Fernsehen, dem Independent Television (ITV). Letzteres

berührte damals noch kaum die Entwicklung der Popmusik, während Radio Luxemburg als eine nach amerikanischem Vorbild arbeitende Rundfunkstation zwar einen nicht unerheblichen Hörerkreis unter der englischen Jugend erreichte, sich aber auf dem europäischen Festland befand und somit für die britische Musikindustrie nur bedingt von Interesse war. Die Instanz, die mit ihrer Programmpolitik den weit größten Einfluß ausübte, sowohl auf den musikalischen Geschmack der Nation wie auf die britische Musikindustrie, war die BBC. Hier aber herrschte ein Konservatismus ohnegleichen, für den die sich in den fünfziger Jahren abzeichnenden neuen musikalischen Bedürfnisse Jugendlicher mit der Schreckensvision des Untergangs von Kultur und Bildung in einer kommerziellen Massenkultur nach amerikanischem Zuschnitt verbunden waren.
Die BBC verstand sich als kulturelle Erziehungsinstitution, in der erst während des zweiten Weltkriegs – beim Einsatz des Rundfunks zur Mobilisierung des Verteidigungswillens der Zivilbevölkerung wie der Armee – der Unterhaltung überhaupt eine eigenständige Bedeutung in der Programmstruktur zugebilligt wurde. Das 1946 eingeführte Light Programme, das an die Stelle des Anfang der vierziger Jahre zur Truppenbetreuung aufgebauten Forces Programme trat, übernahm dessen Unterhaltungsstrategie weitgehend und basierte so noch auf einer Konzeption, die zwischen Unterhaltung und Bildung keinerlei Differenzierung zuließ. BBC-Direktor Sir William Haley umriß dies 1946 in einer programmatischen Schrift über „Die Verantwortlichkeiten des Rundfunks“ mit den folgenden Worten:

> „Jedes Programm muß den Hörern voraus sein, ohne ihr Vertrauen zu verlieren. Der Hörer muß über seine Neugier, seinem Gefallen an den Sendungen und über die Entwicklung seines Verständnisses vom Guten zum Besseren geführt werden.“[13]

Musikalische Unterhaltung war darin mit der Vorstellung verbunden, daß sie auf einen vollkommen kritik- und maßstabslosen Hörer trifft, was sich schon in der amtlichen Bezeichnung der dafür vorbehaltenen Programmstrecke als „Light Programme“ niederschlug. Ein offizielles BBC-Papier zu den inhaltlichen Leitlinien dieses Programms ging von der Annahme aus, daß dessen Hörer

> „... nicht länger als eine halbe Stunde zuhören wird, daß er Orchesterklänge dem musikalisch reineren Klang eines Streichquartetts vorzieht, und daß er vor allem kein Intellektueller ist."[14]

An diesem ebenso versimpelten wie oberflächlichen Hörerbild setzte der Erziehungs- und Bildungsanspruch der Programmacher an, der damit am realen Mediengebrauch völlig vorbeizielte. Ihnen selbst galt als Inbegriff von „guter Unterhaltung" die „leichte Klassik". Den Adressaten des Light Programme sahen sie hauptsächlich in den Hausfrauen. Für Heim und Familien waren die Sendungen gemacht, so daß der Geschmack und die kulturellen Werte des kleinbürgerlichen Mittelstandes darin unbestritten dominierten. Kein Wunder also, daß der aus den USA importierte Rock 'n' Roll ab Mitte der fünfziger Jahre vor allem für die Arbeiterjugend zur begeistert aufgenommenen Alternative werden mußte, denn in diesem Hörerbild der BBC konnten sie sich nicht wiederfinden.
Hinzu kam, daß die BBC nicht mehr als 22 Stunden ihres wöchentlichen Musikprogramms von Schallplatten bestreiten durfte; ein Anachronismus aus den frühen dreißiger Jahren. Sie war an eine Vereinbarung mit der britischen Musikergewerkschaft gebunden, die die sogenannte *needle time*, die Sendung von Schallplatten, begrenzte, um die Arbeitsmöglichkeiten der Berufsmusiker mit Live-Musiksendungen aus dem Funkhaus zu sichern. So durfte auch nur jedes dritte gesendete Musikstück ein Vokaltitel sein. Die Konsequenz war, daß bei der BBC unbeirrt an einem ästhetischen Konzept von Popmusik festgehalten wurde, das sich an den instrumentalen Swingstandards der dreißiger Jahre orientierte. Angesichts der Autorität, die die BBC besaß, wirkte sich das natürlich aus und wurde zur generellen Norm. Der Journalist Jeff Nuttal erinnerte sich später:

> „Die populäre Kultur war zu dieser Zeit nicht die unsere. Sie war eine Angelegenheit junger Erwachsener, hervorgebracht und kontrolliert durch Promoter und Impressa-

rios, gezielt auf die Altersgruppe der Mittzwanziger ... Es war die Hoch-Zeit der riesigen Dance Halls wie des Mecca oder des Locarno."[15]

Für einen Zeitraum von über dreißig Jahren stand dafür in England der Name Victor Sylvester mit seiner Band, eines der erfolgreichsten britischen Tanzorchester, das nicht nur regelmäßig in den Programmen der BBC erschien, sondern auch insgesamt mehr als 27 Millionen Schallplatten verkaufte – seinerzeit ein Rekord, der erst viel später gebrochen wurde. Victor Sylvester war in den zwanziger Jahren in Zusammenhang mit einer Kampagne der *Imperial Society of Dance Teachers,* der Tanzlehrer-Gesellschaft, bekannt geworden, die sich die „Kultivierung" des Jazz zum Ziel gestellt hatte. Sowohl der Jazz wie vor allem die mit ihm verbundenen Tanzstile galten als höchst „unbritisch" und forderten schon damals die Hüter der öffentlichen Moral heraus. Mit seiner Band und einer der europäischen Unterhaltungsmusik angepaßten Jazzvariante hatte Sylvester dieser Kampagne die musikalischen Grundlagen geliefert. Auf 55 Auflagen brachte es zwischen 1928 und 1955 der als Muster für die britischen Tanzorchester zusammengestellte Notenband mit Titeln von ihm.[16] Daß er sich damit unangefochten und mit anhaltendem Erfolg behaupten konnte, hatte freilich nicht unwesentlich mit der Tatsache zu tun, daß für amerikanische Bands bis Mitte der fünfziger Jahre ein generelles Auftrittsverbot in England bestand. So dominierten in der britischen Popmusik Tanzmusik-Bands im Swing-Sound, neben dem Orchester von Victor Sylvester vor allem die Bands um Jack Parnell, Eric Delaney, Ted Heath und Cyrill Stapleton. Ansonsten wurde der amerikanische Schlager traditioneller Machart kopiert. Dicky Valentine, Anne Shelton, Ronnie Hilton und Frank Vaughan waren die Stars der Nation.
Auch die großen Schallplattenfirmen, allen voran die EMI, orientierten sich natürlich an den Richtlinien der BBC-Programmpolitik und dem, was unter den bestehenden Einschränkungen des Needle Time Agreement überhaupt eine Chance hatte, für das verkaufsfördernde Abspiel im Rundfunk in Frage zu kommen. Hunter Davies, der erste Biograph der Beatles, beschreibt das sehr anschaulich:

„Es war wie das Herausbringen eines regelmäßig erscheinenden Monatsmagazins. Jeden Monat brachte eine Firma wie die Parlophone um die zehn neue Platten heraus, zwei Monate im voraus geplant, die sie ihr monatliches Ergänzungsangebot nannte. Sie sind stets wohl ausgewogen gewesen: Von den zehn neuen Platten enthielten zwei klassische Musik, zwei Jazz und zwei Tanzmusik – Tanzmusik von der Victor Sylvester-Sorte –, zwei gehörten in die Sparte ‚männlich vokal' und zwei in diejenige ‚weiblich vokal'."[17]

Konservativ wie alles war auch das, festgefahren in Gewohnheiten, für die es nur die eine Rechtfertigung gab, daß es schließlich schon immer so gemacht wurde.
Bill Haleys „Rock Around the Clock", in England 1954 auf dem Brunswick-Label des britischen Decca-Konzerns veröffentlicht, platzte voll in diese englische Plüschwelt musikalischer Unterhaltung hinein. Der Kontrast war größer überhaupt nicht denkbar. Zugleich ist es die erste Single gewesen, deren Verkauf in England die Millionengrenze überschritt.[18] Das galt als Signal für ein prinzipiell verändertes Freizeitverhalten vor allem der britischen Arbeiterjugend, denn die Soziologen und Konsumstrategen fanden schnell heraus, daß

„... der Teenagermarkt fast vollständig in der Arbeiterklasse verwurzelt ist. Die Jugendlichen aus der Mittelklasse gehen entweder noch zur Schule oder aufs College beziehungsweise beginnen gerade ihre Karriere – in beiden Fällen verfügen sie über ein weit geringeres Einkommen als ihre Altersgenossen aus der Arbeiterklasse, und es ist daher höchst wahrscheinlich, daß nicht weniger als 90 Prozent aller von Jugendlichen getätigten Ausgaben durch den Geschmack und die Werte der Arbeiterklasse bestimmt sind."[19]

Am Rock 'n' Roll wurde in Großbritannien das erste Mal sichtbar, daß die Jugendlichen aus der Arbeiterklasse in ihrer Freizeit kulturelle Wertmuster auszubilden begannen, die sich in immer deutlicherem Gegensatz zu den offiziellen Kulturinstitutionen befanden. Allein schon der Um-

stand, daß es sich bei „Rock Around the Clock“ um eine amerikanische Produktion handelte, scheuchte dabei die Amtswalter der britischen Kultur auf.
Seit es durch das während des Krieges (1942) im Lande stationierte amerikanische Militär mit seinen zur Truppenbetreuung eingerichteten Rundfunkstationen, das *American Forces Network* (AFN), die ersten direkten Kontakte mit der hochkommerzialisierten amerikanischen Massenkultur gegeben hatte, lief in der britischen Öffentlichkeit ein massiver Feldzug gegen den „amerikanischen Einfluß“, in dem man eine Untergrabung der britischen Kulturtraditionen sah. So ist schon damals der Ausstrahlungsradius der AFN-Stationen durch die britische Regierung auf einen Umkreis von 10 Meilen begrenzt worden, um die eigene Bevölkerung weitgehend davon fernzuhalten. Dick Hebdige schrieb später:

> „In den frühen fünfziger Jahren konnte schon die bloße Erwähnung des Wortes ‚Amerika‘ eine ganze Kette negativer Assoziationen auslösen.“[20]

So fehlte es dann auch nicht an großaufgemachten Skandalberichten in der englischen Presse über straffällig gewordene Jugendliche und deren Rock 'n' Roll-Background, um den verderblichen Einfluß amerikanischer Kultur „nachzuweisen“. Als 1956 der Haley-Film „Rock Around the Clock“ in die britischen Kinos kam und ständig ausverkaufte Häuser brachte, schlug das öffentliche Klima um in eine hysterische Meinungsmache. Nach seiner Aufführung in einem Londoner Arbeiterbezirk berichtete der *Daily Express* von bürgerkriegsähnlichen Schlachten zwischen zweitausend außer Rand und Band geratenen Teenagern und der Polizei. Andere Zeitungen griffen die Story auf und hielten sie wochenlang im Bewußtsein der Öffentlichkeit. Seither gehört sie zu den Standardanekdoten um die Rock 'n' Roll-Rezeption in Großbritannien. Ian Whitcomb recherchierte die Geschichte später nach und kam freilich zu einer ganz anderen Darstellung des tatsächlichen Sachverhalts:

> „... der Film lief in 300 im ganzen Land verstreuten Kinos (einschließlich so rauher Städte wie Glasgow und

Sheffield) ohne jeden Ärger. Dann, nach einer Aufführung im Trocadero in Süd-London, ging es etwas hoch her, völlig harmlos: einige Hundert Jungen und Mädchen tanzten und sangen den ‚Mambo Rock' auf der Tower Bridge, wobei sie den Verkehr aufhielten. Dabei flogen ein paar Tassen und Untertassen herum. Danach gab es einige Zehn-Schilling-Verwarnungen, und ein Junge mußte ein Strafgeld in Höhe von einem Pfund bezahlen, weil er versehentlich einen Polizisten getreten hatte."[21]

Trotzdem eskalierten dann die Auseinandersetzungen um den Film, da auf Grund des von der Presse aus diesem Vorgang inszenierten Skandals die Kinobesitzer zu Überreaktionen provoziert waren, Vorstellungen abbrachen und die Polizei aufmarschieren ließen, um schon das Tanzen zwischen den Stuhlreihen zu unterbinden. Das Resultat waren aufgeschlitzte Kinosessel. Daraufhin gab es schließlich ein Aufführungsverbot für diesen Film.
Hinter den Auseinandersetzungen um den Rock 'n' Roll verbarg sich allerdings ein Konflikt ganz anderer Natur, als mit der in den Vordergrund geschobenen Gefahr einer „Amerikanisierung" der britischen Kultur glauben zu machen versucht wurde. Von amerikanischen Einflüssen lebte die Popmusik in Großbritannien schon seit den dreißiger Jahren, und Hollywoods Kinoerfolge der Vorkriegszeit haben im kulturellen Leben Großbritanniens tiefere Spuren hinterlassen, als der Rock 'n' Roll mit seiner Bindung hauptsächlich an die Arbeiterjugend je mit sich bringen konnte. Weit mehr als das wurden im konservativen Großbritannien die politischen Auswirkungen gefürchtet, die eine ungesteuerte kommerzielle Verallgemeinerung kultureller Massenbedürfnisse heraufbeschwören konnte. Es ging um ein Konzept von Massenkultur, das die auf die Krone und die Regierung gestützte Autorität der offiziellen britischen Kulturinstitutionen zu untergraben drohte und allein schon durch die bloßen quantitativen Relationen eine Verschiebung der Kulturprozesse in Richtung auf die Bedürfnisse und Lebensweise der Arbeiterklasse zur Folge haben mußte. Iain Chambers schrieb darüber:

„Es war das neuartige und unaufgeforderte Inerscheinungtreten kultureller Ansprüche von ‚unten' und deren sichtliche Durchschlagskraft, die traditionellen Muster kultureller Verhaltensweisen in Frage zu stellen und zu verformen, was als Bedrohung verstanden wurde und einen scharfen Widerspruch hervorrief."[22]

Die Klassenteilung ist in Großbritannien auch kulturell derart zementiert – bis hinein in die Struktur der britischen Großstädte mit ihren sozial scharf voneinander abgegrenzten Wohnvierteln –, daß Kultur und Lebensweise der Arbeiterklasse mit einer Horrorvision vom kulturellen Untergang der Nation verbunden waren, sofern ihnen Raum zur Entfaltung gegeben würde. In *Crossbow*, dem internationalen Magazin der konservativen Partei, schrieb 1962 der Publizist Charles Curran in beispiellosem Zynismus über die Lebensweise der Arbeiterklasse:

„Es ist ein Leben ohne Sinn oder Qualität, eine vulgäre Welt, dessen Bewohner mehr Geld haben, als gut für sie ist; Barbarei mit elektrischem Licht ..., Cockney-Fernsehutopien, minderwertiges Nichts aus subventionierten Reihenhäuschen, auf Raten gekaufte Extravaganzen, undisziplinierten Kindern, aufgeputzter häuslicher Erbärmlichkeit und Chips mit allem und jedem."[23]

Was sich hier artikulierte, entsprach dem Selbstverständnis der herrschenden konservativen Elite, die sich in ihrem Machtanpruch damit legitimiert glaubte.
Die fünfziger Jahre sind auch in Großbritannien die Zeit einer konservativen Restaurierung der bestehenden Gesellschaftsverhältnisse gewesen. Der Zusammenbruch des britischen Empire nach dem zweiten Weltkrieg, das nationalstaatlicher Souveränität weichen mußte, hatte den britischen Kapitalismus in eine tiefe Krise gestürzt, die zu lösen nun alle Kräfte mobilisiert wurden. 1951 mußte die Labour-Regierung der unmittelbaren Nachkriegsjahre mit ihrem vorsichtigen Reformkurs einer von den Konservativen gebildeten Regierung weichen, die sich bis 1964 behauptete und vor allem unter Premier Macmillan ab 1957 mit der These von der „klassenlosen Konsumgesellschaft" und dem

Slogan „Es ist euch nie besser gegangen“ die sozialen Auseinandersetzungen völlig stillzustellen suchte. Während auf der einen Seite in zynischer Verachtung der Arbeiterklasse das englische Kapital die ihm mit dem Verlust von Absatzmärkten und billigen Arbeitssklaven in den ehemaligen britischen Kronkolonien entstandenen Probleme zu lösen suchte, ist auf der anderen Seite ein „klassenloses“ Konsumparadies propagiert worden, hinter dem sich die tatsächlichen Interessen des Kapitals vorzüglich verbergen ließen. Um der verhießenen „Klassenlosigkeit“ Realität zu verleihen, ohne die wirklichen Klassenverhältnisse auch nur anzutasten, wurde an einer Konsumentenkultur gezimmert, in der die sozialen Unterschiede verschwunden schienen. So ist es dann kein Wunder, daß auch die letzten Reste einer eigenständigen Lebensweise und Kultur der Arbeiterklasse bis in die Wohn- und Freizeiträume hinein im öffentlichen Erscheinungsbild des britischen Kulturlebens zu tilgen versucht worden sind. Die traditionelle kulturelle Infrastruktur der großstädtischen Arbeiterviertel mit ihren traditionsreichen Pubs als Ort sozialer Begegnung und kultureller Kommunikation wurde wegsaniert, die Medien spiegelten das Konsumentenparadies in seichten Bildern und Klängen nach dem zur Norm gemachten Kulturideal des Kleinbürgers als dem kleinsten gemeinsamen Nenner, auf den die sozial differenzierten Kulturformen sich hatten bringen lassen. Auch die Programmpolitik der BBC fügte sich dem nahtlos. Die britische Nation schien wie eine einzige große Gemeinschaft, zusammengehalten durch das gemeinsame Ziel, den Wohlstand zu mehren. Daß ein Quäntchen Wohlstand für die einen den tausendfachen Profit für die anderen bedeutete, war auf den ersten Blick jedenfalls nicht mehr sichtbar. Und so gelang es dann schließlich, dem Kapital jene wirtschaftliche Prosperität und politische Stabilität zu verschaffen, die es zu seiner ungestörten Vervielfachung in Mehrwert bedurfte. Ian Birchall beschrieb die Situation mit den folgenden Worten:

> „Großbritannien sah in den späten fünfziger und frühen sechziger Jahren ein noch nie dagewesenes Ausmaß an politischer Stabilität und allgemeinem Wohlstand. […] Vor allem aber war die britische Gesellschaft fragmentiert

und völlig individualistisch. Verbesserungen im Lebensstandard kamen in der Folge des Wirtschaftsbooms aus den Geschäften und vom Markt – Politik oder die Identifikation mit einer sozialen Klasse schien zunehmend irrelevant gegenüber den Problemen des alltäglichen Lebens. Immer größere Teile der Arbeiterklasse, insbesondere der Arbeiterjugend, erklärten den Sozialwissenschaftlern und Meinungsforschern, daß sie sich nicht mehr als solche fühlten. Politische Gleichgültigkeit führte … zu ‚privaten Lösungen für soziale Probleme'. Insbesondere für die Jugend definierten sich Frustrationen und Befriedigung nicht in sozialen Kategorien, sondern nur noch in bezug auf ihre persönlichen und sexuellen Verhältnisse. Es war dieses Muster des täglichen Lebens, das seinen Ausdruck in der Rockmusik der Jahre 1963 bis 1966 fand."[24]

Doch zunächst ist dieses „Muster des täglichen Lebens", das Birchall hier beschreibt, erst einmal am amerikanischen Rock 'n' Roll festgemacht worden. Er nämlich lieferte der britischen Arbeiterjugend ein Medium der Selbstdarstellung, auch wenn sich die Jugendlichen aus der Arbeiterklasse gar nicht mehr als in ihrer Klasse verwurzelt verstanden. Ihre Erfahrungen blieben trotzdem klassenspezifischer Natur. Allein schon die Suche nach ihnen adäquaten, von dem offiziellen Konsumentenleitbild abweichenden kulturellen Formen, in denen sie sich wiederfinden, die zu ihren Alltagserfahrungen in Beziehung gesetzt werden konnten, ist nichts anderes als ein Ausdruck dessen. Dick Hebdige hat völlig recht, wenn er mit Bezug darauf schreibt:

„Aber in Wirklichkeit verschwand die Klassenteilung nicht, ungeachtet der zuversichtlichen Beteuerungen von Politikern, die behaupteten, die Gesellschaft sei nun auf dem Wege zu einem neuen Zeitalter unbegrenzten Wohlstands und gesicherter Chancengleichheit. Allerdings veränderte sich sehr drastisch die Art und Weise, wie Klassenspezifik gelebt wurde – also auch die Formen, in denen sich klassenspezifische Erfahrungen in Kultur ausdrückten."[25]

Rock 'n' Roll propagierte eine Utopie des fernen Amerika, die die alltäglichen Erfahrungen britischer Arbeiterjugendlicher, ihre daraus hervorgehenden Sehnsüchte, Wünsche, Hoffnungen, Frustrationen und Freizeitbedürfnisse aufnehmen konnte. Er vermittelte ihnen ein Selbstbild, das – geprägt von den Werten der amerikanischen High School-Jugend und deren Freizeitmustern – buchstäblich meilenweit von ihrer realen Lebenssituation entfernt war, aber trotzdem allein in den Strukturen ihres Alltagslebens seine Begründung fand. Es bedurfte der Erfahrung des Alltags in den tristen englischen Arbeitervororten, wo das Kino die einzige noch verbliebene Alternative zur Straße war, um im Rock 'n' Roll eine kulturelle Verwirklichungsmöglichkeit zu sehen, die mit der Versinnlichung einer undefinierten Sehnsucht nach etwas, das als das „Eigentliche" des Lebens irgendwo jenseits der bedrückenden Alltäglichkeit liegen mußte, die eng gezogenen Grenzen von Schule, Arbeitsplatz und dem elterlichen Zuhause zu sprengen vermochte. Rock 'n' Roll kündete so mit provozierender Herausforderung von den sozialen und kulturellen Ansprüchen der britischen Arbeiterjugend, nur daß sie sich hier durch eine fremde Identität hindurch artikulierten. Dick Hebdiges Ausdruck von einer „gestohlenen Form"[26] trifft dies sehr genau. Vor diesem Hintergrund erhielt der Rock 'n' Roll in Großbritannien eine Bedeutung, die er in den USA nie besessen hatte – er wurde zum kulturellen Symbol für die Arbeiterjugend im Großbritannien der fünfziger Jahre. Folgerichtig galt es der konservativen Medienöffentlichkeit als eine von außen in die britische Gesellschaft hineingetragene Attacke auf den vermeintlich angebrochenen Zustand der „Klassenlosigkeit"; eine Attacke, die den „sozialen Frieden" der Nation empfindlich störte. Als mit dem Aufkommen der britischen Beatmusik das Argument von der Überfremdung der englischen Kultur durch amerikanische Musikimporte nicht mehr haltbar war, verschärften sich die Reaktionen noch und verfestigten damit zugleich den entstandenen Zusammenhang zwischen dieser Musik und der sozialen Problematik der britischen Arbeiterjugend, ließen sie zu einem handlichen Symbol in den sich verschärfenden Auseinandersetzungen werden. Daß die Jugendlichen selbst diese Auseinandersetzungen als solche ganz persönlicher Natur begriffen, als Konflikte mit dem Elternhaus, der Schule, der Wohnumwelt, bei der Arbeitsplatzsuche, mit dem Vorgesetzten am Arbeitsplatz, änderte nichts an ihrem sozialen Charakter. Es ging mitnichten um die privaten Konflikte einer unruhigen Jugend, dem vermeintlichen „Generationskonflikt", sondern vielmehr um die Entfaltungsmöglichkeiten einer Lebensweise und Kultur, die der klassenspezifischen Erfahrung des sich verändernden britischen Kapitalismus entsprachen. Daß der herrschende Konservatismus darin eine Bedrohung sah, ist nicht verwunderlich. So berichtete der *New Statesman*, konservativer Meinungsträger des politischen Establishments, 1964 über die „Bedrohung durch den Beatleismus":

> „In beiden TV-Kanälen laufen jetzt wöchentlich Programme, in denen Pop-Schallplatten Teenagern vorgespielt und von ihnen bewertet werden. Während die Musik läuft, schwenken die Kameras schonungslos über die Gesichter des Publikums. Was für ein bodenloser Abgrund von Gedankenlosigkeit wird da sichtbar. Riesige Gesichter, aufgedunsen durch billiges Konfekt und beschmiert mit schäbigem Make-up, offene, schlaff herunterhängende Münder und glasige Augen, die Hände sinnlos im Takt der Musik trommelnd, schiefe Pfennigabsätze, minderwertige standardisierte Modeklamotten: das ist das kollektive Porträt einer durch die Maschine des Kommerz versklavten Generation."[27]

Zerrbilder wie dieses beherrschten die öffentliche Diskussion um die britische Beatmusik und bildeten auch den Kontext, aus dem dann ein Song wie das „Love Me Do" der Beatles seine Sprengkraft bezog. Der Widerpruch, daß sich hier ausgerechnet die politischen Apologeten einer durch den Kommerz gesteuerten Konsumgesellschaft über eben diesen Kommerz beklagten, ist nur ein scheinbarer. So wie die machtvollen Schaltzentralen des Monopolkapitals ein elementares Interesse an der Aufrechterhaltung der Ideologie von der „klassenlosen Konsumgesellschaft" besaßen, so hatte die Musikindustrie, als das kommerzielle Potential des Beat-Booms erst einmal entdeckt war, ein ebenso unmittelbares Interesse an dessen Verwertung, ob dies nun

dem offiziellen Leitbild einer einheitlichen Konsumentenkultur entsprach oder nicht. Die Auseinandersetzungen fanden nicht etwa um eine sozial sinnvolle Entwicklung von Massenkultur, sondern um ihrer Kontrolle willen zwischen zwei Fraktionen des herrschenden Machtapparates statt, den politischen Repräsentanten staatlicher Autorität im Interesse des Monopolkapitals einerseits und den Finanzimperien der Kultur- und Musikindustrie andererseits.
Dieser Hintergrund ist es, der dem Rock 'n' Roll in Großbritannien ebenso wie dem britischen Beat jene spektakuläre Bedeutung vermittelte, die Musik zur symbolischen Form eines tiefgehenden kulturellen Konflikts werden ließ. Es polarisierten sich daran die klassenspezifischen kulturellen Ansprüche der Arbeiterjugend einerseits und die kulturelle Repräsentation einer vermeintlich klassenlosen Konsumgesellschaft andererseits. In diesem Spannungsfeld wurde der Rock 'n' Roll dann im Nachspiel durch jugendliche Amateurgruppen mit einer Ästhetik überformt, die die populäre Musik tiefgreifend veränderte. Die Amateurbands spielten das am Rock 'n' Roll nach, was ihnen und ihrem Publikum daran wesentlich war. Das aber hatte maßgeblich etwas mit den Zusammenhängen zu tun, in die diese Musik in Großbritannien hineingeraten war. Schon daß es überhaupt zu einer so breiten Amateurmusikbewegung kam, die in einer aus dem Ausland importierten Musikform ihre Wurzeln suchte, ist nicht etwa Zufall gewesen.
Natürlich hatte auch die britische Musikindustrie prompt und ungeachtet der öffentlichen Auseinandersetzungen reagiert, als sich mit der Rock 'n' Roll-Begeisterung britischer Arbeiterjugendlicher ein neuer Markt für sie abzuzeichnen begann. Nur adaptierte sie diese Musik gleich von vornherein ihren Vorstellungen von „exzellenter Unterhaltung für die ganze Familie", wie das David Jacobs, Moderator der Fernsehsendung *Juke Box Jury,* einem Popmusikprogramm für Jugendliche, seinerzeit formulierte.[28] Nahezu jeden Monat erschien so ein neuer jugendlicher Schlagerstar auf dem Schallplattenmarkt, der überschwenglich als „Großbritanniens Antwort auf Elvis" annonciert war. Vor allem Tommy Steele und Cliff Richard standen dann für den weichgespülten Rock 'n' Roll-Verschnitt britischer

Machart im „good boy"-Klischee, mit dem dem Rock 'n' Roll freilich genau das genommen war, was ihn zur Alternative gegenüber den spießigen britischen Popmusikproduktionen der fünfziger Jahre gemacht hatte. Das mußte dazu führen, daß sich die Jugendlichen ihren Rock 'n' Roll schließlich selbst spielten, zumal die Skifflewelle ohnehin schon das Selbstmusizieren in Mode gebracht hatte. Auch die Beatles, die zunächst als skiffelnde Schülerband durch die Jazzclubs gezogen waren, wurden erst zu einer Liverpooler Lokalberühmtheit, als sie sich in kraftstrotzender Lederbekleidung auf die Imitation von amerikanischem Rock 'n' Roll verlegten. Paul McCartney erinnerte sich später:

> „Wir fingen an, indem wir Elvis, Buddy Holly, Chuck Berry, Carl Perkins, Gene Vincent ..., die Coasters, die Drifters imitierten – wir kopierten bloß, was sie machten."[29]

Der erste Pressebericht, der über die Beatles erschien – 1961 in einer der frühen Nummern der Zeitschrift *Mersey Beat* von Bob Wooler, Diskjockey des Liverpooler Cavern Club, dem späteren Mekka der englischen Beatmusik –, würdigte sie noch ob ihrer Rock 'n' Roll-Qualitäten:

> „Was meinen Sie, warum sind die Beatles so populär? – Eine Menge Leute haben mir diese Frage wieder und wieder gestellt nach jener fantastischen Nacht (Dienstag, den 27. Dezember 1960) in der Litherland Town Hall, als die Wirkung der Gruppe das erste Mal auch auf dieser Seite des Flusses mitzubekommen war. [...] Ich meine, die Beatles sind deshalb die Nummer 1, weil sie den originalen Stil des Rock 'n' Roll wiedererstehen ließen, die Ursprünge, wie sie bei den amerikanischen Negersängern zu finden sind ... Hier, bei den Beatles, ist wieder das Material, aus dem die Heuler von damals gemacht waren. Hier ist wieder die Erregung – sowohl physisch wie akustisch –, die die Rebellion der Jugend in den langweiligen fünfziger Jahren symbolisiert hatte."[30]

Freilich war der Rock 'n' Roll für die britischen Arbeiterjugendlichen keineswegs nur als Musik interessant; die Anziehungskraft, die er besaß und die schließlich selbst zu seinem Nachspiel provozierte, ist nicht bloß musikalischer Natur gewesen. Im Gegenteil, in den Kopien mit drei Gitarren und Schlagzeug blieb von seinen ursprünglichen musikalischen Qualitäten so sehr viel nicht übrig. Es reduzierte sich das mehr oder weniger auf ein lautstarkes Musizieren über dem Beat, den durchgeschlagenen metrischen Grundeinheiten – daher dann auch der Namenswechsel in Beatmusik. Das Wichtigste am Nachspiel des Rock 'n' Roll war vielmehr, daß dabei zugleich ein Freizeitraum entstand, den die Jugendlichen aus der Arbeiterklasse als den ihren reklamieren konnten. Die in ausgedienten Kellern, ehemaligen Jazzclubs und Kneipen entstehenden Beatclubs waren ihre Welt, gaben ihren Freizeitbedürfnissen ein Zentrum, in dem einzig und allein die von ihnen gesetzten Regeln galten. Zu den Bars, Tanzlokalen und Pubs hatten sie damals noch keinen Zutritt, da wegen des Alkoholausschanks hier der Besuch für Jugendliche unter 18 Jahren verboten war. Die wenigen Jugendklubs, die es gab, standen unter pädagogischer Aufsicht und wurden in der Regel von kirchlichen Wohltätigkeitsvereinen organisiert, die mit dem Rock 'n' Roll nicht nur nichts im Sinn hatten, sondern ihr Angebot an „kulturvoller" Freizeitgestaltung mit Bastelzirkeln, Spielrunden oder Gemeinschaftssingen vielmehr als Alternative zu ihm verstanden. Das Musizieren schuf demgegenüber einen eigenständigen Freizeitraum, der von den auf die Musik bezogenen und durch die Jugendlichen selbst entwickelten Gebrauchszusammenhänge getragen worden ist. Ihre Freizeitaktivitäten verlagerten sich von der Straße weg in die Beatclubs. Richard Mabey hat diesen Prozeß an den Liverpooler Straßengangs untersucht:

> „Als der Prozeß der Bildung einer Band aus den Reihen der Straßengangs auf seinem Höhepunkt war, konnte man das Nachlassen der Spannungen in anderen Formen der Auseinandersetzung spüren. Worauf es jetzt ankam war nicht mehr, wieviele Jungs eine Gang für die Straßenschlacht am Freitagabend auf die Beine bringen, sondern wie gut ihre Gruppe am Sonnabendabend spielen würde ..."[31]

Aus der Reaktion ihres Publikums lernten die Bands, wie sie zu spielen hatten. Das Musizieren entwickelte sich so völlig ungehindert entlang der Beziehungen, die zwischen Musik und ihrem sozialen Gebrauch in der Rezeption des Rock 'n' Roll entstanden war, was schließlich zu einer Rekonstruktion und Reorganisation von Musik als Ausdrucksmedium führte. Simon Frith beschrieb das in folgenden Worten:

> „Die britische Beatmusik ging aus dem Versuch der Musiker hervor, zwei Probleme auf einmal zu lösen: auf der einen Seite wollten sie wie ihre amerikanischen Lieblingsplatten klingen, auf der anderen Seite hatten sie Liveauftritte in den Klubs zu bestreiten, Tanzmusik zu spielen, die laut, energiegeladen und nah genug an den jeweiligen lokalen Besonderheiten dran sein mußte, um die Massen wiederkommen zu lassen."[32]

Mit beiden Aspekten ist ein kultureller Zusammenhang angesprochen, der zu einer allmählichen Veränderung der internen Parameter des Musizierens führte, die vom Rock 'n' Roll übernommenen Spielmuster gleichsam in sich gedreht hat.

Im Nachspiel der amerikanischen Lieblingsplatten britischer Arbeiterjugendlicher realisierte sich zugleich der Symbolgehalt, den der Rock 'n' Roll in den Auseinandersetzungen der fünfziger Jahre erhalten hatte. Für die Jugendlichen war diese Seite des Rock 'n' Roll viel bedeutsamer als die in Text und Musik tatsächlich verkörperten Inhalte. Sie bildete eine zweite, gleichsam hinter den nachgespielten Songs liegende Ausdrucksebene. Ging es in Text und Musik der Rock 'n' Roll-Songs ja wesentlich um die Freizeitvergnügungen und -werte des Teenagerdaseins an den amerikanischen High Schools, so standen sie damit gleichzeitig eben auch als Symbol für die kulturellen Ansprüche britischer Arbeiterjugendlicher, für Freizeitstrukturen, die von ihren klassenspezifischen Erfahrungen geprägt waren. Ihre Formen informeller Geselligkeit, verwurzelt im Kietz, in den Nachbarschaftsverhältnissen, mit einem ausgeprägten solidarischen Zusammengehörigkeitsgefühl; die Organisation von Freizeit als von Arbeit freie Zeit und nicht als Alternative zu Schule und konservativen Bildungsnormen; die Robustheit, Direktheit und Unzweideutigkeit ihres Freizeitverhaltens als Momente eines Stücks Kontrolle über das eigene Leben, die den fünfzehnjährigen Schulabgängern aus der Arbeiterklasse am Arbeitsplatz versagt blieb; der buchstäbliche Kampf um eigene Freizeitmöglichkeiten auf dem Hintergrund der materiellen, finanziellen und kulturellen Beschränkungen, die sie vorfanden – darin drückten sich auf ganz unmittelbare Weise klassenspezifische Erfahrungen aus, die sich an den Rock 'n' Roll in Großbritannien angelagert hatten. Mit dem Nachspiel der Rock 'n' Roll-Songs wurde diese Bedeutungsebene immer wieder aktualisiert – oder wie es Rudi Thiessen formulierte:

> „Das Mißverständnis, das darin liegt, daß weiße Proletenkinder die Musik eines kolonisierten Volkes für ihre eigene Musik halten, erlaubt, daß sie sie als ihre eigene Musik spielen."[33]

Das Musizieren erhielt damit neben seiner klanglich realisierten auch noch eine symbolische Form, mit der Besonderheit freilich, daß sich darin das Verhältnis von Musiker und Publikum umkehrte. Diese zweite, symbolische Bedeutungsebene resultierte ja nicht aus dem Musizieren selbst, nicht aus dem, was Text und Musik tatsächlich an Inhalten ausdrückten. Sie resultierte allein aus den Zusammenhängen, in die das jugendliche Publikum aus der Arbeiterklasse diese Musik gestellt hatte. Daß der amerikanische Rock 'n' Roll im Großbritannien der fünfziger und beginnenden sechziger Jahre von den Ansprüchen britischer Arbeiterjugendlicher auf eigenständige und ihren Erfahrungen adäquate Verwirklichungsmöglichkeiten in der Freizeit kündete, war in den Titeln eines Elvis Presley, Chuck Berry, Buddy Holly oder Little Richard nicht ausgedrückt, hatte mit deren „Botschaften" eigentlich nichts zu tun. Und auch die britischen Beatgruppen verkörperten das nicht in ihrer Weise des Musizierens, als sie den Rock 'n' Roll nun nachzuspielen begannen. Sie aktualisierten damit lediglich jene zweite Bedeutungsebene, die der Rock 'n' Roll unabhängig von ihnen schon besaß, von den britischen Arbeiterjugendlichen in ihrem Gebrauch vermittelt und in der öffentlichen

Reaktion auf ihn immer wieder bestätigt bekommen hatte. So ist ein komplexes sekundäres Bedeutungssystem entstanden, das über die ursprünglichen, in Text und Musik umgesetzten Bedeutungen nun errichtet war. In diesem sekundären Bedeutungssystem wurden die Rock 'n' Roll-Songs ihrer ursprünglichen konkreten Bestimmtheit, die sie an den amerikanischen High Schools, in den Freizeitstrukturen der amerikanischen Teenager besessen hatten, beraubt, um dafür in symbolischer Form eine ebenso konkrete Bestimmtheit zu erhalten. Es ist das nun sozusagen eine inhaltliche Bestimmtheit zweiter Ordnung, in der die Songs selbst wieder als Materialien des Ausdrucks – jetzt durch das jugendliche Publikum – genommen sind, die Musiker bloß den Rohstoff dafür liefern. Nur ist diese inhaltliche Bestimmtheit, weil nicht in Text und Musik eingeschlossen, nicht an deren ursprünglichem Bedeutungsgehalt entwickelt und festgemacht, instabil und ohne Beständigkeit. Es ist ein Kondensat des kulturellen Kontextes, in den diese Musik hineingestellt war und der durch die Auseinandersetzungen um sie eine zeitweilige Stabilität erhielt. Die spektakuläre Wirkung, die das Erscheinen des „Love Me Do" der Beatles in der britischen Hitparade hatte, ist allein auf diese sekundäre Bedeutungsschicht zurückzuführen, die sehr konkret und manifest war, obwohl sie sich heute an diesem Song überhaupt nicht mehr greifen läßt, sondern der mühsamen Rekonstruktion des ursprünglichen Kontextes bedarf. Als dieses Lied 1983 noch einmal in die britischen Charts geriet, symbolisierte es einen Bedeutungsgehalt ganz anderer Natur – die Nostalgie der „Goldenen Sechziger", die Sehnsucht nach längst vergangenen Zeiten. Beides ist für dieses Lied und seine Wirkungen jeweils viel wichtiger und relevanter gewesen als die naiv-pubertäre Liebessehnsucht des *Love, love me do, I know, I love you* ... und deren musikalische Umsetzung in der primären, unmittelbaren Ebene des Musizierens.

Das freilich heißt mitnichten, daß die Musik darin eigentlich austauschbar sei, es auf ihre klangliche Gestaltung und die Inhalte der Songtexte überhaupt nicht mehr ankäme. Nur folgt dies nun anderen Gesetzmäßigkeiten, als sie der Umsetzung von Inhalten in die Dialektik der Form, der Einheit von Text und Musik entsprechen. Das Wichtigste

daran ist nicht mehr deren emotionaler Reichtum, deren inhaltliche Erfülltheit und die in den künstlerischen Strukturen geronnene Beziehungsvielfalt, sondern deren Durchlässigkeit für jene symbolischen Bedeutungen, die sie durch ihre Hörer erhalten.
Es war schon kein willkürlicher Akt, bloßen Zufällen etwa geschuldet, daß sich die britischen Arbeiterjugendlichen gerade mit dem Rock 'n' Roll identifizierten und in dessen Nachspiel eine Musikform entwickelten, die ihren Bedürfnissen ebenso wie den Sinnstrukturen ihrer Freizeit noch viel unmittelbarer entsprach. Das hatte natürlich mit den musikalischen Qualitäten zunächst des Rock 'n' Roll zu tun, war an die besondere musikalische Gestaltung sogar einzelner Titel gebunden; denn es wurde ja keineswegs wahllos nachgespielt. Mike Howes, heute Produzent mit eigenem Studiokomplex in Liverpool, damals einer jener Jugendlichen aus der Arbeiterklasse, die Abend für Abend die Beatclubs bevölkerten, berichtete:

> „Besonders der schwarze Rock 'n' Roll hatte es uns seinerzeit angetan, die Songs von Chuck Berry, von Little Richard und Fats Domino. Die Bands, die das am besten spielen konnten, standen am höchsten im Kurs; dazu gehörten auch die Beatles. Das war so um 1960/61 herum."[34]

Es kam auf die Qualitäten des Rock 'n' Roll als Tanzmusik an, und die Titel aus der afroamerikanischen Tradition eigneten sich am besten dazu. Vor allem jene Songs, deren motorische Energie am größten war – wie etwa auch Chuck Berrys „Roll Over Beethoven", das sich nicht von ungefähr neben einer Reihe anderer Berry-Titel auch im Repertoire der Beatles befindet[35] –, haben die frühe britische Beatmusik geprägt. Das Tanzen war natürlich an sich schon ein zentrales Moment in der Freizeit der Jugendlichen, schuf ihnen in der Verbindung mit Musik ihren eigenen Freizeitraum. Aber es war zugleich auch jene Form der buchstäblichen Aneignung der Rock 'n' Roll-Songs, die sie für *ihre* Bedeutungen, als *ihr* Ausdrucksmedium durchlässig machte. In der sinnlichen Identifikation mit der Musik durch die körperliche Bewegung beim Tanzen sind die

Strukturen der Songs in Bewegungsmuster und Bewegungsbilder aufgelöst worden. Sie wurden nicht auf ihren Bedeutungsgehalt, ihren Inhalt, sondern auf ihren Bewegungsgehalt hin „gelesen“, wurden nicht nur gehört, sondern vielmehr mit dem ganzen Körper erschlossen. Und eben das war auch die Grundlage, auf der über ihren unmittelbaren Inhalten ein zweites, symbolisches Bedeutungssystem errichtet werden konnte, das, ohne in den Songs evident zu sein, ohne als Bedeutung von Text und Musik fixiert zu sein, davon trotz allem nicht unabhängig ist. Die Rock 'n' Roll-Songs wurden ihrer konkreten inhaltlichen Bestimmtheit entkleidet, indem sie die Jugendlichen beim Tanzen in Bewegungsmuster verwandelten. Als solche waren sie in die Strukturen ihrer Lebensweise und Freizeit integrierbar und konnten nun selbst als Material eines umfassenderen Bedeutungssystems fungieren, kombiniert mit anderen Materialien wie Kleidung, Haarschnitt, Gesten (Lässigkeit usw.), Sprachformen (Slang) als Element eines komplexen kulturellen Verhaltensstils. Aber damit sie das konnten, war die Utopie des fernen Amerika, die sich über die Texte vermittelte, alles andere als unwichtig. Ebenso wie die musikalischen Qualitäten des Rock 'n' Roll haben auch seine Textinhalte maßgeblich dazu beigetragen, diese Songs von der einheimischen britischen Popmusik jener Jahre abzuheben, hatten damit ihre Funktion, um den Rock 'n' Roll in Großbritannien in einen Kontext hineingeraten zu lassen, in dem er zum Symbol für die kulturellen Ansprüche der Arbeiterjugend werden konnte. Aber diese bestanden eben nicht etwa in der wörtlich zu nehmenden Sehnsucht nach Amerika, nach den Vergnügungen amerikanischer High School-Teenager, sondern vielmehr in der Suche nach den eigenen, ihren Erfahrungen entsprechenden Verwirklichungsmöglichkeiten in der Freizeit, die ihnen die britische Gesellschaft mit Bezug auf die vermeintliche Klassenlosigkeit der angebrochenen Konsumgesellschaft verweigerte, wegsaniert hatte, in den Angeboten der öffentlichen Medien unterdrückte. Je durchlässiger die Rock 'n' Roll-Songs dafür waren, das heißt, je tiefer sie durch ihre musikalische und textliche Gestaltung – als energiegeladene Tanzmusik und als provozierende Amerika-Utopie – in diesen Kontext gerieten, in ihrem Bezug auf die High School-Problematik und die Freizeitwerte amerikanischer Teenager zugleich aber offen genug blieben, so daß sich auch die britischen Arbeiterjugendlichen darin wiederfinden konnten, um so höher standen sie hier im Kurs. Damit war im Musizieren wie im Umgang mit Musik eine komplexe Mehrdimensionalität etabliert, die zur Grundlage der Rockmusik geworden ist, der weiteren Entwicklung nun ein analoges mehrdimensionales Songkonzept begründet hat. Der französische Semiotiker Roland Barthes hat ein sehr treffendes Bild dafür gefunden, als er sich mit ähnlichen mehrstufigen Bedeutungssystemen an Bildern und sprachlichen Texten beschäftigte:

> „Auf die gleiche Weise kann ich, wenn ich in einem fahrenden Auto sitze und die Landschaft durch die Scheibe betrachte, meinen Blick nach Belieben auf die Scheibe oder auf die Landschaft einstellen. Bald erfasse ich die Anwesenheit der Scheibe und die Entfernung der Landschaft, bald dagegen die Tiefe der Landschaft. Das Ergebnis dieses Alternierens ist jedoch konstant: die Scheibe ist für mich zugleich gegenwärtig und leer, die Landschaft für mich zugleich irreal und erfüllt."[36]

Auch wenn es vielleicht abwegig erscheinen mag, Rocksongs sind der Scheibe der Autos in dem von Barthes hier gebrauchten Bild vergleichbar. So wie Form und Beschaffenheit der Scheibe den Wirklichkeitsausschnitt festlegen, der durch sie hindurch sichtbar ist, trotzdem nicht die Scheibe, sondern die hinter ihr liegende Landschaft das Auge des Betrachters fesselt, so verhält es sich auch mit den Rocksongs. Text und Musik verankern sie in den kulturellen Kontexten von Freizeit, Alltag und Lebensweise, in denen sie funktionieren, legen damit ebenfalls einen bestimmten, nur eben sozialen Wirklichkeitsausschnitt fest. Doch durch sie hindurch werden umfassendere Bedeutungen eingegrenzt, die ebensowenig wie die Landschaft auf der Scheibe abgebildet ist, in Text und Musik formuliert sind; aber ebensosehr wie der Blick auf die Landschaft durch Form und Beschaffenheit der Scheibe festgelegt bleibt, mit Text und Musik der Songs verbunden sind. Und so wie sich das Auto in der Landschaft bewegt und dabei immer andere

Wirklichkeitsausschnitte sichtbar werden, ohne daß sich Form und Beschaffenheit der Scheibe verändern – sie begrenzen das Gesichtsfeld des Betrachters immer auf die gleiche Weise –, so können auch die Rocksongs in der kulturellen Landschaft bewegt werden, wobei sie stets andere Bedeutungen umschließen, ohne daß sich Text und Musik verändern. An den amerikanischen High Schools besaßen die gleichen Songs eine ganz andere Bedeutung als in den Freizeitstrukturen britischer Arbeiterjugendlicher. Stellt man den Blick auf die Songs ein, wird man ihre interne Beschaffenheit und darin formulierten Inhalte erkennen. Aber ebensowenig wie die Form der Scheibe und ihre materiale Beschaffenheit in dem Bild von Roland Barthes, die im Glas enthaltenen Schlieren, Lufteinschlüsse, dessen Oberflächenstruktur, für den Betrachter der Landschaft der Gegenstand seines Interesses sind, obwohl sie sein Blickfeld umgrenzen, Farbe und Perspektive des sichtbaren Landschaftsausschnittes beeinflussen – also alles andere als unwichtig sind, Scheibe und Landschaft in seinem Blick vielmehr zu einer Einheit verschmelzen –, ebensowenig ist die interne Beschaffenheit der Songs für ihre Hörer das eigentlich Wesentliche. Es ist wie bei der Scheibe ihre Durchlaßfähigkeit für die außerhalb liegenden symbolischen Bedeutungen, mit denen sie auf die gleiche Weise wie die Scheibe mit dem Landschaftsausschnitt eine Einheit bilden. Stellt man dagegen den Blick auf die Freizeitstrukturen der Jugendlichen ein, auf jene „Landschaft", in der sich die Songs befinden, dann werden Bedeutungen sichtbar, die sich statt in Text und Musik der Songs vielmehr in ihrem gesamten Freizeitverhalten ausdrücken, in einem kulturellen Verhaltensstil, zu dem freilich auch der Umgang mit Musik gehört.
So kompliziert dieser Zusammenhang auch erscheinen mag, für die Musiker ist er relativ leicht realisierbar. Es muß ihnen nur gelingen, eine Musik zu liefern, mit der sich ihr jeweiliges Publikum identifiziert. Der komplexen sekundären Bedeutungsschicht, die dann ihre Songs durch ihr Publikum erhalten, müssen sie nicht nachspüren, um die Durchlaßfähigkeit ihrer Songs nicht wissen. Sie können sogar glauben, daß sie nur sich selbst ausdrücken, sofern sie dabei immer den Bezug auf ihr Publikum im Auge behalten, der ihnen freilich allein schon kommerziell stets vorgegeben ist.

Auch den britischen Beatgruppen waren die geschilderten Zusammenhänge natürlich nicht bewußt, aber sie haben sie mit dem Nachspielen amerikanischer Rock 'n' Roll-Songs erfüllt. Als sie dazu übergingen, nach dem gleichen Muster eigene Titel zu spielen, fehlte ihnen sowohl jener entwickelte Traditionszusammenhang, der hinter dem Rock 'n' Roll in den USA gestanden hatte, als auch die notwendige Professionalität, um den Rock 'n' Roll einfach fortzusetzen:

> „Was als Pop-Revival begann, als neuer Ausdruck des Teenager-Rock 'n' Roll, endete dann mit ganz neuen Möglichkeiten für die populäre Musik als künstlerische Ausdrucksform: Rock 'n' Roll wurde zum Rock."[37]

Die beschriebenen Zusammenhänge konstituierten ein Songkonzept, das von der funktionalen Enge der traditionellen Popmusik, der Reduzierung auf Tanz und Unterhaltung, befreit war, andererseits sehr komplexe Bedeutungen realisieren konnte, ohne deshalb inhaltlich überfrachtet zu werden, ohne die funktionalen Ebenen von Tanz und Unterhaltung dabei verlassen zu müssen. Es brauchte keine komplexen und ausdifferenzierten „bedeutungsträchtigen" musikalischen Strukturen, um jene symbolischen Bedeutungen zu realisieren. Im Gegenteil, je durchlaßfähiger die Songs blieben, offen für verschiedene Möglichkeiten der Sinngebung, des Gebrauchs, um so flexibler schlossen sie sich an die im Freizeitverhalten der Jugendlichen entwikkelten Bedeutungen an. Ihre konkrete Aneignung durch Transformation in Bewegungsmuster und -bilder, das sinnliche Erschließen ihrer Bewegungsgehalte, erlaubte trotz allem ein immer differenzierteres Musizieren, zumal auch das wesentlich aus dem Körpergefühl des Musikers heraus entwickelt war und nicht etwa irgendwelchen Konstruktionsprinzipien folgte, die hätten erlernt werden müssen und ein verstehendes Wiedererkennen durch den Hörer voraussetzen würden. Dabei bedurfte es natürlich nicht unbedingt immer des realen Sich-Bewegens, um sich diese Musik in ihren bewegungsstrukturierenden Dimensionen zu erschließen. Es genügt durchaus, wenn das bloß vorgestellt, im geistigen Mitvollzug geschieht. Allerdings hat

auch die Einführung von Rockkonzerten dieses Moment keineswegs in den Hintergrund gerückt, zumal sie in der Regel in leeren Hallen ohne Bestuhlung stattfinden, wo sich ohnehin zur Musik wieder kräftig bewegt wird. Rockkonzerte gehen eher auf kommerzielle Motive zurück, nämlich möglichst viele Eintritt zahlende Fans um die Gruppen zu versammeln. Rockmusik war zu keinem Zeitpunkt ihrer Entwicklung eine reine „Hörmusik", aber sie war immer mehr als nur Tanzmusik.
So steht hinter dem Rock eine sinnliche Wahrheit, die nicht an der Logik des strukturellen Details, sondern vielmehr an der klangsinnlichen Oberflächenbeschaffenheit der musikalischen Form festgemacht ist. Zusammengesetzt aus einem stilabhängigen Repertoire von mehr oder weniger feststehenden, „standardisierten" Spielformeln, Rhythmusmodellen und Klangstereotypen, die wie die Bestandteile eines Kaleidoskops stets wechselnde Muster ergeben, entspricht sie einem Modus der Wahrnehmung und des Gebrauchs, worin Musik als körperbezogenes sinnliches Erlebnis und nicht als sprachähnliche Ausdrucksform mit vorgegebenen Bedeutungsstrukturen aufgefaßt ist. Keith Moon von den Who hat es so formuliert:

> „Natürlich nehmen wir unsere Musik ernst. Aber wir vermitteln keine Botschaften. Wir machen Songs. Die Leute können sich dann aus den Songs rausholen, was sie wollen."[38]

Das Wesen der Rockerfahrung besteht nicht darin, den musikalischen Ablauf als Sinnstruktur zu entschlüsseln, sondern vielmehr darin, dem von ihm vermittelten sinnlichen Erlebnis eine eigene Bedeutung zuordnen zu können. Es ist eine Ästhetik der Sinnlichkeit, nach der hier musiziert wird.

„My Generation“

Rockmusik und Subkulturen

Rockmusik hat sich als Bestandteil komplexer kultureller Zusammenhänge entwickelt, in denen ihre Spielweisen und Stilformen einen jeweils spezifischen Sinn erhalten, Bedeutungen und Werte tragen, die sie zum Medium gelebter Alltagserfahrungen werden lassen. Sie ist weder ein in Klang gefaßter Spiegel der Realität noch bloßes Mittel zur Unterhaltung. Verbunden mit oft ebenso bizarren wie banalen Objekten des Alltags, sorgfältig ausgewählten Kleidungsstücken, Haarmoden, dem zum infantilen Männlichkeitssymbol hochgepflegten Motorrad, messerscharf geschliffenen Stielkämmen, spitzen Schuhen, Halsketten oder eisenbeschlagenen Lederarmbändern, bildet sie den materiellen Kontext kulturellen Verhaltens innerhalb der Freizeit. Es sind ihre jeweiligen Fans, die ihr darin genau definierte Bedeutungen zuweisen, eine dialektische Beziehung von musikalischer Form und kulturellem Gebrauch in Gang setzen, aus der immer wieder neue Spielweisen hervorgegangen sind. Simon Frith formulierte das so:

> „Das Rockpublikum ist keine passive Masse, die Schallplatten wie Cornflakes konsumiert, sondern eine aktive Gemeinschaft, die sich der Musik als Symbol von Solidarität und als Inspiration für ihre Aktivitäten bedient.“[1]

Man kann deshalb über Rockmusik nicht sprechen, ohne sie in ihren sozialen und kulturellen Zusammenhängen zu lokalisieren. Rockmusik ist nicht das musikalische Ausdrucksmittel *der* Jugend, modebedingt nur von einer „Welle“ auf die andere schaukelnd. So erscheint sie nur im kommerziellen Spiegel der Musikindustrie. Tatsächlich ist jede ihrer Stilformen und Spielweisen an konkrete soziale Erfahrungen und kulturelle Kontexte gebunden, in denen diese auch dann weiterbestehen, wenn die Massenmedien längst das Interesse an ihnen verloren haben. Als die Beatles im Großbritannien der sechziger Jahre ihre kolossalen Triumphe feierten, war der Rock 'n' Roll, mit dem alles einmal begonnen hatte, nicht etwa vergessen oder verschwunden. Für seine Fans blieb er, was er war. Sie bildeten das Publikum für jene namenlosen Bands, die ihre Leidenschaft teilten, fernab vom Medienrummel um die Beatles. Erst viel später, Ende der siebziger Jahre, erschien die gleiche Szene nochmals für kurze Zeit im Blickpunkt der Medienöffentlichkeit, dann unter dem von der Musikzeitschrift *Melody Maker* eingeführten Etikett Pub Rock und Gruppen wie Dr. Feelgood oder Lew Lewis.

Wer die Geschichte des Rock so liest, wie die kapitalistische Musikindustrie sie im internationalen Vermarktungszusammenhang präsentiert, mißversteht sie gründlich. Statt in der Willkür einer linearen Abfolge von Stilen hat sie sich in ihren jeweiligen kulturellen Gebrauchszusammenhängen organisch weiterentwickelt, eingebettet in konkrete Alltagsstrukturen und spezifische soziale Erfahrungen – ein sich immer weiter differenzierendes vielschichtiges Ganzes paralleler Ströme und voneinander abgegrenzter „Szenen". Nur ist das von der Musikindustrie in ihrer hektischen Suche nach stets neuem Material wie ein eindimensionaler Entwicklungsprozeß gespiegelt worden. Das freilich heißt nicht, daß sie etwas außerhalb ihres Zusammenhangs sich selbst überlassen hätte. Rockmusik ist in jedem Fall an die Bedingungen der Studioproduktion von Musik gebunden. Aber die Investitionsentscheidungen der Industrie, insbesondere der Aufwand für Werbung, Promotion und Vertrieb, sind immer davon abhängig gewesen, womit jeweils das meiste Geld zu holen war. Dabei spielt nicht nur eine Rolle, auf welche Musikrichtung zu gegebener Zeit die größte Anzahl potentieller Plattenkäufer fällt, sondern gleichermaßen auch, welche der möglichen Zielgruppen am häufigsten Geld für Schallplatten auszugeben bereit ist. Das aber ist eine ganz andere Geschichte als diejenige, die sich im realen kulturellen Gebrauch des Rock vollzieht. Hier ist die Rockmusik in die Strukturen eines gelebten Alltags und der Gestaltung von Freizeit eingebunden, die sie sowohl zu altersspezifischen wie zu klassenspezifischen Erfahrungen in Beziehung setzen. Kommerziell verallgemeinert worden sind aus dem vielfältigen Spektrum solcher Beziehungen immer nur Ausschnitte. Deshalb konnte es so scheinen, nicht nur als folge ein Trend dem anderen vor einem solchen stilistischen „Wechselbädern" gegenüber gleichgültigen Hörer, sondern vor allem auch als spräche die Rockmusik für eine Jugend, der das Bewußtsein, der gleichen Generation anzugehören, alle sozialen Unterschiede vergessen gemacht habe. In Wirklichkeit aber hat die Rockmusik, wie die britischen Jugendsoziologen Graham Murdock und Robin McCron festgestellt haben,

> „... statt der Schaffung einer klassenlosen Jugendgesellschaft die Klassenunterschiede bestätigt und befestigt."[2]

Mehr noch: Rockmusik ist so eng mit den sozialen, klassenspezifisch gemachten Erfahrungen ihrer Hörer verbunden, daß sie nur als Medium dieser Erfahrungen verständlich wird. Davon abgelöst verliert sie ihren Sinn. Auch die Musikindustrie hat diesen Zusammenhang nicht auflösen oder wegmanipulieren können. Ihre Wirkung beruht vielmehr darauf, daß sie ihn verallgemeinert, jeweils allen Jugendlichen gemeinsam erscheinen läßt. Charlie Gillett hat darauf hingewiesen, daß auch der phänomenale Erfolg der Beatles in den sechziger Jahren gerade darauf beruhte, daß sie Arbeiterjugend in einer akzeptablen Form präsentierten, statt die sozialen Ursprünge ihrer Musik zu verleugnen:

> „Ihre soziale Botschaft war selten ausgesprochen, sondern hing über ihren Köpfen als eine Aura der Ungeduld gegenüber Konventionen und der sichtlichen Genugtuung an Reichtum und Ruhm, war ausgedrückt im Stil ihrer sorgfältig ausgewählten bizarren Kleidung. Während die Schriftsteller die Arbeiterjugend eingesperrt in einer rauhen physischen Welt gezeigt hatten ..., präsentierten die Beatles sie als locker und frei, stets bereit zu brüskierender Anmaßung und jederzeit fähig, es sich bequem zu machen, wo eine Lücke dafür zu finden war."[3]

An der realen Situation britischer Arbeiterjugendlicher und den Bedingungen ihres Alltags hat dieses von den Beatles getragene Medienbild natürlich nichts geändert. Von ihnen ist diese Musik wieder in ihren gewöhnlichen Alltag zurückgestellt und ihr darin ein eigener Sinn gegeben worden. Andere Bands haben sich daran orientiert und ihre Spielweise der hier entwickelten Bedeutungsstruktur angepaßt und dabei eine neue Stilform der Rockmusik geschaffen. Hard Rock war das Ergebnis, wofür Ende der sechziger Jahre dann Gruppen wie Uriah Heep, Black Sabbath und Led Zeppelin einstanden. Der Kreislauf begann von neuem.

Auf diese Weise sind es immer sozial bestimmte Gruppen von Fans gewesen, die in ihrem kulturellen Freizeitverhalten Werte und Bedeutungen im Bezug auf die Rockmusik entwickelt haben, die zum Ausgangspunkt wieder neuer Spielweisen werden konnten. Lawrence Grossberg ist daher nur zuzustimmen, wenn er schreibt:

> „Rockmusik ist nicht nur durch eine musikalische und stilistische Heterogenität charakterisiert; ihre Fans unterschieden sich ebenso grundlegend voneinander, obwohl sie die gleiche Musik hören mögen. Verschiedene Gruppen von Fans scheinen Musik für sehr unterschiedliche Zwecke und auf sehr verschiedene Weise zu nutzen; sie haben unterschiedliche Grenzlinien nicht nur hinsichtlich dessen, was sie hören, sondern auch im Hinblick darauf, was die Kategorie Rock jeweils umfaßt."[4]

Das ist nur zu oft übersehen worden und hat so einem Verständnis des Rock Vorschub geleistet, das ihn im sozialen Nirgendwo einer klassenlosen Jugendkultur ansiedelt und damit genau von jenen Zusammenhängen abstrahiert, die ihn allein verstehbar machen.

Auch als 1965 die Who ihr berühmt gewordenes „My Generation"[5] veröffentlichten, war dies kein Ausdruck eines allumfassenden Generationsbewußtseins, selbst wenn es danach auszusehen schien und nicht selten auch auf diese Weise mißverstanden wurde:

People try to put us down,
Just because we get around.
Things they do look awful cold,
Hope I die before I get old.
This is my generation, baby.
Why don't you all fade away,
Don't try and dig what we all say.

I'm not trying to cause a big sensation,
I'm just talking about my generation.
This is my generation, baby,
My generation.

Doch was hier mit soviel Emphase formuliert ist und bei der Liveaufführung auf der Bühne regelmäßig mit einem spektakulären Autodafé der Instrumente und Verstärkeranlagen verbunden war – ihrer systematischen Umwandlung in Kleinholz –, entsprach dem Selbstverständnis lediglich eines kleinen Teils der britischen Arbeiterjugend, der den Umgang mit Rockmusik zu einem kulturellen Prozeß eigener Art verdichtet hatte. Sie selbst nannten sich Mods, abgeleitet von Modernists. Die Who waren für sie so etwas wie die Inkarnation ihres Verständnisses von Rockmusik, und die Gruppe ihrerseits war auch die erste Rockband, die sich bis hinein in ihr gesamtes Erscheinungsbild rückhaltlos auf die von ihren Fans entwickelten Muster des kulturellen Gebrauchs ihrer Musik einließ, statt dafür nur den musikalischen Gegenstand zu liefern. Pete Townshend, Leiter und künstlerischer Kopf der Who, hat das später in einem Interview für die amerikanische Musikzeitschrift *Rolling Stone* auch unumwunden zugestanden:

„Was die Mods uns in der Band lehrten, war zu führen, indem wir folgten."[6]

Damit geriet ein Aspekt an die Oberfläche, der erstmals sichtbar werden ließ, daß Rockmusik nicht nur schlechthin Musik ist, sondern im Zentrum kultureller Zusammenhänge steht, die von ihren Fans hergestellt werden und sich in einem sichtlich mit Bedacht ausgewählten Repertoire von Objekten, Gesten und Verhaltenskodexen materialisieren. Was die Mods von ihren Altersgenossen unterschied, war ja nicht nur der von der kommerziellen Beatles-Euphorie jener Jahre abweichende Musikgeschmack, der sich an den Rhythm & Blues-Wurzeln des Rock 'n' Roll sowie deren Weiterentwicklung in der amerikanischen Soulmusik orientierte und in Großbritannien vor allem von Gruppen wie den Who, den Kinks, den frühen Rolling Stones, den Small Faces oder der Spencer Davis Group verkörpert wurde. Zu den Insignien der Mods gehörte auch der Motorroller, wobei es ein Lambretta TV 175 sein mußte, ein italienisches Fabrikat. Mit ganzen Batterien von Lampen, Hupen und Spiegeln wurde dieses damals gerade aufgekommene Verkehrsmittel in einen demonstrativen Kultgegenstand verwandelt. Modische, gut geschnittene Anzüge, die obligatorischen Parkas als Überbekleidung und eine adrette Kurzhaarfrisur gehörten ebenso dazu wie eine geradezu rituelle Freizeitgestaltung. Neben dem Motorroller war es ein exzessiver Kult des Tanzens, der im Mittelpunkt der Freizeit eines Mods stand. Das führte sie jeden freien Abend in einen der Music Clubs des Londoner West End oder in die Rhythm & Blues Clubs von Soho, was an den Wochenenden bis in die Morgenstunden ausgedehnt wurde; der zwangsläufigen Erschöpfung in dieser immerwährenden Ekstase des Tanzens begegnete man mit pharmazeutischen Aufputschmitteln, Amphetaminen. Die fünfzehn- bis achtzehnjährigen Jugendlichen, die den Kern der Mods bildeten, kamen aus den Vororten des Londoner East End oder den Neubaugebieten im Süden Londons, aus einem sozialen Milieu also, das sich aus dem am Wohlstandsboom der Konsumgesellschaft in gewissen Grenzen partizipierenden Teil der Arbeiterklasse mit gesicherter Existenzgrundlage zusammensetzte. Sie hatten Ausbildungsplätze oder arbeiteten bereits und schienen die ihnen zugedachte Rolle, sich in die Arbeiterklasse eines technisch revolutionierten Kapitalismus einzureihen, durchaus zu akzeptieren. So war an ihnen eigentlich nichts Besonderes, nur daß sie mit der auffälligen Exotik ihres Freizeitverhaltens einem wichtigen Zweig der britischen Rockmusik die soziale Basis lieferten.

In ähnlich festen Strukturen kulturellen Freizeitverhaltens hatten auch schon der amerikanische Rock 'n' Roll in Großbritannien und der frühe nordenglische Mersey Beat gestanden. Deren Fans bezeichneten sich damals als Teddy Boys. Ihre „Entenschwanz"-Frisur – eine mittels Pomade kunstvoll am Hinterkopf geformte Tolle – war ein Tribut an die amerikanischen Rock 'n' Roll-Vorbilder. „Schnürsenkel"-Krawatten, lange Jacketts mit Samtrevers und Kreppsohl-Schuhe zeugten hier von einer ähnlich strengen Kleiderordnung als Gruppensymbol wie bei den Mods ein knappes

Jahrzehnt später. Auch das Freizeitverhalten der Teddy Boys folgte einem Kodex ungeschriebener, aber feststehender Gesetze. Ihre Huldigung körperlicher und sachlicher Gewalt hatte für nicht wenige Schlagzeilen in den Medien gesorgt, doch der Zusammenhang mit Musik war da noch nicht so evident. Zwar haben auch die Beatles während ihrer Liverpooler Jahre in ihnen ihre treueste Anhängerschaft gefunden, selbst gehörten sie jedoch nicht dazu und entfernten sich ja dann auch sehr schnell von diesem Umfeld. Mit den Who dagegen wurde nun auch für die Öffentlichkeit sichtbar, daß die Rockmusik in ausgeprägten Subkulturen geformt wird, von hier Bedeutungen und Werte bezieht, die die Musikindustrie nur aufgreift und kommerziell verallgemeinert. Der Analyse des britischen Kulturwissenschaftlers John Clarke zufolge

> „... gingen die wichtigsten Entwicklungen der kommerziellen Jugendkultur von Innovationen aus, deren Ursprung außerhalb der kommerziellen Welt, sozusagen ‚bei den Graswurzeln' lag. Um erfolgreich zu sein, muß ein Impetus dieser Art sich aus lokalen Kontexten und Interaktionen heraus entwickeln und lokale ‚Bedürfnisse' befriedigen, bevor er für ein stärkeres kommerzielles Engagement attraktiv wird ..."[7]

Die lokalen Kontexte und Interaktionen, von denen John Clarke hier spricht, sind Bestandteil von Subkulturen, die für die Entwicklung der Rockmusik eine zentrale Rolle spielen. Hinter jeder ihrer Stilformen und Spielweisen stehen komplexe kulturelle Zusammenhänge eigener Art, lokale „Szenen", die genau definierte Modalitäten des Umgangs mit Musik einschließen und sie in stabile Beziehungen zur alltäglichen Lebenspraxis ihrer Fans bringen. Für den frühen Liverpooler Mersey Beat bildeten so die Teddy Boys das kulturelle Bezugssystem, für den Rhythm & Blues-orientierten Zweig der britischen Beatmusik die Mods, während die Rocker den traditionellen Rock 'n' Roll konservierten. Der Psychedelic Rock in der zweiten Hälfte der sechziger Jahre wurde von der studentischen Subkultur der Hippies getragen, wogegen Hard und Heavy Metal Rock an die Skinheads, eine andere Fraktion der britischen Arbeiterjugend, gebunden waren. Bis hin zu Punk und New Wave ist die Geschichte des Rock mit mehr oder weniger auffälligen jugendlichen Subkulturen verwoben. Ihr Stellenwert für die Rockmusik ist deshalb von so zentraler Natur, weil sie von jenen Jugendlichen gebildet werden, die zugleich am aktivsten mit Musik umgehen, deren jeweilige Fans darstellen und dabei die Stilformen des Rock mit Bedeutungen und Werten verknüpfen, die ihnen in den Alltagsstrukturen Jugendlicher einen spezifischen Sinn geben. Daß es als Bezugsrahmen dafür derart scharf abgegrenzter und verdichteter kultureller Zusammenhänge bedarf, so daß sie sich als Subkultur deutlich von ihrem sozialen Umfeld abheben, hat seinen Grund in der gesellschaftlichen Natur des hochentwickelten Kapitalismus und der von ihm in Gang gesetzten Kulturprozesse.

Mit dem Ziel der Profitmaximierung sind alle Produkte hier per Werbung und ästhetischer Aufmachung als zusätzlicher Kaufanreiz schon von vornherein mit einem Netz von sozialen Bedeutungen überzogen, die ihren eigentlichen Gebrauchswert überlagern. So ist eine Hose eben kein bloßes Kleidungsstück mehr, sondern zugleich auch ein soziales Symbol, das ihrem künftigen Träger Jugendlichkeit, Sportlichkeit oder erotische Ausstrahlungskraft verspricht, ihn zum „Mann von Welt“ macht oder wie immer auch die einfallsreichen Variationen der Werbeexperten zum Thema „Hose“ aussehen mögen. Boris Penth und Günter Franzen schrieben in diesem Zusammenhang:

> „... alles ist schon besetzt und überlagert mit gesellschaftlich produzierten Bildern von ungeheurer Aufdringlichkeit.“[8]

Das gilt in ganz besonderem Maße natürlich für die Musikproduktion, deren Produkte der Natur der Sache nach ja Bedeutungen tragen, immer aus Klang *und* Bedeutung bestehen. Ihnen noch weitere aufzustocken, die sie zum Moment eines ideologischen Gesamtzusammenhangs machen, ganz unabhängig davon, wie die unmittelbaren Inhalte der Songs aussehen, ist daher nicht schwer, weil viel weniger offensichtlich, und wird später genauer zu betrachten sein.

Demgegenüber ist allerdings zu Recht immer wieder gefragt worden, ob das denn wirklich die totale Manipulation der Rockhörer durch eine umfassende Konsumideologie zur Folge habe, ob sie die ihnen stets mitgelieferten ideologischen Bedeutungen tatsächlich bedingungslos akzeptieren, sich zu geistigen Sklaven des Kommerz machen lassen. Paul Corrigan und Simon Frith haben diese Frage so formuliert:

> „Zweifellos beuten die Agenturen der Popkultur (Schallplattenfirmen, Teenagermagazine, Kleiderläden) die Jugendlichen aus (ein kaum überraschender Aspekt des Kapitalismus); doch die Frage ist, in welchem Ausmaß sie sie manipulieren."[9]

Sie selbst antworten darauf:

> „... der Fakt, daß die Jugendlichen in hohem Maße in kommerzielle Institutionen verwickelt sind, bedeutet nicht, daß ihre Reaktionen bloß gesteuert werden ..."[10]

Im Gegenteil: Sie können die Musik in den Kontext ihres Alltags und ihrer Freizeit zurückstellen, ihr darin eigene Bedeutungen und Werte geben. Die Rockmusik basiert ja gerade – wie gezeigt – auf einem Songkonzept, das nur in solchen Zusammenhängen Sinn ergibt, für ihre Hörer lediglich das Medium vorstellt, von dem sie selbst aktiven Gebrauch machen müssen. Sie reagieren auch auf kommerzielle Produkte also stets klassenspezifisch, von dem Hintergrund ihrer eigenen sozialen Erfahrungen aus, die auch der Kommerz nicht auslöschen kann. Die Zusammenhänge, in die sie die Musik dabei stellen, müssen um so dichter sein, je umfassender die Musikindustrie ihrerseits die Rockmusik mit einem kulturellen Kontext aus Mode, Zeitschriften, Medienbilder und der Aura ihrer Stars umgibt. Sie verdichten sich deshalb zu entwickelten Subkulturen, die mit ihren demonstrativen Gesten des Andersseins eine wichtige Funktion im sozialen Kampf um die kulturellen Bedeutungen und Werte des Rock einnehmen. Iain Chambers schrieb dazu:

„Kleider werden zu ‚Waffen‘, zu ‚visuellen Beschimpfungen‘ in einem kulturellen Krieg, und Make-up wird zur ‚Kriegsbemalung‘ darin.“[11]

Subkulturen entwickeln aus einem eigenwilligen Sammelsurium von unbedeuteten Objekten des Alltags einen materiellen Kontext kulturellen Verhaltens, der stabil genug ist, um auch jene Bedeutungen und Werte daran festzumachen, die die Musik für sie verkörpert.
So gaben die Mods ihren Motorrollern mit Spiegeln, Lampen und Hupen das Aussehen von Science fiction-Visionen, von rollenden Technik-Ungetümen. Die damit vorgenommene Umdeutung eines harmlosen Verkehrsmittels in ein nach außen bedrohliches, der Faszination alles Technischen ebenso erliegendes wie sie karikierendes Zukunftssymbol korrespondiert deutlich ihrem Musikgebrauch. Ihnen galt die Rockmusik als geheimnisvolle Essenz einer Modernität, die Perspektiven sowie Chancen eröffnete und bedrohlich zugleich war, spiegelte so etwas wie die Rhythmen des industriellen Zeitalters, die buchstäblich „ertanzt“ werden mußten, um mit ihnen Schritt zu halten. Die Art und Weise, wie sie mit Rock umgingen, gab ihm die laszive und asoziale Aura des Nachtlebens in den morbiden Vergnügungsvierteln kapitalistischer Großstädte, durch die sie sonst auf ihren Motorrollern kolonnenweise ihre Runden drehten. Daß sie einer Stilrichtung des Rock frönten, die die Energetik rhythmischer Prägnanz mit technischen Lautstärkeorgien verband – jedenfalls was damals dafür galt – und die Exotik seiner schwarzen Wurzeln hervorkehrte, ist deshalb nicht verwunderlich. Rockmusik als in Klang gesetzter Pulsschlag der Gegenwart, als gebündelte Energie, die Körper und Nerven an trägen Feierabenden in Hochspannung versetzt und zum Vibrieren bringt, als Kraftzentrum einer rasenden Hingabe an die Freizeit und als zentrales Moment der Organisation sinnlicher Erfahrung, die den begrenzten Erlebnisraum von Schule, Arbeit und allabendlicher Fernsehhäuslichkeit durchbrach – das sind die Schlüsselpunkte im Musikgebrauch der Mods. Die Who und die Rolling Stones haben mit ihren Produktionen der Jahre 1964 bis 1966 geradezu klassische Zeugnisse für diese Musikauffassung geliefert.

Und so wie die Mods erzeugen Subkulturen generell jeweils komplexe Bedeutungssysteme, die sich im kulturellen Freizeitverhalten der auf sie eingeschworenen Jugendlichen manifestieren, an den leicht verfügbaren profanen Materialien des Alltagslebens festgemacht sind. Daß dies alles andere als ein passives Konsumverhalten ist, liegt auf der Hand. Es zeugt vielmehr von einer erstaunlich kreativen Energie, die nur einem sehr oberflächlichen Blick verborgen bleiben kann. Aus der Tatsache, daß Konsumgüterindustrie und kommerzielle Massenkultur allen das gleiche liefern, die gleichen Bilder, die gleichen Klänge, die gleichen Alltagsgegenstände, folgt eben mitnichten, daß deshalb auch alle auf die gleiche Weise damit umgehen. Der Mythos von der Rockmusik als Ausdruck klassenloser Jugendkultur konnte nur deshalb entstehen, weil aus der Faszination, die ein und dieselben Songs auf alle sozialen Schichten Jugendlicher ausüben, geschlußfolgert worden ist, daß sie ihnen alle dasselbe bedeuten. Die Rockmusik ist Gegenstand eines aktiven kulturellen Gebrauchs, der sozial höchst differenziert ist und zugleich solche Objekte des Alltags einschließt, die sich zum oft auch pointierten und witzigen Ausdruck besonderer Bedeutungen eignen, seien dies nun lange oder kurze oder grellbunt gefärbte Haare, seien es Hosen, Jacken, Hemden, Socken oder Schuhe, seien es Kämme, Armbänder, Ketten oder Sicherheitsnadeln, seien es die modernden Reste vergangener Moden, Motorroller oder Motorräder.

Der Begriff Subkultur für derartige bedeutungsstiftende kulturelle Zusammenhänge ist Ende der sechziger Jahre allerdings erheblich diskreditiert worden, als sich die Ideologen der Studentenbewegung und ihres subkulturellen Ablegers, der Hippies, seiner annahmen und ihn im Sinne einer „subversiven Kultur" interpretierten. Sie verbanden das mit der Hoffnung auf eine den Subkulturen angeblich innewohnende revolutionäre Sprengkraft, die die Jugend der Welt zum Schöpfer einer ganz neuen Gesellschaft, jenseits von Kapitalismus und Sozialismus, machen sollte. Die Geschichte hat darüber ihr Urteil längst gefällt; die Revolutionsträume der Hippies sind im Drogennebel verdampft beziehungsweise einer kleinen Gruppe amoklaufender Verzweifelter zur Legitimation für einen menschenverachtenden Stadtguerillakrieg geworden. Subkulturen sind nicht subversiv, sondern ein für die Lebensweise im hochentwickelten Kapitalismus charakteristischer Ausdruck kultureller Differenzierungsprozesse, die sich am Schnittpunkt von klassenspezifischen und altersspezifischen Erfahrungen bilden. In ihnen drückt sich die soziale Problematik des Lebens *im* Kapitalismus, nicht aber ein politischer Protest *gegen* ihn aus. Selbst die Hippies – und das unterschied sie von den radikalen Teilen der Studentenbewegung an den amerikanischen und westeuropäischen Universitäten – verstanden Kultur und Musik als eine vermeintlich „revolutionäre" Alternative zur Politik. Ihr Widerstand war trotz ihres artikulierten Antikapitalismus nicht einer namentlich gegen die kapitalistische Organisation der Gesellschaft, sondern er richtete sich gegen gesellschaftliche Institutionen überhaupt. Sie wollten nicht die politische Veränderung gesellschaftlicher Strukturen, sondern deren Abschaffung. Damit nehmen sie allerdings eine Sonderstellung unter den jugendlichen Subkulturen der Nachkriegszeit ein, die sie in die Tradition der intellektuellen Boheme schon des neunzehnten Jahrhunderts stellt. Ihnen ging es um eine alternative Lebensweise außerhalb der Kategorien „Arbeitszeit" und „Freizeit", in die die Rockmusik neben anderen, vor allem fernöstlichen Formen musikalischer Praxis nur einbezogen war. Sie sind nicht in erster Linie Rockfans gewesen. Die um die Rockmusik herum entstandenen jugendlichen Subkulturen der Teddy Boys, Mods, Rocker, Crombies, Skinheads, Punks sind in den unterschiedlichen Schichten der Arbeiterjugend angesiedelt und damit zwangsläufig auf ihre Freizeit begrenzt. Deshalb spielt hier auch die Musik eine so herausragende Rolle, denn sie bildet zugleich einen umfassenden Freizeitraum, in den die Massenmedien ebenso einbezogen sind wie lokale Freizeiteinrichtungen, Diskotheken, Klubs und Tanzsäle, die die Jugendlichen zusammenbringen. Es ist das ein Raum, in dem sich klassenspezifische Erfahrungen ausleben und ausdrücken lassen. Das aber ist nicht schon der Protest gegen ihre gesellschaftlichen Ursachen. John Muncie ist zuzustimmen, wenn er schreibt:

„In vielen Subkulturen (gewiß nicht in der gesamten Popkultur) gibt es zwar ein verborgenes Potential zum Widerstand und zur politischen Aktion, aber dieses Potential wird kaum jemals realisiert, zum Teil wegen eines Mangels an Interesse und Organisation und zum Teil auf Grund des Ausmaßes der Außenkontrolle.“[12]

Insofern gehört es zu den wohl am weitesten verbreiteten Mißverständnissen um die Rockmusik, in ihr einen Ausdruck des Protestes der Arbeiterjugend im Kapitalismus gegen die Bedingungen ihrer sozialen Existenz zu sehen. Sie hat vielmehr mit den unter diesen Bedingungen klassenspezifisch gemachten Erfahrungen zu tun. In den Subkulturen, die um die Rockmusik herum entstanden sind, findet die Problematik der Klassenerfahrung von Arbeiterjugend einen besonders deutlichen und altersspezifisch gebrochenen Ausdruck. In den Worten von Graham Murdock und Robin McCron lassen sich Subkulturen

„... als chiffrierte Ausdrucksform von Klassenbewußtsein auffassen, die in den spezifischen Kontext der Jugend transportiert sind und die komplexe Art und Weise reflektieren, in der das Lebensalter als Vermittlung sowohl von Klassenerfahrung wie Klassenbewußtsein fungiert.“[13]

Jugendliche erfahren nämlich ihre Klassensituation auf eine durchaus eigenständige Weise. So weichen ihre individuellen Lebenschancen mit zunehmendem gesellschaftlichem Entwicklungstempo des Kapitalismus von denen ihrer Eltern ab, obwohl sie klassenspezifisch strukturiert bleiben. Bei allen Unterschieden sind sie doch wie bei ihren Eltern durch die Benachteiligung in der Bildung, durch Einkommensgrenzen mit dem insgesamt kleinsten Anteil am gesellschaftlichen Reichtum, durch die jeweils aussichtslosesten Jobs und die Routinierung und Spezialisierung der Arbeit geprägt. Die ihnen vorgezeichneten Lebenswege sind also denen ihrer Eltern in gleichem Maße verwandt wie verschieden davon. Zur Altersspezifik der Klassenerfahrung im Kapitalismus gehört aber auch, daß Arbeiterjugendliche in einer prägenden Phase ihrer Entwicklung mit der Schule den unmittelbaren Zwängen einer bürgerlichen Institution ausgesetzt sind, mit denen sie sich ebenso auseinandersetzen müssen wie mit den ihnen gelieferten kommerziellen Freizeitangeboten. Das führt zu altersspezifischen Reaktionen auf Probleme, die die Arbeiterklasse als Ganzes betreffen. In den jugendlichen Subkulturen sind solche altersspezifischen Reaktionen nur zu einer kulturellen Form kondensiert, in der sie sich ausdrücken und ausleben lassen:

> „Indem die verschiedenen Subkulturen die ‚Klassenproblematik' der Schichten aussprachen, denen sie entstammten, boten sie einem Teil der Arbeiterjugend (hauptsächlich den Jungen) eine Strategie, um ihre kollektive Existenz zu bewältigen. Aber die stark ritualisierte und stilisierte Form der Subkultur zeigt, daß sie auch Versuche waren, eine Lösung für diese problematische Erfahrung zu finden: eine Lösung, die, weil hauptsächlich auf der symbolischen Ebene angesiedelt, zum Scheitern verurteilt war. Das Problem der Selbsterfahrung der unterdrückten Klasse kann bloß ‚durchlebt', verarbeitet oder abgelehnt, aber es kann auf dieser Ebene oder mit diesen Mitteln nicht gelöst werden."[14]

Dennoch ist es wichtig festzuhalten, daß die Rockmusik, obwohl kommerziell produziert und verbreitet, als Bestandteil des Klassenzusammenhangs der Arbeiterklasse im Kapitalismus funktioniert. Auch die Subkultur der Mods und die sie tragende Musik von den Who, der Rolling Stones und der anderen Rhythm & Blues-orientierten Bands war Mitte der sechziger Jahre nichts anderes als eine klassenspezifische Reaktion von Arbeiterjugendlichen auf die soziale Realität des britischen Kapitalismus zu dieser Zeit. Und die sah für sie erheblich anders aus als noch für ihre Eltern oder selbst ihre kulturellen Vorfahren, die Teddy Boys. Letztere hatten seinerzeit den ungelernten Teil der Arbeiterjugend repräsentiert, für den die britische „Konsumgesellschaft" nie eine Realität war. Ihr Freizeitverhalten und der darin eingeschlossene Umgang mit Musik ist keine Auseinandersetzung mit der Ideologie der Konsumgesellschaft gewesen, sondern er war eine – notfalls auch mit Gewalt geführte – Form der kulturellen Selbstbehauptung. Die Mods dagegen kamen aus einer Schicht der Arbeiterklasse, die an den ökonomischen Wachstumsraten des britischen Kapitalismus der fünfziger Jahre partizipieren konnte. In Großbritannien hatten die Jahre 1951 bis 1964 „ein stetigeres und weit schnelleres Wachstum (im durchschnittlichen Lebensstandard) als zu jeder anderen Zeit in diesem Land“[15] gesehen. Was trotz allem aber unverändert blieb, war die Ungleichmäßigkeit in den proportionalen Anteilen am Segen des Wohlstands, waren die sozialen Ungerechtigkeiten. Die Frage danach, welchen Wert eine Freiheit hat, die sich auf die Wahl zwischen einer wachsenden Vielzahl von Waschmitteln unterschiedlicher Hersteller reduziert, mußte sich für jenen Teil der Arbeiterjugend stellen, für den die Konsumfreuden des Kapitalismus in gewissem Maße im Elternhaus erreichbar gewesen waren, der selbst aber kaum noch die Chance besaß, auf gesicherten Wohlstandspfaden in die Zukunft weiterzuwandeln. Sie hätten allenfalls noch den Lebensstandard ihrer Eltern zu erreichen gehabt. Ein weiteres kontinuierliches Wachstum des Wohlstands gab es nicht mehr, ohne den proportionalen Anteil der Arbeiterklasse am gesellschaftlichen Reichtum zu vergrößern. Vielmehr standen die Zeichen der Zeit inzwischen auf Krise. Das Jahr 1963 hatte mit einer Arbeitslosenquote von 3,6 Prozent den höchsten Stand seit 1940 erreicht.[16] Anders noch als ihren Eltern wurden diesen Jugendlichen die Schranken ihrer Klassenzugehörigkeit wieder viel unmittelbarer fühlbar, deutlicher bewußt. Diejenigen von ihnen, die aktiv darauf reagierten, begannen die Problematik und Widersprüchlichkeit dieser Erfahrungen in eine kulturelle Form umzusetzen, in der sie ausgedrückt und verarbeitet werden konnte. Charles Radcliffe bezeichnete die Subkultur der Mods, ihre Freizeitrituale, ihren exklusiven Kleidungsstil und ihren exzessiven Musikgebrauch als

> „... ein rasendes Konsumprogramm, das eine groteske Parodie auf das Streben ihrer Eltern zu sein schien.“[17]

Tatsächlich reagierten die Mods auf die von ihnen erfahrene Fragwürdigkeit der Ideologie der Konsumgesellschaft in einer Weise, die Distanz durch Übertreibung zum Ausdruck brachte. Ihr äußeres Erscheinungsbild entsprach bis ins Detail den Kleiderpuppen aus den Kaufhausschaufenstern. Sie waren eine Spur zu adrett und eine Spur zu gut gekleidet, um nicht auf beunruhigende Weise unnatürlich zu wirken. Wer wie eine wandelnde Kaufhauspuppe am Arbeitsplatz oder in der Schule erscheint, macht aus den Konsumritualen eine Karikatur, ohne ihnen freilich damit entkommen zu sein. Wer als Arbeiterjugendlicher die einstmals der Schickeria einer in Langeweile vergehenden High Society vorbehaltenen großstädtischen Nachtklubs zum zentralen Ort seiner Freizeitgestaltung auserwählt, bricht aus dem sozialen Rollenspiel aus, verhält sich auf demonstrative Weise gerade nicht so, wie es von Arbeiterjugend erwartet wird. Er hat die Leere einer an die Zwänge des Konsums gebundenen Lebensstrategie durchschaut, ohne einen Ausweg daraus finden zu können. Der offensichtlichen Sinnlosigkeit eines solchen Lebens begegnet er damit, daß er sich sinnlos verhält. Es ist das nirgends genauer formuliert worden als in dem 1965 erschienenen „I can't get no Satisfaction"[18] der Rolling Stones:

When I'm driving in my car
And that man comes on the radio
And he's tellin' me more and more
About some useless information
Supposed to fire my imagination
I can't get no, oh, no, no, no
Hey, hey, hey, that's what I say
I can't get no satisfaction
I can't get no satisfaction
And I try and I try and I try and I try
I can't get no, I can't get no
When I'm watchin' my T.V.
And that man comes on to tell me
How white my shirts can be
Well, he can't be a man
'cause he doesn't smoke
The same cigarettes as me
I can't get no, oh, no, no, no,
Hey, hey, hey, that's what I say
I can't get no satisfaction.

Die Mods haben mit ihrem Kult der Modernität eine kulturelle Form geschaffen, die die Ideologie der Konsumgesellschaft parodierte und darin zugleich das Fehlen eines Lebenskonzepts mit Zukunftsperspektive ausdrückte. Deshalb auch die verzweifelte Verklärung der eigenen Jugend, wie das die Who in ihrem „My Generation" formuliert hatten *(Hope I die before I get old)*. Es war das eine Möglichkeit, sich der Umklammerung durch bürgerliche Ideologie zu entziehen.

So, wie dafür die Massenprodukte der Industrie auf spezifische Weise benutzt und umgedeutet wurden, als kulturelles Rohmaterial fungierten, so bedient sich umgekehrt die Musikindustrie der von den jugendlichen Subkulturen um die Musik herum entwickelten kulturellen Zusammenhänge als Rohmaterial für die Herstellung ihres kommerziellen Produkts. Als nämlich erst einmal sichtbar geworden war, daß Rock mehr als nur Musik ist, lief die Maschine des Kommerz auch schon auf Hochtouren. Iain Chambers dazu:

> „Um 1964/65 setzte ein entscheidender Wandel im öffentlichen Erscheinungsbild der Popmusik ein. Pop hörte auf, ein spektakuläres, aber peripheres Ereignis zu sein, das hauptsächlich mit dem Geschmack der Arbeiterjugend in Zusammenhang gebracht war, und galt statt dessen nun als Symbol einer modebewußten, weltoffenen britischen Kultur. Er hatte sich aus einem bloßen Ableger des Showgeschäfts in eine Symbolisierung von Stil verwandelt."[19]

Die Subkultur der Mods lieferte jetzt die Ingredienzien für eine Modewelle ohnegleichen, wobei die Industrie nun diese Einbindung der Musik in einen bedeutungsstiftenden subkulturellen Kontext zu ihrer komplexen Vermarktung benutzte. In den Modeboutiquen und Schallplattenläden der Londoner Carnaby Street entstand der Mythos vom „Swinging London", der diesen Jahren den Stempel aufprägte und die Rockmusik zu einem internationalen Kulturphänomen machte. Oder wie es John Clarke formulierte:

> „Jene Explosion des ‚Swinging London' Mitte der sechziger Jahre beruhte auf der massiven kommerziellen Ver-

breitung dessen, was ursprünglich Mod-Stilformen waren, die ... schließlich zu einem massenkulturellen kommerziellen Phänomen wurden. Die Beatles-Ära ist eines der bemerkenswertesten Beispiele dafür, wie ein ursprünglich subkultureller Stil durch zunehmende kommerzielle Organisation und modische Ausbeutung in einen reinen ,Markt'- oder ,Konsumenten'-Stil verwandelt wurde."[20]

Die Jahre 1964 bis 1966 waren eindeutig durch die Heroen der Mods dominiert, obwohl sie nachträglich dann mit dem Namen der Beatles verknüpft worden sind. Selbst an den rein kommerziellen Kategorien der Charts, den Auflistungen der wöchentlich meistverkauften Schallplatten, ist das ablesbar. Nur acht von den insgesamt 82 Produktionen der Beatles aus diesem Zeitraum erreichten die Top Ten. Den Rolling Stones und den Kinks ist das bei einer wesentlich geringeren Produktivität im gleichen Zeitraum neunmal gelungen, den Who sechsmal. „Swinging London" war geprägt von der Musikauffassung der Mods und ihren Kultbands, zu denen neben den genannten ja noch eine Vielzahl weiterer Gruppen mit nur ein, zwei oder drei Top Ten-Erfolgen gehörte. Hier haben sich im Nachhinein die Perspektiven erheblich verschoben, weil die Rockmusik immer aus den Zusammenhängen ihres kulturellen Gebrauchs herausgelöst und als eine Geschichte einzelner Bands betrachtet worden ist. Daß die Beatles in diesen Jahren die meisten Titel produzierten und somit insgesamt auch die höchste Zahl verkaufter Schallplatten aufzuweisen hatten, 1965 aus der Hand der britischen Königin den Orden *Member of the Order of British Empire* entgegennahmen, also für eine Rockgruppe die zweifellos spektakulärste Karriere machten, spricht für ihr kommerzielles Potential als Investitionsobjekt der Musikindustrie, ist aber eben keineswegs etwa gleichbedeutend auch mit einer analogen kulturellen Wirksamkeit. Von den Kultbands der Mods war zwar keiner eine ähnlich sensationelle Karriere beschieden, aber gemeinsam haben sie in den Jahren 1964 bis 1966 dennoch viel tiefere Spuren hinterlassen, als das die Beatles als einzelne Gruppe konnten. Entgegen allen Mythen – Iain Chambers ist nicht zu widersprechen, wenn er darauf verweist:

„Zur gleichen Zeit waren die Beatles mit ihren königlichen Premieren und ihren Orden sichtlich in die gepflegte Kategorie der ‚Familienunterhaltung' übernommen worden."[21]

Die umfassende Widerspiegelung der Subkultur der Mods auf dem Modemarkt und in den Massenmedien dokumentiert die Mechanismen kapitalistischer Ausbeutung subkultureller Formen, hat zugleich aber auch zu deren Verbreitung beigetragen und ihnen neue kreative Möglichkeiten erschlossen, öffnete ihnen das technische und ökonomische Potential der Medien.
Die klassenspezifisch strukturierten jugendlichen Subkulturen und die hauptsächlich von den Medien produzierte kommerzielle Massenkultur bilden also keinen starren Gegensatz, sondern sie durchdringen einander, wenn auch auf höchst widersprüchliche Weise, stellen lediglich eine von den Klassengegensätzen geprägte unterschiedliche Anwendung der gleichen kulturellen Gegenstände, musikalischen Formen und Institutionen dar. Das ist ein wesentlicher Aspekt, ohne den die widerspruchsvolle Dialektik des kulturellen Gebrauchs der kommerziellen Massenprodukte unverständlich bleiben muß. Kommerziell produzierte Massenkultur und die klassenspezifisch organisierten Subkulturen bilden nur jeweils verschiedenartige kulturelle Kontexte und Zusammenhänge um ein und dieselben Gegenstände. Auch die Rockmusik erscheint im Medienzusammenhang als etwas anderes als im Alltagsleben ihrer Fans. Sie ist immer zugleich und in einem kommerzielles Produkt und Gegenstand klassenspezifischen kulturellen Gebrauchs, wobei das eine das andere bedingt und vermittelt. Die Who, die Kinks oder die Rolling Stones avancierten erst dann zu tatsächlichen Kultbands in der Subkultur der Mods, als sie für ihre Musik alle damals zur Verfügung stehenden technischen Möglichkeiten der Umsetzung musikalischer Kreativität nutzen konnten – eingeschlossen die Verbreitung ihrer Musik über die Massenmedien –, also den Status einer lokalen Amateurband längst verloren hatten. Rockmusik ist keine Volksmusik, nicht das spontane Produkt einer subkulturellen Gemeinschaft von Fans, dem dann lediglich immer wieder das unvermeidliche Schicksal

kommerzieller Verwertung beschieden ist. Subkulturen formieren sich vielmehr über den kulturellen Gebrauch von Industrieprodukten, kommerziellen Massenprodukten, seien dies nun Kleidungsstücke, Motorräder oder eben Schallplatten. Es ist nur natürlich, daß die Jugendlichen einer Klasse von Industriearbeitern auch ihre klassenspezifischen Erfahrungen, wenn schon, dann durch solche Gegenstände transportieren, die ihnen vertraut sind, deren gegenständlichen „Geheimnisse" sie gleichsam kennen, statt dafür in eine Dorfplatzidylle von „Volkskunst" auszuweichen.

Insofern ist es kein Widerspruch, daß der kreative Höhepunkt der Subkultur der Mods mit dem Höhepunkt ihrer kommerziellen Verwertung Mitte der sechziger Jahre zusammenfiel. Wenn das zugleich auch der Beginn ihres Endes war, dann nur deshalb, weil die kommerzielle Verwertung kultureller Formen stets auch deren grenzenlose Verallgemeinerung bedeutet. Die Problematik des Kommerz liegt nicht darin, daß seine Mechanismen die Musik den Händen ihrer Fans entreißen. Der Glaube an die volksmusikalischen Qualitäten des Rock, an seinen Ursprung in der spontanen Kreativität seiner Fangemeinde, ist immer schon eine romantische Vorstellung gewesen, der die Wirklichkeit nie entsprochen hat. Rockmusik ist an die technischen Möglichkeiten der Aufnahmestudios gebunden, stellt ein Industrieprodukt dar, dessen hochwertige technische Qualität Bestandteil seiner kulturellen Potenz ist. Ihre kommerzielle Verwertbarkeit ist insofern eine unabdingbare Voraussetzung dafür, als ihr der technische und finanzielle Aufwand, dem sie damit unterliegt, eine ökonomische Dimension aufzwingt. Problematisch daran ist nur, daß dies im Rahmen von Klassengegensätzen einem verselbständigten Profitinteresse unterworfen ist, das über soziale und selbst nationale Zusammenhänge weit hinausdringt, die schrankenlose Verallgemeinerung kultureller Ausdrucksformen zu einer allumfassenden kommerziellen Massenkultur zur Folge hat. Das aber beraubt sie ihres sozialen Inhalts, formalisiert sie und verwandelt sie damit in ein sich schnell verschleißendes unverbindliches Modephänomen.

Auch die Subkultur der Mods hat schließlich diesen Weg genommen. Was zunächst den sozialen Erfahrungen nur einer bestimmten Schicht britischer Arbeiterjugendlicher entsprach, wurde in Modeboutiquen, Massenmedien und Jugendzeitschriften, in der Werbung und auf dem Schallplattenmarkt allgegenwärtig gemacht und zum Erscheinungsbild von Jugend schlechthin umdefiniert. Der Kleidungsstil der Mods, ihre Musik, ihre Freizeitrituale sind hier auf eine Weise präsentiert worden, die sie ihres ursprünglichen klassenspezifischen Kontextes beraubte, in dem sie einen sozialen Sinn besessen hatten. Gary Herman hat das am Beispiel der 1963 von ITV, dem kommerziellen Fernsehen in Großbritannien, gestarteten Musiksendung *Ready, Steady, GO!* beschrieben, die sich schnell zur beliebtesten Sendung ihrer Art entwickelte und eine eminent wichtige Rolle in der britischen Musikszene spielte. Die Rolling Stones, die Who, Dusty Springfield, die Animals, die Kinks, Moody Blues, etwas später auch Jimi Hendrix – sie alle verdanken ihre Popularität in nicht unwesentlichem Maße diesem Fernsehprogramm. Herman schreibt:

> „‚Ready, Steady, GO!' war ein enorm populäres Popprogramm in der Nachfolge des früheren ‚6.5 Special' mit Publikum im Studio und den Gruppen, die zu ihren Platten mimten. Es war Bestandteil der riesigen Publicity-Maschine, die den Produzenten von Konsumgütern im Gewand des Mod-Stils ihren Profit sicherte. Jedes Mitglied des Publikums erhielt zuvor einen höflich formulierten Brief, der ihn oder sie daran erinnerte, sich stilbewußt zu kleiden, so gut wie möglich zu tanzen, nicht zu rauchen und sich auf eine Weise zu benehmen, die der britischen Jugend zur Ehre gereicht."[22]

Die hier beschriebene Sorgfalt in der Vorbereitung dieser Fernsehsendung zeigt die Mechanismen an, auf denen die kommerzielle Verallgemeinerung subkultureller Formen und Stile beruht. Es geht darum, sie aus ihrem ursprünglichen Kontext herauszulösen, was – wie das Beispiel zeigt – durchaus bewußt und geplant geschieht. *Ready, Steady, GO!* hat damit sogar sehr maßgeblich dazu beigetragen, die Insignien der Subkultur der Mods, zuvörderst natürlich ihre Musik, in ein entsozialisiertes Generationssymbol umzudefinieren.

Als die Subkultur der Mods auf diese Weise schließlich selbst zur kommerziellen Massenkultur geworden war, ihre soziale Verschiedenartigkeit verloren hatte, hörte sie auf, als Subkultur zu existieren. An anderen Stellen des sozialen Spektrums setzte der Prozeß der Bildung konsistenter kultureller Zusammenhänge um die Musik herum durch bestimmte Gruppen jugendlicher Fans von neuem ein, hatte auch schon parallel zur kommerziellen Verallgemeinerung der Mod-Kultur bei den Rockern zu einem deutlich unterschiedenen Muster kulturellen Freizeitverhaltens geführt.

Die Rocker kamen aus den unterprivilegierten Schichten der Arbeiterklasse und konnten mit dem karikierenden Konsumfetischismus der Mods naturgemäß gar nichts anfangen, artikulierten ihre sozialen Erfahrungen kulturell auf ganz andere Weise, wobei sie sich wie seinerzeit die Teddy Boys auf den ursprünglichen Rock 'n' Roll rückbezogen. Von ihren kulturellen Nachfolgern, den Skinheads, ist das von ihnen geschaffene Wert- und Bedeutungssystem kulturellen Freizeitverhaltens dann in eine Richtung weiterentwickelt worden, in der die Spielweisen des Hard Rock ihre Verankerung fanden.

Doch ungeachtet der Bedeutung solcher subkulturellen Zusammenhänge für die Entwicklung der Rockmusik und ihrer verschiedenartigen Stilformen darf nicht übersehen werden, daß sie immer nur durch einen relativ kleinen Kreis von aktiven Fans getragen werden. Der größte Teil der Jugendlichen hat ein mehr oder weniger spielerisches Verhältnis dazu, das oft auch von einer Subkultur auf die andere überwechselt. Simon Frith hat völlig recht, wenn er darauf verweist, daß nicht jeder Jugendliche ein aktiver Rockfan ist und der Musik einen derart verbindlichen Stellenwert in seinem Freizeitverhalten einräumt:

> „Die meisten Teenager aus der Arbeiterklasse schließen sich immer neuen Gruppen an, wechseln ihre Identität und spielen ihre Freizeit-Rollen lediglich zum Spaß: Stilunterschiede sind für sie weit weniger bedeutsam als zum Beispiel die Unterschiede von Geschlecht, Beruf und Familie. Auf jeden Jugendlichen, für den der Stil und die Zugehörigkeit zu einem bestimmten Kult fast

schon Lebensinhalt ist, kommen Hunderte von Arbeiterkindern, die sich immer neuen Gruppen locker anschließen und ganz unterschiedlichen Gangs angehören."[23]

Nur das macht übrigens auch die kommerzielle Verallgemeinerung subkultureller Zusammenhänge und Ausdrucksformen zu umfassenden Modephänomenen möglich, eben weil für den größten Teil der Jugendlichen Musik und kulturelles Freizeitverhalten keineswegs einen solchen Verbindlichkeitsgrad annimmt, daß es nicht gegenüber verschiedenen Möglichkeiten offen wäre. Für sie ist der ursprüngliche Kontext dessen, was ihnen als kommerzielles Angebot in der Verbindung von Musik, Kleidungsstilen, Haarmoden und Medienbildern entgegentritt, tatsächlich irrelevant. Es liefert ihnen eine zeitlich begrenzte Freizeitidentität, die sie mit Spaß und Lust annehmen, ohne dem freilich einen besonders hohen Stellenwert zuzumessen. Das Rockpublikum ist immer ein Aggregat nicht nur aus Jugendlichen höchst unterschiedlicher sozialer Herkunft, sondern zugleich auch aus aktiven Fans und eben solchen Jugendlichen, für die die Rockmusik nur eine attraktive Freizeitmöglichkeit neben anderen darstellt. Lawrence Grossberg hat darauf aufmerksam gemacht,

> „... daß es kein stabiles und homogenes Rockpublikum gibt, sofern es nicht durch die Marketingpraktiken der dominanten ökonomischen Institutionen hergestellt wird."[24]

Andererseits liegt die Bedeutung der jugendlichen Subkulturen, die um die Rockmusik herum entstanden und zum sozialen Ausgangspunkt ihrer unterschiedlichen Spielweisen und Stilformen geworden sind, gerade darin, daß sie solche kommerziellen Zusammenhänge immer wieder unterlaufen und aufbrechen, die Musik mit eigenen Werten und Bedeutungen verknüpfen, die der Kontrolle durch den Kommerz entzogen sind. Subkulturen sind, in den Worten von John Clarke und Tony Jefferson,

> „... in einen dem sozialen System fundamentalen Kampf verwickelt – den um die Kontrolle von Bedeutungen ...

Dabei ist wohl kennzeichnend, daß in diesem Kampf um Bedeutungen einer der von den Jugendlichen am häufigsten benutzten Begriffe zum Ausdruck ihrer Ablehnung das Adjektiv ‚sinnlos' ist."[25]

Rockmusik steht damit im Zentrum eines fortwährenden Auseinandersetzungsprozesses um die mit ihr verbundenen Werte und Bedeutungen, der sie zum Gegenstand des kulturellen Klassenkampfes im hochentwickelten Kapitalismus werden läßt. Die Subkulturen jugendlicher Rockfans sind eine Bastion darin.

„Revolution“

Die Ideologie des Rock

Es gehört zu den Mythen des Rock, daß er spontan aus Erfahrungen heraus entsteht, die Musiker und Fans gemeinsam haben. Rockmusik wird industriell produziert und folgt somit erst einmal den Vorstellungen, die sich Musiker wie Produzenten von ihrem Publikum, aber auch von ihrer eigenen Tätigkeit, über Anspruch und Möglichkeiten des Musizierens, über das Verhältnis von Rockmusik und Gesellschaft machen. Daß die Musiker dabei stets das Denken und Fühlen ihrer Fans, die von ihnen entwickelten Wertmuster und kulturellen Bedeutungen der Musik zu treffen versuchen, erfolgreich sein wollen und müssen, läßt sie trotz allem nicht zum bloßen Vollzugsorgan der Wünsche ihres Publikums werden. Vielmehr reagieren sie auf dessen Ansprüche durchaus eigenständig und bewußt, um so mehr, als die meisten von ihnen einen ganz anderen sozialen Hintergrund haben als ihre aus der Arbeiterklasse stammenden Fans. Der überwiegende Teil der Rockmusiker kommt aus den kleinbürgerlichen Mittelschichten und hat den Alltag von Arbeiterjugendlichen nie kennengelernt. Und selbst diejenigen, die ihn aus eigener Erfahrung kennen, leben als Musiker dann in einer Welt, die, wenn auch nicht immer durch Reichtum und Luxus, so doch auf jeden Fall durch die Freiheit von der Routine, der Gleichförmigkeit und den Zwängen der Arbeit in den Fabriken und Werkhallen oder des Schulalltags gekennzeichnet ist. Pete Townshend, einer der wenigen Rockmusiker, der im Laufe der Jahre seinen Status als Musiker realistischer zu sehen gelernt hat, äußerte dazu einmal:

> „Pophörer und Popmusiker leben in unterschiedlichen Zeitstrukturen, sie führen völlig verschiedene Leben.“[1]

Mit anderen Worten: Rockmusiker nehmen die Erfahrungen ihres Publikums niemals spontan und unmittelbar auf, sondern immer gebrochen durch Ideologie, durch eine Sichtweise, die ihrer sozialen Perspektive entspricht, aus ihrem künstlerischen und politischen Selbstverständnis resultiert. Und auch wenn der Umgang mit Rockmusik dann ein relativ selbständiger kultureller Prozeß ist, so vollzieht er sich doch im Bezug auf Spielweisen und Stilformen, Klangstrukturen und visuelle Präsentationskonzepte, die zunächst erst einmal den Wertkriterien der Musiker und den von ihnen intendierten Bedeutungen folgen. Sie spiegeln die Konzeption des Musikers von sich selbst als Künstler ebenso wie die ästhetischen und politischen Ansprüche, die er mit seiner Musik verbindet. So steht hinter der Rockmusik nicht nur ein komplexes Netz kultureller Gebrauchszusammenhänge, sondern auch ein weltanschaulich-politisch vermittelter Reflexionszusammenhang, von dem das Musizieren bestimmt ist – die Ideologie des Rock.

Besonders deutlich wurde das in der zweiten Hälfte der sechziger Jahre, als der Umgang mit Rockmusik von seiten der Musiker, aber auch durch ihr Publikum wesentlich bewußter erfolgte. So veröffentlichten die Beatles 1967 ihr erstes Konzeptalbum, „Sgt. Pepper's Lonely Hearts Club Band“[2], ein Songzyklus aus hintergründigen Text- und Musikcollagen. 1968 folgte – als Rückseite zu „Hey Jude“ – „Revolution“[3], das erste Mal, daß sie sich in einem Song explizit politisch äußerten, wobei sie zugleich zu erkennen gaben, wie sie ihre eigene gesellschaftliche Rolle als Rockband definierten. Die Rolling Stones brachten wenige Wochen danach auf „Beggars Banquet“ ihr berühmt gewordenes „Street Fighting Man“[4] heraus. Mit Pink Floyds „A Saucerful of Secrets“[5] erschien 1968 eine Platte, deren ineinanderfließende Klangmontagen die Grenzen des Rock zu sprengen begannen, den vordergründigen Bezug auf Beat und Rhythmus zugunsten komplexerer klanglicher Strukturen und ausgedehnter Improvisationsketten aufgaben. Sowohl in künstlerischer als auch in politischer Hinsicht zeugten diese wie eine Reihe anderer Produktionen von einem erheblich gewachsenen Selbstbewußtsein. Simon Frith schrieb über die Rockmusik der endsechziger Jahre:

> „Rock war nun irgendwie mehr als Pop, mehr als Rock 'n' Roll. Die Rockmusiker verbanden die Betonung von Handwerk und Technik mit der romantischen Vorstellung von Kunst als individuellem Ausdruck, Originalität und Aufrichtigkeit. Sie behaupteten, nicht kommer-

ziell zu sein – das Selbstverständnis hinter ihrer Musik war tatsächlich nicht, Geld zu machen oder der Nachfrage eines Marktes zu folgen ...“[6]

Die Rockmusik war „progressiv“ geworden – so jedenfalls umschrieben Musiker wie Journalisten und Fans jene Musik, die sich mit weitreichenden künstlerischen und politischen Ambitionen von der bloß kommerziellen Belieferung des Musikmarktes unterschied. Frank Zappa fand damals die wohl bündigste Formel dafür:

> „Wenn man einen einzelnen, wenn man den wichtigsten Trend dieser Musik benennen will, dann muß man es, glaube ich, etwa so sagen: sie ist echt, von den Leuten komponiert, die sie auch spielen, von ihnen geschaffen – sogar, wenn sie sich dafür mit den Plattenfirmen 'rumzerren müssen –, so daß es wirklich ein kreativer Akt ist, und nicht ein Haufen Scheiße, zusammengeklatscht von Geschäftemachern, die denken, daß sie schon wüßten, was Herr Müller und Herr Schmidt wirklich wollen.“[7]

Zwischen der Rockmusik, freigesprochen von jedem Verdacht auf kommerzielle Motivation, und dem gewöhnlichen Pop der Hitparaden wurde nun ein scharfer Trennstrich gezogen, wobei die in dieser Zeit entstehende professionelle Rockkritik die Legitimation dafür lieferte. Daß sich die Rockmusiker mit einem solchen Selbstverständnis erheblich von den realen Bedingungen ihrer Tätigkeit als Musiker entfernten, hatte nicht unwesentlich mit der recht desolaten Situation der Musikindustrie zu tun, der es damals immer noch erhebliche Schwierigkeiten bereitete, mit der Dynamik dieses für sie neuen Marktes zurechtzukommen. Die Rockmusik brachte zwar enorme Steigerungsraten des Umsatzes, aber den Marktstrategen blieb diese Musik ein Buch mit sieben Siegeln. Am besten fuhren sie, wenn sie den Musikern einfach freie Hand ließen, was bei diesen die Illusion nährte, daß sie im Unterschied zum Musiker traditioneller Prägung die Produktion und Verbreitung ihrer Musik unter eigener Kontrolle hätten und zu keinerlei kommerziellen Zugeständnissen gezwungen wären. Als sie dann aber begannen, in ihrer Musik ein Mittel der politischen Auseinandersetzung mit den Herrschaftsstrukturen des staatsmonopolistischen Kapitalismus sehen zu wollen, dauerte es nicht lange, bis sich die Musikindustrie mit deutlichen Worten hören ließ. Jac Holzman, Präsident von Elektra Records, einer der drei Säulen des Mediengiganten Warner Communications, erklärte 1969 der Zeitschrift *Rolling Stone*:

> „Ich will hier einmal klarstellen, daß Elektra nicht der nützliche Idiot irgendeiner Revolution ist. Wir meinen, daß die Revolution durch Poesie gewonnen wird, nicht durch Politik –, daß Poeten die Struktur der Welt verändern werden. Die jungen Leute haben diese Botschaft begriffen, und sie haben sie auf der bestmöglichen Ebene begriffen."[8]

Die Umsatzbilanzen der Musikindustrie wiesen die „bestmögliche Ebene" künstlerischen Engagements zweifelsfrei aus.

Doch wie illusionär auch immer, das künstlerische und politische Selbstbewußtsein der Musiker in der zweiten Hälfte der sechziger Jahre gab deutlicher denn in jeder anderen Entwicklungsphase des Rock das ideologische Selbstverständnis zu erkennen, aus dem diese Musik gespeist ist. Die Grundstrukturen blieben die gleichen, auch wenn sie sich dann in immer wieder anderer Form ausdrückten. Kreativität, Kommunikation und Gemeinschaft sollten zu Schlüsselbegriffen dafür werden. Das kam nicht von ungefähr, hatte seine Quellen vielmehr in Zusammenhängen, die die Rockmusik sehr nachhaltig geprägt haben: in der amerikanischen Folksong- und Protestsongbewegung und dem hier entwickelten politischen Musikverständnis sowie im intellektuellen Umfeld der britischen Kunstschulen. Beides spielte eine große Rolle für die Formulierung der Ansprüche, von denen aus die Rockmusiker ihre eigene Tätigkeit zu reflektieren begannen, vermittelte ihnen Gesellschafts- und Kunstkonzepte, in die ihr ideologisches Selbstverständnis eingebunden war. Ihre gesellschaftliche Stellung als Musiker, der sozialökonomische Charakter ihrer Tätigkeit, bildete die Grundlage dafür.

Rockmusiker bestreiten ihren Lebensunterhalt davon, daß sie eine Dienstleistung verkaufen, ihre Fähigkeit zum Musikmachen. Deren Inhalt allerdings wird durch die Käufer dieser Leistung, Schallplattenfirmen und Konzertpromoter, bestimmt, denn sie sind es, die die Fähigkeit des Musikers in ein kommerzielles Produkt verwandeln. Die Musiker selbst können immer nur ihre Fähigkeiten anbieten, die Entscheidung liegt bei der Industrie. Aus diesem simplen sozialökonomischen Vorgang entspringt eine bestimmte Betrachtungsweise, ein Blickwinkel, von dem aus die Musiker sich selbst und den Gesamtprozeß der Produktion und Verbreitung des Rock reflektieren. Obwohl die Musikproduktion – wie gezeigt – ein sehr komplexer und in wachsendem Maße kollektiv organisierter Prozeß geworden ist, treten die Musiker darin immer als individuelle Verkäufer einer individuellen Leistung auf. Rockmusik erscheint ihnen deshalb erst einmal als eine Angelegenheit ihrer Individualität. Aus ihrer Perspektive ist das Musizieren kein unter bestimmten Bedingungen gesellschaftlich organisierter Vorgang, der von Plattenfirmen, Promoter und Agenturen kontrolliert wird, sondern in erster Linie die Verwirklichung ihrer Persönlichkeit, Ergebnis ihrer Subjektivität und Emotionalität. Zum anderen bringt sie der ökonomische Status ihrer Tätigkeit in eine merkwürdige Zwitterstellung gegenüber der Industrie. Obwohl sie im ökonomischen Sinne nur das Dienstleistungspersonal für Schallplattenfirmen, Agenturen und Tourneeveranstalter sind, verlangt doch der besondere Charakter ihrer Dienstleistung, daß sie auf einen ganz anderen Adressaten als denjenigen bezogen ist, der sie als Dienstleistung tatsächlich in Anspruch nimmt und bezahlt. In der Funktion, den Lebensunterhalt des Musikers zu sichern, ist das Musizieren ein ökonomisches Verhältnis zwischen ihm und der Musikindustrie, der Natur der Sache nach aber ein Verhältnis zwischen ihm und seinem Publikum. Somit verkauft er der Industrie nicht nur schlechthin seine Fähigkeit zum Musikmachen, sondern diese immer schon im Bezug auf ein bestimmtes Publikum, für das er musiziert. Das läßt ihn in einer Position erscheinen, in der er gegenüber der Industrie zum Repräsentanten seines Publikums wird. Seine persönlichen Vorstellungen, Ideale und Werte spiegelt ihm dieser Zusammenhang als solche seiner Fans, als diejenigen von Jugend im allgemeinen zurück. Er sieht sich als das Sprachrohr *der* Jugend. In

diesen Denkmustern liegt der Schlüssel zur Ideologie des Rock. Die von den Rockmusikern aufgegriffenen Kunst- und Gesellschaftskonzepte sind durch sie auf eine Weise verarbeitet worden, die letzlich immer wieder darauf zurückführt.
Howard Horne und Simon Frith waren es, die darauf aufmerksam gemacht haben, welche Rolle die britischen Kunstschulen, Ausbildungsstätten von bildenden Künstlern, Designern und Werbegrafikern, für die Herausbildung der künstlerischen Kriterien und Maßstäbe spielten, die der Rockmusikentwicklung zugrunde liegen:

> „Zumindest seit Mitte der sechziger Jahre war jeder Kunstschul-Student ein potentieller Rockmusiker. Die Geschichte der britischen Rockmusik ... ist die Geschichte der Realisierung dieses Potentials: Künstler nicht nur in Musik und Songs, sondern auch was die Multi-Media-Organisation von Image, Aufführung und Stil betrifft."[9]

Tatsächlich kamen nahezu alle stilprägenden britischen Rockmusiker aus diesen künstlerischen Lehranstalten, hatten Designkurse belegt oder das 1961 eingeführte DipAD (Diploma in Art and Design) vorzuweisen: sei es John Lennon, der zwischen 1957 und 1959 am Liverpooler College of Art eingeschrieben war, Pete Townshend, der am Londoner Ealing Art College studiert hatte – zur gleichen Zeit wie Ron Wood von den späteren Rolling Stones und Freddie Mercury von den Queen –, sei es Ray Davies von den Kinks, der vom Londoner Hornsey Art College kam, Jeff Beck, Gitarrist der Yardbirds und Gründer von Led Zeppelin, oder Eric Clapton, die beide am Londoner Wimbledon College of Art ausgebildet worden waren, bis hin zu David Bowie und Adam Ant, Absolventen der St. Martin's School of Arts bzw. des Hornsey Art College in London. Von den britischen Kunstschulen gingen auf diese Weise immer wieder Impulse aus, die die künstlerischen Ideen, die Weltsicht und das Musikverständnis der Rockmusiker geformt haben. Der respektlos zum Jackett verwandelte Union Jack etwa, womit sich in den sechziger Jahren eine Reihe von Musikern zur wandelnden Nationalflagge machten, ist eine offenkundige Adaption der von Jasper John gemalten Flaggenbilder aus der amerikanischen Pop Art, die damals zum Lehrstoff an den Kunstschulen gehörte. Hinter Pete Townshends spektakulären Zerstörungsorgien, die ihm einige Zeit lang jeden Abend seine Rickenbaker-Gitarre, seinen Verstärker und die Boxen kosteten, stand ein Kunstkonzept, das am Londoner Ealing College of Art von dem österreichischen Popkünstler Gustav Metzke vertreten und gelehrt wurde: Kunst durch Autodestruktion von Gegenständen. Das geschah beispielweise derart, daß er Säure über Bilder laufen ließ, um aus ihrem Zersetzungsprozeß Kunstobjekte hervorzubringen, die von der Dimension des „Gemachten" befreit sind und trotzdem nicht einfach der platten Realität ihrer Erscheinung verhaftet bleiben. So war die amerikanische Pop Art vor allem in den sechziger Jahren für die britischen Rockmusiker eine ständige Quelle der Inspiration. Pete Townshend erklärte 1967 dem *Melody Maker*:

> „Wir machen Pop Art mit der Standardausrüstung einer Rockband."[10]

Doch abgesehen von solchen direkten Einflüssen aus der bildenden Kunst, wozu natürlich auch die Gestaltung von Plattencovers durch namhafte Vertreter der Pop Art gehörte – etwa Peter Blake, der das Cover der Sgt. Pepper-LP entworfen hat, oder Andy Warhol, dem die Rolling Stones das Cover zu ihrer LP „Sticky Fingers" verdanken –, die Kunstschul-Erfahrung lieferte den Rockmusikern vor allem die Grundlagen für ihr künstlerisches und weltanschauliches Selbstverständnis als Musiker. Daß in der Rockmusik, im Unterschied zum traditionellen Popsong, das widerspruchsvolle Verhältnis von Kunst und Kommerz, künstlerischem Anspruch und populärer Kultur reflektiert, zu einer Triebkraft ihrer Entwicklung geworden ist, war ein Ergebnis dessen. Mit dieser Problematik wurden die späteren Rockmusiker an den Kunstschulen schon frühzeitig konfrontiert. Die eigenartige Sonderstellung dieser Schulen innerhalb des britischen Bildungssystems zwang von vornherein dazu, sich mit Blick auf die späteren beruflichen Perspektiven der Frage zu stellen, wie Kunstanspruch und die Notwendigkeit, Geld zu verdienen, einander vermittelbar sind.

Die britischen Kunstschulen sind mit Stipendien relativ großzügig geförderte Bildungseinrichtungen, die das Ideal der „schönen Künste", für das es in der kapitalistischen Wirklichkeit längst keinen Raum mehr gibt, bewahren sollen. Im Grunde genommen werden sie von keinem gebraucht, fristen ein Dasein am Rande der Gesellschaft. Selbst eine Spezialisierung für den praxisnahen Designbereich ist kaum mit der Aussicht auf einen Job verbunden. Die Industrie verläßt sich lieber auf den Pragmatismus ihrer Marketingstrategen, als daß sie dem weltverbesserischen Enthusiasmus von Kunstschulabsolventen Raum geben würde. Das allerdings hat diese halbakademischen Bildungsinstitute zu einem einzigartigen kulturellen Freiraum werden lassen, in dem sich, fernab von kapitalistischem Nützlichkeitsdenken, eine buntscheckige studentische Boheme versammelte. Keith Richards von den Rolling Stones, der einige Semester die Sidcup Art School in seinem Heimatort Dartfort besucht hatte, es allerdings nie zu einem Abschluß brachte, erklärte später einmal:

> „Ich meine, wenn man in England Glück hat, dann kommt man auf die Art School. Hier können sie dich hinstecken, wenn sich woanders nichts findet."[11]

Über die Konsequenzen dessen schrieb Dave Marsh:

> „Folglich tendierten die Kunstschulen dazu, eine ganze Reihe von Studenten anzuziehen, die intelligent waren, akademischer Fähigkeiten oder Disziplin ermangelten, aber nicht die Geduld hatten, einen Lehrberuf zu erlernen."[12]

Die Atmosphäre an den Kunstschulen war damit von intellektuellem Snobismus ebenso beherrscht wie von der Bedrohung, einer dauernden Existenzkrise entgegenzugehen. Ihre Außenseiterposition brachte sie zwangsläufig in Distanz zum kapitalistischen Gesellschaftssystem und seinen ökonomischen Machtzentralen, hielt das Bewußtsein für die soziale Verantwortung des Künstlers aufrecht, verführte gleichzeitig aber auch zu einem grenzenlosen Individualismus. Der Anspruch auf soziale und politische Wirksamkeit der Kunstproduktion korrespondierte hier einem kompromißlosen Avantgardismus. Das reichte bis in die Lehrpläne hinein, wo neben den Fine Art-Kursen, die dem traditionellen Konzept von bildender Kunst und einem individualistischen Modernismus verpflichtet waren, Designkurse standen, in denen mit Industrieformgestaltung, Modedesign und Fotografie den künstlerischen Möglichkeiten der modernen Massenkommunikation nachgegangen wurde. Die daraus erwachsende Kunstideologie haben Simon Frith und Howard Horne treffend beschrieben:

> „Die Art School-Ideologie fußt auf dem Glaubenssatz, Kunst habe etwas zu sagen, was Unruhe, Bewegung produziere. Kunst konnte ihrer Definition nach kein passives Instrument der gesellschaftlichen und wirtschaftlichen Interessen des Kapitalismus sein: sie mußte ihre zentrale, prägende Stellung im Herzen der Kulturproduktion wiedergewinnen – die Ausdrucksweise der Studenten (und des Rock) der sechziger Jahre machte ausgiebige Anleihen bei der Philosophie der Romantik mit ihrer Betonung von Autonomie und Kreativität und bei den Manifesten der Avantgarde des frühen zwanzigsten Jahrhunderts. [...] Die Art School-Ideologie gießt die Selbstverliebtheit des Ästheten und die Feinfühligkeit des Avantgardisten für die Macht der Form in einen Stil. Ihr gilt Kunst, auf die Person bezogen, als eine Sache der Individualität, des In-sich-Kehrens, der Besessenheit. Auf die Politik bezogen sucht sie ... proletarische street credibility (die Solidarität mit denjenigen, die am Rande des Arbeitsmarktes dahinvegetieren) und zugleich den bourgeoisen Mythos der Künstler der Romantik für sich zu reklamieren."[13]

Das mußte das Problem in den Mittelpunkt rücken, wie uneingeschränkter Individualismus im künstlerischen Ausdruck und gesellschaftliche Wirksamkeit miteinander verbunden werden können. Kreativität war dafür eine zentrale Kategorie. Sie legitimierte den Individualismus einer Künstlerboheme, band Kunst an Persönlichkeit, Individualität und Lebensstil, erlaubte zugleich aber auch, darin eine Befreiung des Menschen zu sehen, indem sie seine ihm innewohnenden Potenzen anmahnte. Kreativ zu sein bedeutete, Barrieren niederzureißen, die den Menschen innerlich gefangenhalten, bedeutete Selbstverwirklichung und Freiheit. Kunst erschien als ein Katalysator dafür, sofern es gelang, Kommunikation herzustellen. Das war die zweite wesentliche Ebene der Kunstschulideologie. Sie postulierte ein Ideal von Kommunikation, das darin die unmittelbarste Verbindung zwischen den Menschen sah. Und auch hier wieder ist es die Individualität und Persönlichkeit des Künstlers gewesen, worin der Schlüssel zu dessen Verwirklichung gesehen wurde. Je ehrlicher und sensibler, je „authentischer" der Künstler sich selbst gegenüber ist, desto unmittelbarer die Kommunikation mit seinem Publikum. Das Künstlerbild, das an den britischen Kunstschulen dominierte, war damit nichts anderes als eine Neuauflage der romantischen Kunstphilosophie des neunzehnten Jahrhunderts. Wenn sich so viele Kunstschulstudenten gerade von der Rockmusik angezogen fühlten, die in ihnen zugleich ihr aufgeschlossenstes Publikum fand, dann deshalb, weil darin die Chance lag, dieses Künstlerbild zu realisieren, Kreativität zu entfalten und trotzdem zugleich Geld zu verdienen. Die Rockmusik kam außerdem mit ihrer Unmittelbarkeit von Rhythmus und Klang dem angestrebten Kommunikationsideal am nächsten, war eine Quelle für kulturelle Ideen. Vor allem aber bot sie eine Möglichkeit, auf der Grundlage der modernen Massenkommunikation Kunst, Musik, Design, Mode und Jugend zu einer einzigen großen Erfahrung zu vereinigen. Daher auch der antikommerzielle Anspruch des Rock. Es war durchaus ehrlich gemeint, wenn Pete Townshend 1965 behauptete:

> „Was wir mit unserer Musik versuchen, ist, gegen den kommerziellen Mist zu protestieren, die Hitparade vom Schlamm zu reinigen."[14]

Das individualistische Künstlerbewußtsein, das der Rockmusik aus den britischen Kunstschulen überliefert worden war, vertrug sich nicht mit der kommerziellen Standardisierung von Musik zu einem auf die Nachfrage des Musikmarktes abgestimmten Massenprodukt. Rockmusik hatte ehrlich zu sein, unmittelbarer Ausdruck der Persönlichkeit und Individualität des Musikers. Simon Frith bemerkte treffend dazu:

„Das Urbild der Rockmusik ist der Star-Gitarrist, der mit zurückgeworfenem Kopf und verzerrtem Gesichtsausdruck sein ganzes Gefühl sichtbar in die Fingerspitzen verlegt.“[15]

Hinter der Kritik am Kommerz, worin der Gegenpol zu Kreativität und Kommunikation gesehen wurde, stand die romantische Berufung auf die Autonomie des Künstlers, ein Ideal von Ehrlichkeit, Aufrichtigkeit und Unmittelbarkeit. Die Art und Weise, wie das der amerikanische Rockkritiker Jon Landau formulierte, ist charakteristisch dafür:

„Innerhalb der Grenzen der Medien artikulierten diese Musiker Haltungen, Stil und Gefühle, die unmittelbare Reflexionen ihrer eigenen Erfahrungen und der sozialen Situation, in der sie diese Erfahrungen gemacht haben, darstellten.“[16]

Im Selbstverständnis der Rockmusiker dominierte die Vorstellung, Musik sei das unmittelbare Ergebnis ihrer besonderen individuellen Subjektivität und Emotionalität, eine kreative Offenbarung der inneren psychischen Wesenskräfte des Menschen, die freizusetzen zugleich von den Deformationen und Frustrationen befreie, die die Zwänge des Alltags hinterlassen haben. Jimi Hendrix drückte es mit folgenden Worten aus:

„‚Cosmic Music‘ machen wir, kosmische Musik. Oder ‚Ego-Free-Music‘, Musik, um das Ich zu befreien.“[17]

Daß die Rockmusik während der zweiten Hälfte der sechziger Jahre in wachsendem Maße als ein Klangraum verstanden war, sich öffnete für neue klangliche Erfahrungen, die zum Teil weit von ihren musikalischen und kulturellen Ursprüngen wegführten, Anregungen aus außereuropäischen Musikkulturen ebenso einbegriff wie das den Rahmen der Songform sprengende Experiment mit Elektronik und Aufnahmetechnik, hatte wesentlich damit zu tun. Auf der Suche nach immer neuen Möglichkeiten, Kreativität freizusetzen, in die innersten Schichten des Bewußtseins und die letzten Tiefen des Unterbewußtseins vorzudringen, sind

alle bis dahin geltenden musikalischen Grenzlinien, die die Popmusik von anderen Bereichen der Musikkultur abhoben, überwunden worden. An die Stelle der vorwärtstreibenden Motorik des *beat* trat ein Musizieren im Zeichen der *vibrations*, des harmonischen Zusammenklangs von Körper, Gefühl, Bewußtsein und Musik. Klang war darin als eine Art materialisiertes Bewußtsein aufgefaßt, die Erweiterung der klanglichen Räume, die per Musik durchschritten wurden, als Bewußtseinserweiterung, aus der neue Sichtweisen und Handlungsperspektiven entspringen sollten. Es ging darum, aus Musik, Licht, Zeit- und Körpergefühl eine totale Erfahrung zu schaffen, in der Kunst und Leben zu einer Einheit verschmolzen. Je kreativer das Musizieren, desto unmittelbarer die Kommunikation mit dem Publikum und desto geringer die Kompromisse an den Kommerz – so ein weitverbreitetes Denkmodell jener Jahre.
Der künstlerische Anspruch, der damit geltend gemacht war, zielte auf eine gesellschaftliche Wirksamkeit des Musizierens, die den „progressiven“ Rock von der als „kommerziell“ deklarierten gewöhnlichen Popmusik zu scheiden begann. Rock wurde selbst zur ideologischen Kategorie, denn der postulierte Gegensatz von „kommerzieller“ und „progressiver“ Musik war vor allem eine Angelegenheit des Selbstverständnisses der Musiker. In Wirklichkeit ist die sich als „progressiv“ verstehende Rockmusik natürlich nicht weniger dem kapitalistischen System der Produktion und Verbreitung von Musik verpflichtet gewesen als ihr „kommerzielles“ Gegenbild. Beide Adjektive fungierten als Wertbegriffe, die eigentlich viel mehr über ihre Benutzer als über die damit etikettierte Musik verrieten. 1968 machte sich das die Plattenfirma Columbia des CBS-Konzerns zunutze, indem sie unter dem Schlagwort „Revolutionäre des Rock“ eine Promotionkampagne auf der Suggestivkraft des Adjektivs „progressiv“ aufbaute. Richard Neville berichtete darüber:

> „Das ‚Revolutionaries‘-Programm der Columbia Records … ist im Verlauf des April entsprechend der Marktlage erweitert worden. Der erstaunliche Erfolg des Programms zwang das Label, die Kampagne fortzusetzen, die sich als eine der erfolgreichsten in der Geschichte

von Columbia erwies und selbst den Erfolg der ‚Rock-Machine'-Promotion des vorangegangenen Jahres noch übertraf. Das ‚Revolutionaries'-Programm war ein umfassendes Verkaufskonzept für Columbias Rockalben und wurde als Abschußrampe für eine Reihe bemerkenswerter zeitgenössischer Künstler benutzt, die in den davorliegenden drei Monaten auf Columbia debütiert hatten."[18]

Dazu gehörten unter anderem Janis Joplin, Santana, Blood, Sweat & Tears, Chicago und Leonard Cohen. Zugpferd dafür war allerdings der schon seit 1962 an das Label gebundene Bob Dylan. Von ihm gingen auch die wichtigsten Impulse für ein Rockverständnis aus, das sich in politischen Zusammenhängen vermittelte und deshalb mit dem Anspruch auftrat, „progressiv" zu sein.
Dylan hatte 1961 als Interpret von Folksongs in der Tradition des legendären amerikanischen Sängers und Arbeiterdichters Woody Guthrie begonnen. Seine Verbindung mit Susan Rotolo, hauptamtliche Sekretärin des Congress of Racial Equality (CORE), brachte ihn 1962 in Kontakt mit der Bürgerrechtsbewegung in den USA, die sich mit dem Kampf gegen die Rassentrennung in Bussen, Schulen, Wartehallen und Restaurants für eine Verwirklichung der in der amerikanischen Verfassung verbrieften Rechte, unabhängig von Hautfarbe und sozialer Herkunft, engagierte. Sie wurde schnell zum Sammelbecken all jener, die nach den konservativen fünfziger Jahren mit dem amerikanischen Kapitalismus abzurechnen begannen. Im April 1962 schreibt Bob Dylan „Blowin' In the Wind"[19], womit er der amerikanischen Bürgerrechtsbewegung eine Art Hymne schuf, die ihn zum politischen Protestsänger werden ließ. Im August 1963 steht er neben Martin Luther King an der Spitze von 200000 Menschen, die mit einem „Großen Marsch auf Washington" das Ende der Rassendiskriminierung fordern. Dylan wird zur Symbolfigur des Protests gegen den amerikanischen Kapitalismus. Die Fronten dieser Auseinandersetzung liefen quer durch alle sozialen Gruppen und Schichten, vor allem aber verliefen sie zwischen den Generationen – ein Konflikt, der sich ausweitete, als die Johnson-Administration sich anschickte, die männliche Jugend

des Landes für einen ebenso sinnlosen wie unmenschlichen Krieg in Vietnam zu opfern. Bob Dylan, mit ihm Joan Baez, Phil Ochs, Tom Paxton würden dieser Generation amerikanischer Jugendlicher zum Sprachrohr. Anthony Scaduto, Dylans Biograph, schrieb dazu:

> „Es lag wenigstens zum Teil an Dylan, daß es im Land bald Hunderttausende von Freaks gab, die ein Leben außerhalb der etablierten Gesellschaft zu führen versuchten ..., entschlossen, sich nicht in den Fußangeln der sogenannten Zivilisation zu verfangen. Dylans Einfluß ist spürbar in denen, die das System in Frage stellen, indem sie ihre Mitarbeit verweigern oder es frontal angehen ... Marcuse, Hesse, Fanon, Sartre, Camus, Proudhon und andere lieferten die Ideologie. Doch von Dylan kam der emotionale Drive, der das alles durchschlagen ließ.“[20]

Seine Lieder schlossen die Teilnehmer von Teach-Ins, Sit-Ins, die Akteure des Free Speech Movement an den amerikanischen Universitäten und die nach Hunderttausenden zählenden Demonstranten der Anti-Vietnamkriegs-Manifestationen zu einer einzigen großen Gemeinschaft zusammen, gaben den unterschiedlichen Gruppierungen dieses heterogenen Spektrums einer „Neuen Linken“ etwas Verbindendes. Aus dieser gemeinschaftsbildenden Kraft bezogen seine Lieder ihre politische Wirksamkeit. Was lag da näher, als aus dieser Perspektive auch nach dem politischen Potential der Musik der Beatles, der Rolling Stones, der Who und der anderen britischen Gruppen zu fragen, die ab 1964 die USA im Sturm eroberten und noch weit mehr Jugendliche hinter sich vereinten. Mußte nicht darin eine noch viel größere Sprengkraft liegen als mit den kargen Akkorden auf der akustischen Gitarre erreichbar war? Bob Dylan zog aus dieser Überlegung 1965 auf dem Newport Folk Festival, dem alljährlichen Wallfahrtsort der Folkmusicgemeinde, unter Pfiffen und Buhrufen seiner angestammten Fans die Konsequenz, schloß seine Gitarre an einen Verstärker an und ließ sich von der Paul Butterfield Bluesband mit rockigen Rhythmen begleiten. Die Reaktion seiner Anhängerschaft brachte unmittelbar danach der Folkmusiker Theodore Bikel in einem Leserbrief an die Zeitschrift

Broadside, dem Magazin der amerikanischen Folksongbewegung, in dem lakonischen Satz zum Ausdruck:

> „In der Kirche pfeift man nicht, und auf einem Folkfestival spielt man keinen Rock 'n' Roll."[21]

Doch hat Dylan damit einen Weg gewiesen, dem nicht nur viele ehemalige Folkmusiker gefolgt sind, sondern der die Rockmusik in Zusammenhänge hineingestellt hat, in denen ihre Entwicklung nun mehr und mehr auch politischen Kriterien folgte.
Seitens der politischen Linken war der Rock als Form der kommerziellen Massenkultur bis dahin auf einhellige Ablehnung gestoßen. Die Argumentation hierzu hatte schon 1963 der britische *Daily Worker* vorgegeben, der sich angesichts der damals gerade einsetzenden „Beatlemania" in einer Reportage aus Liverpool mit den Beatles beschäftigte. Es heißt darin:

> „Die Beatles mögen der Stolz der Merseyside sein, aber es ist einfach für die Talentesucher, die nach Jobs jagenden Jugendlichen auszubeuten, indem sie den Traum von schnellem Ruhm und Geld nähren."[22]

Daß diese Musik ihre Wurzeln irgendwie im realen Alltag der britischen Arbeiterjugendlichen hatte, statt von geschäftstüchtigen Songschreibern kreiert worden zu sein, war nicht wegzudiskutieren, was freilich nichts daran änderte, in ihr doch nur eine besonders raffinierte Finte des Kapitals zu sehen. Am deutlichsten hat das wohl Charles Parker formuliert, als er mit Bezug auf die britische Rockmusik schrieb,

> „... daß der Pop jetzt durch die herrschende Klasse als einzigartige Form der sozialen Kontrolle gehätschelt wird."[23]

Der politischen Linken galt die Rockmusik lange Zeit nur als ein unappetitlicher Ausdruck der ideologischen Verführungskraft des Kapitals, wobei es besonders schmerzte, daß ein unübersehbar zur sozialen Massenbewegung gewordenes Kulturphänomen das sinnliche Vergnügen in Tanz und Musik so rückhaltlos über den klassenkämpferischen Ernst politischer Bewußtheit triumphieren ließ. Diese Sicht änderte sich nun, ausgelöst durch den spektakulären Übertritt Bob Dylans zum Rock und angesichts der Tatsache, daß in den USA diese Musik auf die gleiche Generation Jugendlicher traf, als deren legitimierte Wortführer sich die Aktivisten der Protestsongbewegung sahen. Wenn die Hoffnung Amerikas auf seiner Jugend liegen sollte, wie Bob Dylan es in seinem Song „The Times They Are A-Changin'"[24] so emphatisch formuliert hatte, einer Jugend, die sich immer radikaler politisierte, dann ging es nicht an, deren Rockbegeisterung auf der anderen Seite weiterhin derart undifferenziert als kommerziell organisierte ideologische Gefangennahme durch das Kapital zu sehen. Die Protestsongs hatten die Erfahrung der gemeinschaftsbildenden Kraft von Musik gebracht, die sich letztlich als stärker erwies als der manipulative Einfluß der Medien, durch die hindurch sie die Massen der amerikanischen Jugendlichen erreicht hatten und zu einer materiellen Gewalt geworden waren, die sich in den immer größer werdenden Demonstrationszügen manifestierte. So wurde der Rockmusik ihre Abhängigkeit von den kapitalistischen Medien und die naive politische Sprachlosigkeit ihrer Texte nicht länger zum Vorwurf gemacht. Die politische Wirksamkeit des Rock sollte auf einer anderen, weniger greifbaren, dafür aber auch schwerer zu kontrollierenden Ebene liegen. Jann Wenner, der 1967 die Zeitschrift *Rolling Stone*, das Sprachrohr der „progressiven" Rockmusik, gegründet hatte, formulierte es so:

> „Die Rockmusik ist das Energiezentrum aller Arten von Veränderung, die sich rapide um uns entfalten: sozial, politisch, kulturell oder wie immer man es beschreiben will. Tatsache ist, daß für viele von uns, die nach dem zweiten Weltkrieg aufwuchsen, der Rock den ersten revolutionären Einblick in uns selbst lieferte, wer wir sind und woran wir sind in diesem Land."[25]

Die Rockmusik erschien nun als ein Zeitzünder, der inmitten der Herrschaftsmechanismen lautstark tickte. Sie galt als die Energie, die den Motor der gesellschaftlichen Veränderung zum Laufen bringen konnte, die Batterien der gesellschaftlichen Phantasie auflud. Der ästhetische Radikalismus, mit dem sich die Rockbands gegenüber den im Musikgeschäft vorherrschenden Normen des traditionellen Hitparaden-Pop zu behaupten suchten, war jetzt als ein Zeichen des Protests verstanden. Robert Sam Anson schrieb 1968 in einem Aufsatz für das Nachrichtenmagazin *Times*, daß die Rockmusik

> „... nicht nur eine besondere Form des Pop ist, sondern ... eine lange Symphonie des Protests ..., die Proklamation eines neuen Kanons von Werten ..., die Hymne der Revolution.“[26]

Der Protestcharakter, der damit im musikalischen Erscheinungsbild des Rock gesehen wurde, suspendierte ihn von einer klaren politischen Stellungnahme in seinen Texten. Die Kraft dieser Musik lag in ihrer sinnlichen Wirksamkeit. John Sinclair, als ehemaliger Jazzkritiker einer der publizistischen Wortführer der Protagonisten des „progressiven“ Rock, zugleich Manager der Detroiter Rockband MC 5, erklärte das mit den folgenden Worten:

> „Rock ist die revolutionärste Kraft in der Welt – sie vermag die Menschen zurück zu ihren Sinnen zu schleudern, und diese Musik bewirkt, daß sich die Menschen gut fühlen. Und genau das ist es, was die Revolution ausmacht. – Wir müssen auf diesem Planeten einen Zustand schaffen, wo sich jeder Mensch zu jeder Zeit wohl fühlen kann. Und wir werden nicht eher ruhen, bis dieser Zustand erreicht ist. Rock ist eine Waffe der kulturellen Revolution.”[27]

Hinter solchen Positionen, die der Rockmusik ein politisches Ambiente aus Protest, Revolution und progressiver Weltverbesserungsansprüche verpaßten, stand ein Konfliktpotential, das die Bürgerrechtsbewegung in den USA und dann vor allem der Vietnamkrieg hatten heranreifen lassen. Insbesondere die studentische Jugend sah sich darin einer Situation gegenüber, die zum politischen Radikalismus provozierte. Das ihnen an den Universitäten vermittelte Gesellschaftsbild kollidierte derartig massiv mit der brutalen Realität des Vietnamkrieges, auf Millionen von Fernsehschirmen allabendlich dokumentiert, daß sich eine radikale Kapitalismuskritik daraus entwickelte. Die Studenten agierten aus einer Betroffenheit heraus, die sie dazu verleitete, in sich selbst eine soziale Kraft zu sehen, die zur Veränderung der Gesellschaft berufen und in der Lage ist. In ihrem Revolutionsmodell trat an die Stelle von revolutionärem Klassenbewußtsein ein Generationsbewußtsein, das durch die Rockmusik eine scheinbare Realität erhielt. Die damit verbundenen Ansprüche an die Rockmusik spiegelten sich nirgends deutlicher als in einem Manifest, mit dem die Rolling Stones während ihrer ersten USA-Tournee 1967 in San Francisco durch eine Gruppe von Studenten empfangen wurden. Es heißt darin:

> „Seid willkommen und gegrüßt, Rolling Stones, unsere Genossen in der verzweifelten Schlacht gegen die Wahnsinnigen, die an der Macht sind. Die revolutionäre Jugend der Welt hört eure Musik: sie erfüllt sie mit Begeisterung für weitere, noch tödlichere Taten. Wir führen einen Partisanenkampf gegen die Invasion der Imperialisten in Asien und Lateinamerika, wir empören uns überall auf Rockkonzerten ... Sie nennen uns Ausgeflippte und Kriminelle und Aussteiger und Punks und Wirrköpfe und schütten tonnenweise Scheiße über unsere Köpfe. In Vietnam werfen sie Bomben auf uns, und in Amerika versuchen sie uns zum Krieg gegen unsere eigenen Genossen aufzuhetzen, aber die Bastarde hören, wie wir eure Musik aus unseren Kofferradios klingen lassen; und sie werden dem Blut und Feuer der anarchistischen Revolution nicht entkommen.
>
> Wir werden eure Musik mit Rock 'n' Roll-Marschkapellen spielen, ebenso wie wir die Gefängnisse abreißen und die Gefangenen entlassen, die staatlichen Schulen beseitigen und die Studenten befreien, die Militärbasen zerstören und die Armen bewaffnen werden ..., um eine neue Gesellschaft aus der Asche unserer Feuer auferstehen zu lassen.
>
> Kehrt zurück, Genossen, in dieses Land, wenn es von der Tyrannei des Staates befreit ist, und ihr werdet eure Mu-

> sik in Fabriken spielen, die von Arbeitern geleitet werden, in den Festsälen der leeren Rathäuser, unter den hängenden Körpern der Geistlichen, unter Millionen roter Fahnen, die den Millionen anarchistischen Kommunisten entgegenwehen ... Rolling Stones! Die Jugend Kaliforniens hört eure Botschaft! Es lebe die Revolution!"[28]

Rockmusik ist hier in einen Zusammenhang gestellt, in dem sie sich nun nicht mehr nur in musikalischen, sondern auch in politischen Kategorien definierte, wie illusionär diese auch gewesen sein mögen. Unterschied sie sich bis dahin im Selbstverständnis von Musikern wie Fans vom kommerziellen „Plastic Pop" der Schlagersänger vor allem durch ihre emotionale Unmittelbarkeit, die Ehrlichkeit und Aufrichtigkeit der Gefühle, die in sie hineingelegt waren, so wurde sie jetzt als Träger und Ausdruck eines Generationsbewußtseins aufgefaßt, das der politische Aktivismus der Studenten mobilisiert haben wollte. Vor diesem Hintergrund sollte die Rockerfahrung in erster Linie eine Erfahrung der Gemeinschaft und Gemeinsamkeit sein, die die Jugendlichen aus ihrer Isolation in der Familie, der Schule, am Arbeitsplatz oder in den Universitäten herausriß und ihnen ihre Frustrationen als solche ihrer ganzen Generation spiegelte. Unter den kraftvollen Rhythmen und lautstarken Klängen des Rock würden sie zu einer sozialen Kraft zusammengeschweißt, die imstande wäre, die Gesellschaft zu sprengen. Oder wie es Greil Marcus formulierte:

> „Wir kämpfen uns unseren Weg durch den massierten und begrenzten kollektiven Geschmack der Top 40 hindurch, nur um etwas zu finden, das wir unser eigen nennen können. Doch wenn wir es gefunden haben und uns ans Radio klemmen, um es wieder zu hören, dann ist es nicht bloß unser eigenes – es ist eine Verbindung zu Tausenden anderen, die es mit uns teilen. Bezogen auf den einzelnen Song mag das nicht viel bedeuten, als Kultur aber, als eine Weise zu leben, ist es unschlagbar."[29]

Daß die Rockmusik einen Erlebnisraum darstellt, der die Jugendlichen über alle sozialen Unterschiede hinweg sich als Gemeinschaft erfahren läßt, war freilich ebensosehr eine

Illusion wie die politischen Hoffnungen, die sich daran knüpften. Doch im Selbstverständnis der Musiker sollte dieses Moment trotz allem eine entscheidende Rolle zu spielen beginnen. Es stellte das Musizieren unter das Postulat eines Gemeinschaftserlebnisses und lieferte ihm einen politischen Anspruch, ohne den die Rockmusik – wie vordem schon der Rock 'n' Roll – sehr schnell zu einer konfektionierten Massenware nach dem Maß des Hitparadenpop geworden wäre. Vor allem aber lag darin der konzeptionelle Schlüssel, um die künstlerischen Ambitionen der Musiker in einen Zusammenhang zu bringen, der kommerziellen Erfolg nicht ausschließt, die künstlerische Leistung aber trotzdem nicht an der Höhe der zurückfließenden Tantiemen bemißt.
Hinter dem Konzept einer „progressiven" Rockmusik stand das Problem, kommerziellen Erfolg und die künstlerischen Ansprüche der Musiker irgendwie auf einen gemeinsamen Nenner bringen zu müssen. Daß sich die Rockmusiker einem Ideal von Kommunikation und Kreativität verpflichtet fühlten, das das Musizieren erst einmal zur Verwirklichung ihrer eigenen Persönlichkeit machte, statt nur einem kommerziellen Kalkül zu folgen, bedeutete keineswegs den Verzicht auf ein Massenpublikum oder auch nur das Infragestellen von Massenerfolg. Trotz der antikommerziellen Intentionen blieb auch in ihrem Selbstverständnis massenhafte Wirksamkeit die Basis und der Gradmesser für künstlerischen Erfolg. Manfred Mann hat das einmal sehr klar formuliert:

> „Die Popmusik ist wahrscheinlich die einzige Kunstform, die in ihrem Erfolg vollständig vom allgemeinen Publikum abhängig ist. Je mehr Leute eine Platte kaufen, desto erfolgreicher ist sie – nicht nur kommerziell, sondern auch künstlerisch."[30]

Wenn aber der Bezug auf ein Massenpublikum nicht mit kruden Marktkriterien legitimiert sein sollte, dann bedurfte es eines Kriteriums, das künstlerischen Anspruch und kommerziellen Erfolg einander vermitteln konnte. An diese Stelle trat das Postulat einer durch Musik vermittelten Gemeinschaftserfahrung, wie es sich im Umfeld des politisch

motivierten Umgangs mit Rockmusik in der zweiten Hälfte der sechziger Jahre herausgebildet hatte. Im kommerziellen Erfolg drückte sich so nicht mehr eine Anpassung an den Musikmarkt aus, sondern vielmehr die künstlerische Realisierung dessen, was die Rockgemeinschaft miteinander verband. Das freilich war ein ideologisches Kriterium mit einer immanenten Zirkelschlüssigkeit, die es jeder Kritik entzog. In der Rockmusik wurde jetzt der Ausdruck einer Gemeinschaft gesehen, die sie selbst erst hergestellt hatte, indem sie kommerziell erfolgreich war. Rockmusik, die, ohne Kompromisse einzugehen, nur den persönlichen Vorstellungen der Musiker folgt und deshalb „authentisch" ist, galt als Spiegel von Erfahrungen, die allen Jugendlichen gemeinsam sind, sofern sie kommerziellen Erfolg für sich verbuchen konnte. Das Paradoxon, mit einer Musik Gemeinschaft zu repräsentieren, die durch die Individualität des Musikers, die kreative Verwirklichung seiner Persönlichkeit getragen ist, verdrängte ein unerschütterlicher Glaube an die Gemeinsamkeit von Musikern und Fans – die Grundlage der Ideologie des Rock.
Damit stand die Rockmusik nun in einem entwickelten argumentativen Reflexionszusammenhang, der sich um die Begriffe Kreativität, Kommunikation und Gemeinschaft aufbaute und den Musikern zum Rahmen für die Bestimmung ihrer eigenen Tätigkeit, ihrer Rolle in der Gesellschaft und ihres Verhältnisses zum Publikum geworden ist. In dem politisierten Klima der sechziger Jahre konzentrierte sich das naturgemäß erst einmal um ihr politisches Selbstverständnis. Von hier aus bestimmte sich der Anspruch ihrer Musik auf gesellschaftliche Wirksamkeit, bekamen ihre künstlerischen Vorstellungen einen konkreten Realitätsbezug.
Wie dieser aussah und politisch formuliert wurde, haben die Beatles mit ihrem Song „Revolution"[31] dokumentiert, der zudem eine umfassende Debatte darüber auslöste:

You say you want a revolution
Well you know
we all want to change the world
You tell me that it's evolution
Well you know

We all want to change the world
But when you talk about destruction
Don't you know that you can count me out
Don't you know it's gonna be alright
Alright Alright

You say you got a real solution
Well you know
We'd all love to see the plan
You ask me for a contribution
Well you know
We're doing what we can
But when you want money for people with minds that hate
All I can tell you is brother you have to wait
Don't you know it's gonna be alright
Alright Alright

You say you'll change the constitution
Well you know
We all want to change your head
You tell me it's the institution
Well you know
Your better free your mind instead
But if you go carrying pictures of Chairman Mao
You ain't going to make it with anyone anyhow
Don't you know it's gonna be alright
Alright Alright

Das war eine klare und unmißverständliche Absage an den politischen Aktivismus der Studenten. Dahinter stand eine Weltsicht, die die Gesellschaft auf den einzelnen projizierte und in ihm, in seinen Deformationen die Ursache aller Probleme sah. Sofern sich die Menschen nicht ändern, würden auch alle Veränderungen der Gesellschaft nichts bringen. Es gelte den Menschen, sein Bewußtsein zu revolutionieren, und dann „wird alles schon irgendwie hinkommen" – so das reichlich verschwommene Credo dieses Songs. Der Text war von einer Position aus formuliert, die sich weder die Musik als politisches Instrument zur Gesellschaftsveränderung noch die Autonomie des Künstlers streitig machen lassen wollte. Für die Rockmusik ergab sich daraus, daß sie die Frustrationen und Entfremdungserscheinungen des alltäglichen Kapitalismus zum Ausdruck bringen müsse, um sie den Möglichkeiten eines kreativen Lebens gegenüberzusetzen. Die sinnliche Gewalt des Rock sollte die Kraft sein, die die verkrustete Lebenswirklichkeit tatsächlich aufzubrechen imstande sei. John Lennon erklärte dazu:

> „Wir wollen die Leute nicht trösten, nicht dafür sorgen, daß sie sich besser fühlen, sondern ... ihnen dauernd die Erniedrigungen und Entwürdigungen vorsetzen, die sie auf sich nehmen, um das zu erhalten, was sie das Existenzminimum nennen."[32]

Darin schwingt mit, daß es ihre eigenen Wertvorstellungen sind, die die Menschen zu Gefangenen eines Systems werden lassen, das mit Entfremdung und Frustration ihr Leben deformiert. Roger Waters von Pink Floyd hat das am deutlichsten ausgesprochen:

> „Vielen Leuten wird das ganze Leben gestohlen, weil sie im System gefangen sind. Sie werden gebraucht, um Volkswagen zu produzieren. Die Leute werden für ihre Arbeit bezahlt, kaufen Fernseher, Kühlschränke und glauben, dies wiegt auf, daß sie ihr ganzes Leben damit verbringen, Autos zusammenzubauen. 48 von 52 Wochen leben sie diesen Trott."[33]

Sie aus dieser Gefangenschaft zu befreien setze voraus, ihr Bewußtsein, ihre Erfahrungsräume und ihre Sensibilität zu erweitern, ihrem Leben neue Dimensionen zu vermitteln, weil nur damit ein System zu sprengen sei, daß von ihren Deformationen lebt. Nicht die Gesellschaft, das „System" formt die Menschen, die es zu seiner Aufrechterhaltung braucht, sondern die Menschen schaffen sich das System, das ihren Bedürfnissen entspricht. Das ist nichts anderes, als die folgerichtige Konsequenz aus einem Individualismus, der die Welt aus der Perspektive des einzelnen betrachtet. So gesehen, mußte jede politische Aktion wie eine systemimmanente Reaktion auf Probleme erscheinen, die auf diese Weise zwar in neue Zusammenhänge gebracht, nicht aber gelöst würden. Mick Jagger von den Rolling Stones erklärte unumwunden:

> „Ich rebelliere gegen überhaupt nichts. Ich will nicht zu diesem System gehören, aber das hat nichts mit Rebellion zu tun.“[34]

Dem ist nicht einmal zu widersprechen. Den Heimtücken des Kapitalismus dadurch zu entgehen, daß man auf Fernseher und Kühlschränke verzichtet, um sich zur Bewußtseinsbefreiung den Segnungen der Giganten der Elektronikindustrie und den Medienkonzernen zu überlassen, hat tatsächlich nichts mit Rebellion und noch weniger mit Revolution zu tun.
Die Antwort auf das „Revolution“ der Beatles, die hier die Linke ja direkt angesprochen hatten, erfolgte dann auch prompt; und zwar durch John Hoyland, der in der marxistischen Zeitung *Black Dwarf*, dem Organ der Studentenbewegung Großbritanniens, einen offenen Brief an John Lennon veröffentlichte. Darin hieß es:

> „Was uns gegenübersteht, das sind nicht bösartige Menschen, Neurosen oder geistige Unterernährung. Wir sind mit einem repressiven, heimtückischen und autoritären System konfrontiert; einem System, das inhuman und unmoralisch ist ... Es muß zerstört werden, erbarmungslos. Das ist nicht Grausamkeit oder Verrücktheit; es ist vielmehr eine der leidenschaftlichsten Formen der Liebe ... Liebe, die sich nicht gegen das Leiden, die Unterdrükkung und die Erniedrigung engagiert, ist fade und irrelevant.“[35]

Lennon reagierte mit einem „sehr offenen Brief“, der ein Vierteljahr später an gleicher Stelle veröffentlicht wurde und neben der sichtlichen Verärgerung über den öffentlichen Angriff auf seine Person als dem Urheber des „Revolution“-Songs seine Position noch einmal verdeutlichte. Er schrieb an John Hoyland:

> „Es ist mir egal, was Du, die Linke, die Mitte, die Rechte oder irgendein abgewichster Männerverein denken. So

> bürgerlich bin ich nicht, um mir daraus etwas zu machen … Ich will Dir sagen, woran die Welt krankt: an den Leuten – und die willst Du vernichten? Erbarmungslos? Ohne daß Du/wir in unseren Köpfen etwas verändern, gibt es keine Chance. Nenn mir eine erfolgreiche Revolution. Wer hat denn alles abgewichst, den Kommunismus, das Christentum, den Kapitalismus, den Buddhismus etc. – kranke Köpfe und nichts anderes."[36]

Die Entrüstungsstürme, die „Revolution" bei Erscheinen der Single Ende August 1968 auslöste, hatten Lennon übrigens unabhängig von dieser Auseinandersetzung zuvor trotzdem schon zu einer bezeichnenden Veränderung seines Textes veranlaßt, als der Song nämlich ein zweites Mal für die Doppel-LP „The Beatles"[37] aufgenommen wurde, die wegen des fehlenden Coverbildes auch als „White Album" bekannt geworden ist. Dem *Don't you know that you can count me out* der Erstfassung fügte er hier noch ein *in* an, so daß diese Zeile nun lautete: *Don't you know that you can count me out/in.* Das war nicht frei von Opportunismus, denn damit überließ er es seinem Hörer, sich die ihm genehme Version herauszusuchen. In der autorisiert gedruckten Textfassung fehlt dieser Zusatz dann allerdings wieder. In einem Interview erläuterte er dazu:

> „Ich habe beides genommen, weil ich mir nicht sicher war."[38]

Doch davon abgesehen, die Stellungnahme Lennons in der Auseinandersetzung um diesen Song spiegelt deutlicher noch als der Text selbst die individualistische Sicht der Welt aus der Perspektive des Rockmusikers. Ihre Realitätsaneignung erfolgt durch das Prisma eines individualistischen Künstlerbewußtseins, und das läßt sie die Probleme der Welt als ein Resultat der Probleme des einzelnen sehen. Genauer hinterfragt, erwies sich das von geradezu erschrekkender Naivität. Während einer jener spektakulären Friedensaktionen von John Lennon und Yoko Ono, ihren Bed-Ins – der publicityträchtigen Demonstration für Frieden und Liebe im Bett –, wurden sie von einem Interviewer mit der Frage provoziert, ob sie denn meinten, auch Hitler und den Faschismus mit Musik und Liebe hätten verhindern zu können. Es war das gleiche Bed-In, bei dessen Gelegenheit John Lennons „Give Peace a Chance“[39] in ihrem Hotelzimmer mit den um ihrer beider Bett versammelten Freunden und Presseleuten aufgenommen wurde – im Mai 1969 im Queen Elizabeth Hotel in Montréal. Yoko Ono beantwortete die Frage mit folgenden Worten:

> „Wenn ich ein jüdisches Mädchen während der Hitler-Ära gewesen wäre, ich hätte mich ihm angenähert und wäre seine Freundin geworden. Nach zehn Tagen im Bett wäre er meiner Weise zu denken gefolgt. Diese Welt braucht Kommunikation. Und Liebe zu machen ist eine der besten Formen der Kommunikation.“[40]

Das spricht für sich. Aber es erklärt die gewaltige Überschätzung der gesellschaftlichen Wirkungsmöglichkeiten von Musik, die hinter der Rockentwicklung und den Konzepten, mit denen hier musiziert wurde, stand. Kommunikation, ein Mythos von geradezu magischer Kraft, sollte imstande sein, die Menschen von innen her aufzuschließen, sie frei zu machen und zu ihrer eigenen Kreativität zurückzuführen – das sei der Weg zu einer wirklichen Veränderung der Gesellschaft. Die Gemeinschaftlichkeit der Rockerfahrung und die sinnliche Unmittelbarkeit dieser Musik machte sie zum geeignetsten Mittel dafür.
Auch die Rolling Stones haben damals mit „Street Fighting Man“, dessen Text sie der Zeitschrift *Black Dwarf* zur Veröffentlichung als Diskussionsbeitrag zuschickten, in diese Auseinandersetzung eingegriffen, wobei sie den Aktivismus von Demonstrationen und Straßenschlachten nicht minder offen als die Beatles in Frage stellten. Sie setzten dem eine Position entgegen, die die Rockmusik, das „Singen in einer Rock 'n' Roll-Band“ zur Alternative erklärte:[41]

> *Ev'rywhere I hear the sound of marching, charging feet, oh boy*
> *'Cause summer's here and the time is right for fighting in the street, oh boy*
> *But what can a poor boy do*

Except to sing for a rock 'n' rollband
'Cause in sleepy London town
There's just no place for street fighting man
No
Hey! Think the time is right for a place revolution
But where I live the game to play is compromise
solution
Well, then what can a poor boy do
Except to sing for a rock 'n' rollband
'Cause in sleepy London town
There's just no place for street fighting man
No
[...]

Diese Haltung war insofern etwas differenzierter, weil hier nicht mit dem generalisierenden Anspruch des „Revolution"-Songs der Beatles aufgetreten, sondern nur geltend gemacht wurde, daß die Zeiten nicht danach seien, um mit Straßenkämpfen die Welt zu verändern. Doch im Ergebnis lief es auf das gleiche hinaus – Rockmusik als das eigentliche Instrument der Revolution. Auch das blieb nicht unwidersprochen. Jon Landau kommentierte damals:

> „Die Stones mögen nicht sicher sein, wo sie ihre Köpfe haben, doch ihre Herzen sind draußen auf der Straße."[42]

Die Musik der Rolling Stones – ihre „Gewalt, Unmittelbarkeit und Wiederholung", wie es Jon Landau in seiner Auseinandersetzung mit diesem Song umschrieben hatte[43] – spreche ihre eigene Sprache. Und sofern sich die Stones darin treu blieben, produzierten sie trotz allem noch jene revolutionären Energien, die sich die Aktivisten der politischen Linken von der Rockmusik erhofften. An diesem Punkt trafen sich die Stones dann sogar mit den Kritikern ihres Songs.
Doch viel aufschlußreicher noch ist in diesem Fall seine Entstehungsgeschichte, die Tony Sanchez, der persönliche Sekretär von Keith Richards, glaubhaft überliefert hat. Er berichtete:

„Er [Jagger] stürzte sich förmlich auf die Chance, an der Revolution teilzunehmen, als Tausende ärgerliche junge Leute den Grosvenor Square in London stürmten, um vor dem gewaltigen und modernen Gebäude der amerikanischen Botschaft gegen den amerikanischen Imperialismus und den Vietnamkrieg zu demonstrieren. Zunächst blieb er unerkannt, reihte sich zwischen einem jungen Mann und einer jungen Frau in die Menschenkette ein, die sich ihren Weg durch die Polizeiabsperrungen zur amerikanischen Botschaft zu bahnen versuchte. Er fühlte sich als ein Teil dessen, was sich ereignete, indem er wirklich mitmachte. Doch dann wurde er erkannt, die Fans verlangten Autogramme, die Zeitungsleute überschlugen sich, um ein Interview von ihm zu bekommen, ihn zu fotografieren. Er flüchtete, mit der bitteren Erkenntnis, daß sein Ruhm und sein Reichtum ihn von der Revolution ausschlossen ... Er machte aus dieser Erkenntnis einen neuen Song, ‚Street Fighting Man' ...“[44]

Nichts offenbart deutlicher die tiefen Widerprüche in der Ideologie des Rock als dieser Bericht. Der exzentrische Individualismus des „Rockkünstlers“, der sich ja damit legitimierte, daß er die gemeinsamen Erfahrungen der Jugendlichen artikuliere, war weit entfernt von den sozialen Realitäten, die er auszudrücken und zu verändern beanspruchte. Rockmusiker, sofern sie erfolgreich sind, stehen mit ihrem materiellen Reichtum am oberen Ende der sozialen Hierarchie des Kapitalismus, und das ergibt eine Perspektive, die andere Grenzen als die des eigenen Bewußtseins tatsächlich nicht kennt. Paul McCartney von den Beatles erklärte einem Interviewer einmal mit entwaffnender Offenheit:

„Warum wir keine Kommunisten sein können? Wir sind die Nummer Eins unter den Kapitalisten der Welt.“[45]

Die von den Musikern entwickelten Wertkriterien und Maßstäbe des Musizierens – Kommunikation, Kreativität und Gemeinschaftserfahrung durch Musik – waren von einem extremen Individualismus aus konzipiert, mit dem sie die Bedingungen des kapitalistischen Musikgeschäfts ideologisch zu unterlaufen glaubten. Sofern es gelang, sich gegenüber dem kommerziellen Druck der Industrie durchzusetzen und trotzdem erfolgreich zu sein, schien ein Stück Selbstverwirklichung erreicht, das in ihrem Verständnis die Logik des Kapitals durchlöcherte und einer von dessen Interessen gesteuerten kulturellen Fließbandproduktion etwas Persönliches entgegensetzte. Oder wie es Steve Rawlings von der Danse Society 1984 gegenüber dem *New Musical Express* formulierte:

> „Der Fakt, daß die Bands genau das machen, was sie wollen, und trotzdem ein Massenpublikum ansprechen, ist eine weit größere Unterwanderung als eine unbedeutende kleine Revolution, die auf dem Hinterhof der Gesellschaft stattfindet. Sich in dieses große und beschissene Geschäft einzuschleichen und eine Million nach deinen eigenen Bedingungen zu verkaufen – das ist es, was wirklich wichtig ist.“[46]

Für die Musiker ist die Rockmusik das Reich der freien und kreativen Entfaltung der Persönlichkeit, und von hier aus bestimmte sich, erst einmal unabhängig von Spielweise und Stilkonzeption, der Sinn ihrer Musik. In die Klangstrukturen des Rock war von ihnen ein zutiefst persönlicher Sinn eingegraben, den diese Musik in ein kollektives Gemeinschaftserlebnis transformieren sollte, das sie zum Ausdruck der persönlichen Erfahrungen eines jeden ihrer Hörer machte. Aus den bewegten sechziger Jahren hatte die Rockmusik eine Ideologie bezogen, die sie sowohl den Prämissen einer individuellen und persönlichen als auch dem Postulat einer kollektiven Ausdrucksform unterwarf. Dieser Widerspruch hat sie nicht weniger geprägt als die kulturellen Gebrauchszusammenhänge, in denen sie sich dann tatsächlich realisierte. Er brach auf, als sich die Rockmusik am Ende der sechziger Jahre in Stilkonzepte zerfaserte, die entweder, wie der Art Rock von Genesis, Gentle Giant oder Yes, die Autonomie des „Rockkünstlers“ über den Anspruch auf Kollektivität zu stellen begannen, oder, wie der Hard Rock von Led Zeppelin, Uriah Heep und Black Sabbath, das individualistische Kreativitätsideal einem ungebrochenen Gemeinschaftserlebnis opferten. Immer aber

galt diese Musik als der ehrlichste, unmittelbarste und aufrichtigste Ausdruck ihrer Individualität als Musiker, was eine emanzipatorische Kraft haben sollte, die die Menschen zusammenbringt und frei macht – am Ende eine schöne, aber große Illusion.
Ed Leimbacher hat Anfang 1970 in *Ramparts*, dem amerikanischen Magazin der Neuen Linken, die Rockmusikentwicklung der sechziger Jahre in den folgenden Worten zusammengefaßt, die bis heute eigentlich nichts von ihrer Aktualität verloren haben:

> „Wir alle kennen das Rock 'n' Ritual: geboren von den jungfräulichen Fünfzigern, gelitten unter Chubby Chekker, gekreuzigt vom Surf, gestorben in Philadelphia, begraben von den Folksingern, im dritten Jahr der Sechziger wiederauferstanden und aufgefahren zum Popmusik-Himmel, wo er sitzt zur Linken des Generationskonflikts, zu richten die Politiker und Über-Dreißiger. In Wirklichkeit ist der Rock im Jahre des Herrn 1970 natürlich genauso verwirrt und durcheinander wie eh und je. Und trotzdem macht sich die Musik noch immer ganz hübsch. Was die meisten Schwierigkeiten hat, ist der bislang unterstellte ‚revolutionäre Geist' des Rock – jener schizophrene Traum aus Wunschdenken und Selbstbetrug ... Seht Euch das Establishment doch einmal genauer an. Ihr seht, es besteht aus Gummi – es paßt sich an, indem es sich ausweitet, indem es sich ein bißchen weiterdehnt und alle verrückten Exzesse und Abweichungen schluckt ...; und sobald er ein bißchen an der Aktion beteiligt war, setzt sich der zornige junge Mann zur Ruhe, um Lippenbekenntnisse für die Revolution abzugeben, eine Revolution aus Musik, Wut und bezeichnendem Nichts."[47]

ie Freunde.

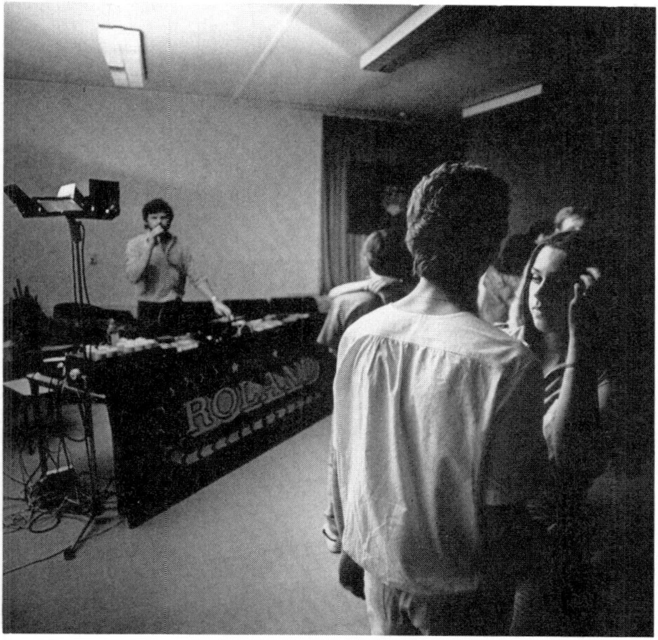

PUH

Roland

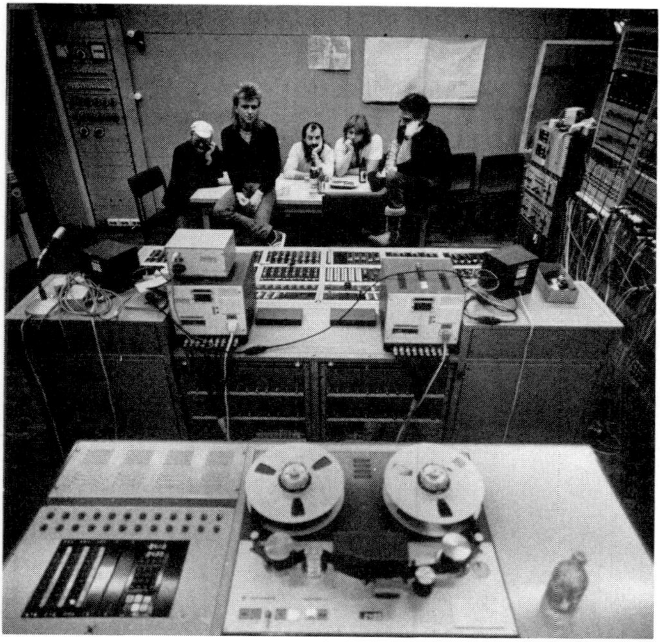

TOOLEX
ALPHA

ROXY MUSIC
THE ATLANTIC YEARS

JBL

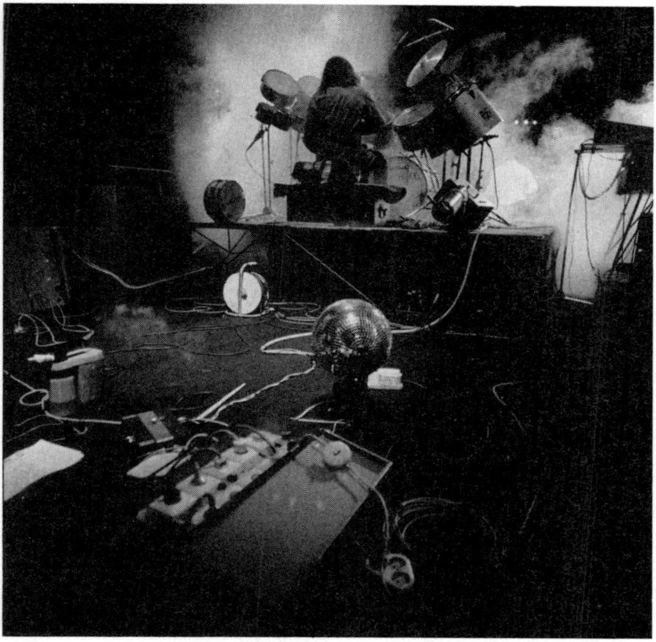

„We're Only In It For the Money“

Das Rockgeschäft

„We're Only In It For the Money“[1] – „Wir sind nur dabei wegen des Geldes“ – unter diesem Titel veröffentlichte Frank Zappa 1968 mit seinen Mothers Of Invention eine Platte, die als beißende Satire auf das ambitionierte Konzept-Album „Sgt. Pepper's Lonely Hearts Club Band“ der Beatles angelegt war. Ebenso hämisch wie provozierend stellte er damit den hochgesteckten künstlerischen Ansprüchen dieser Produktion die pure kommerzielle Realität des Rock gegenüber. Selbst wenn es nicht ganz fair ist, die ästhetischen und politischen Intentionen „progressiver“ Rockmusik als bloß besonders clevere Verbrämung von eigentlich kommerziellen Motiven hinzustellen, daß es letztlich dann doch um Geld geht, auch hier, ist nicht zu bestreiten. Innerhalb von kapitalistisch organisierten Gesamtverhältnissen und unter den Bedingungen einer monopolistisch strukturierten Industrie bleibt die Ware-Geld-Beziehung der grundlegende Zusammenhang, der die Produktion und Verbreitung von Rockmusik vermittelt – ob sich die Musiker nun dazu bekennen oder nicht. Insofern ist es tatsächlich nicht ohne Ironie, daß die Ideologie des Rock auf einen, wenn auch illusionären Antikapitalismus hinausläuft, obwohl gerade diese Musik wie kaum eine andere in die Basismechanismen des Kapitalismus eingebunden ist, selbst zur kapitalistisch organisierten Industrie wurde. Jede erfolgreiche Rockband repräsentiert bereits ein kapitalistisches Unternehmen von oft beträchtlicher Größenordnung und nicht selten eigenen kommerziellen Aktivitäten im Musikgeschäft. Erinnert sei nur an den Apple-Konzern der Beatles. Das Ganze unterliegt jedoch einer Struktur, die nur von einigen wenigen transnationalen Medienkonzernen kontrolliert wird und einen Monopolisierungsgrad aufweist, wie er sich in kaum einem anderen Bereich wiederfindet. Michael Lydon hat in jeder Hinsicht recht, wenn er schreibt:

> „Rock war von Anfang an nichts als eine kommerzielle Angelegenheit. Er war nie eine Kunstform, die nur so ne-

benbei auch Geld einbrachte, noch ein Geschäftsunternehmen, das manchmal auch Kunst hervorgebracht hat. Kunst und Geschäft sind hier immer Synonyme gewesen."[2]

Daraus jedoch zu schlußfolgern, diese Musik sei von dem einzigen Motiv getragen, leicht und schnell zu Reichtum und Ruhm zu kommen, verfehlt die reale Widersprüchlichkeit des Rock. Es offenbart das vielmehr die zynische Schadenfreude derjenigen, die den Massen von vornherein die Befähigung auf ihre eigene Selbstbestimmung absprechen und im Massenerfolg von Musik immer nur kommerziell gesteuerte Manipulation zu sehen gewillt sind. Simon Frith schrieb einmal sehr treffend dazu:

„Die Teenager haben immer gewußt, daß sie ausgebeutet werden: Der Reiz der Sache liegt genau darin, daß diese gewaltigen kommerziellen Anstrengungen gerade ihnen gelten."[3]

Allerdings wäre es naiv, nicht gleichzeitig auch zu sehen, daß die kommerziellen Zusammenhänge der Produktion und Verbreitung des Rock ihm selbst keineswegs bloß äußerlich sind. Das Rockgeschäft findet nicht um die Musik herum statt, ohne das Wesen der Sache zu berühren. Es stellt die Rockmusik vielmehr in ein ideologisches Bezugsfeld hinein und prägt ihr Wertmuster auf, die sie unabhängig von den Intentionen der Musiker und Fans zu einem alles andere als peripheren Moment der Reproduktion imperialistischer Herrschaftsstrukturen machen. Die dem Rock immanente Ideologie steht nur scheinbar im Widerspruch dazu, denn der Individualismus, der ihr zugrunde liegt, ist genau das Funktionselement, das ihn an die ökonomischen und ideologischen Interessen des Kapitals bindet. Dafür macht es keinen Unterschied, ob der Anspruch dahinter subjektiv auf ein Unterlaufen der bestehenden Verhältnisse zielt oder in ihnen die beste aller möglichen Gesellschaftsordnungen sieht. Je ausgeprägter der Individualismus des Musikers, um so überzeugender erscheint die vom Kapital errichtete Ordnung als eigentliche Grundlage individueller Selbstverwirklichung, fernab von Klassengegensätzen und sozialen Schranken, und um so überzeugender zugleich das Kaufmotiv für den Erwerb seiner Schallplatte als Ausdruck des gleichen Individualismus auf seiten des Konsumenten, was jenen Kreislauf des Geldes in Gang bringt, der die Herrschenden immer stärker werden läßt. Das funktioniert um so wirksamer, je unbewußter es bleibt. Dann nämlich erhalten die Herrschaftsmechanismen des Kapitals die Form von vernunftbegründeten Sachzwängen, die von jedem Verdacht auf ideologische Interessen und zielgerichtete Einflußnahme frei sind. Insofern greift die Vorstellung, das Rockgeschäft bringe die Manipulatoren in Form von Marktstrategen und Ideologen ans Werk, tatsächlich zu kurz. Es sind die Zusammenhänge, in denen die Rockmusik auf der Grundlage von kapitalistischen Gesamtverhältnissen steht, die stets im Interesse des Kapitals funktionieren, sowohl ökonomisch als auch ideologisch. Sie sind auf eine Weise strukturiert, daß sie, wenn überhaupt, dann nur so funktionieren können. Es bedarf deshalb gar keiner zusätzlichen manipulativen Eingriffe in sie, um ihnen die herrschaftsstabilisierenden Effekte abzunötigen. Diese liegen in der Logik des Musikgeschäfts und erscheinen als bloße Sachzwänge. Darum braucht es auch nicht zu verwundern, wenn sich die Mächtigen der Musikindustrie in der Regel selbst keineswegs als kulturelle und ideologische Diktatoren verstehen, sondern sich ihrerseits dem Druck des Kommerz ausgeliefert fühlen. Jerry Wexler, Vizepräsident von Warner Brothers Records, einer der Säulen des Mediengiganten Warner Communications, äußerte sich Ende der siebziger Jahre auf einer Tagung der *Recording Industry Association of America* in dieser Richtung einmal mit sehr charakteristischen Worten:

> „Die meisten von uns leitenden Managern laufen buchstäblich physisch krank herum, unter dem Druck, vorzugeben, daß wir etwas künstlerisch Wertvolles produzieren – oder vielleicht nehmen sie den Schwindel auch einfach nicht wahr ... Da wir kapitalistische Unternehmen sind, müssen wir jeweils den kleinsten gemeinsamen Nenner suchen ... Das Schlimme daran ist, daß wir so dem abgestandenen, infantilen und pubertären Geschmack der Öffentlichkeit nachlaufen ... Jede Firma

muß ihr Möglichstes tun, die unaufhörlichen Bedürfnisse nach Mittelmäßigkeit zu befriedigen, nur um ihr Erfolgspotential zu maximieren. Wir könnten ebensogut Radkappen verkaufen."[4]

Danach scheint es so, als seien die Produkte der Musikindustrie lediglich dem Bedürfnisdruck der Konsumenten geschuldet. Trotzdem ist der Zusammenhang genau umgekehrt: Die Industrie liefert nicht, „was die Leute wollen", sondern sie liefert ihnen, was sie, die Industrie, will. Es ist das Mysterium des Geldes, das diese eigentümliche Verkehrung hervorbringt.
Geld in die Herstellung einer Ware investieren, um durch deren Verkauf einen Mehrwert zu realisieren, der am Ende dann als Profit mit einem prozentualen Zuwachs des Geldes zu Buche schlägt – das ist eigentlich alles; und doch bewegt dies um ein Vielfaches mehr, als an den Umsatzbilanzen sichtbar wird. Freilich: die Agenten des Kapitals, um Frank Zappas Formel aufzugreifen, sind tatsächlich nur dabei wegen des Geldes. Und um dessen Logik folgen zu können, dürfen sie sich sogar nur mit ihm und mit nichts anderem identifizieren. Wie sie zu dem stehen, was durch ihr Geld bewegt wird, ist dafür völlig uninteressant. Zumeist ist ihnen das in höchstem Maße gleichgültig. Dick Clark, als Moderator der Fernsehshow *American Bandstand* einer der mächtigsten Männer im amerikanischen Musikgeschäft, hat einmal den Satz geprägt:

„Ich mache keine Kultur, ich verkaufe sie."[5]

Das ist in gleichem Maße treffend, wie es falsch ist. Ohne Zweifel, nichts wäre verheerender, als die Logik des Geldes mit anderen Kriterien zu vermischen, nicht nur Profit, sondern auch noch „Kultur" machen zu wollen. Das würde dem Kapital seine Macht nehmen, es seiner Flexibilität und seiner Fähigkeiten berauben, alles und jedes seinen Interessen dienstbar zu machen. Genau das aber ist die Form der Kulturproduktion im Kapitalismus. Das Geld ist eine abstrakte Wertgröße – die Eigentumsverhältnisse, die es repräsentiert, die Zusammenhänge, in denen es zirkuliert, die Mechanismen, die zu seiner Vermehrung führen, und die besondere Natur der Produkte, die durch seine Vermittlung geschaffen werden, sind ihm nicht anzusehen. Trotzdem funktioniert es immer unter konkreten Bedingungen, die es dabei zugleich reproduziert. Bezogen auf das Geld als Wertgröße ist es völlig gleichgültig, ob es für Schallplatten oder Radkappen, für künstlerisch „wertvolle" oder „wertlose" Musik, für „progressive" oder „reaktionäre" Inhalte steht. Doch in seiner Funktion als Kapital und damit als Repräsentant von bestimmten gesellschaftlichen Eigentumsverhältnissen und mit ihnen verbundenen Klasseninteressen erhält seine Bewegung eine tendenziöse Zielrichtung, in der alles, was mit ihm in Berührung kommt, den ökonomischen und ideologischen Interessen des Kapitals dienstbar wird. Was dem entgegensteht, scheidet sein Wertmaß unter dem Stichwort „kein kommerzielles Potential" von vornherein aus. David Pichaske hat durchaus recht, wenn er schreibt:

> „Das Musikgeschäft ist eine ideologische Hure. Es ist auf maximalen Profit aus und wird der Gans, die die Goldenen Schallplatten legt, nicht wegen bloßer philosophischer Differenzen den Hals umdrehen. Aber es ergibt sich nun einmal, daß ein glatt funktionierendes System mehr Goldene Schallplatten hervorbringt als ein planloses Durcheinander, weil es mit geringstem Aufwand das höchste Resultat erbringt."[6]

Ein solches „glatt funktionierendes System" aber schließt Ideen, Normen, Werte und Leitbilder ein, selbst wenn sie nicht bewußt gemacht sind. Der auf der Grundlage kapitalistischer Eigentumsverhältnisse errichtete Gesamtzusammenhang sorgt dafür, daß nichts ihn passieren kann, was den Interessen des Kapitals zuwiderläuft. Obwohl es nur um Geld zu gehen scheint, erzeugt das Musikgeschäft, indem es strikt der Logik des Geldes folgt, einen kulturellen und ideologischen Kontext um die Rockmusik, der sie mit Bedeutungen überzieht, die heimtückischer und systematischer organisiert sind, als das bei direkter Einflußnahme möglich wäre. Ihre Wirkung erfolgt funktional, durch die Strukturen, die dem Verhalten gesetzt sind, ohne durch das Bewußtsein hindurchzugehen. Es ist das die Art und

Weise, wie die Ideologie der herrschenden Klasse zur herrschenden gemacht wird, auch wenn – wie bereits gezeigt – die Musiker und ihre Fans dem keineswegs willfährig ausgeliefert sind.
Um dem genauer nachgehen zu können, bedarf es wenigstens überblickshaft einer Besichtigung des Molochs „Musikindustrie". Als Ganzes betrachtet ist das ein schwer durchschaubares Netzwerk aus Plattenfirmen, Studios, Agenturen, den Massenmedien Rundfunk, Fernsehen, Film und Presse, lokalen Veranstaltern, Verlagen, Schallplattengroß- und -einzelhändlern. Im Zentrum dessen stehen jedoch nicht mehr als fünf international operierende Medienkonzerne – CBS (Columbia Broadcasting System), RCA (Radio Corporation of America) und Warner Communications mit Sitz in den USA, Thorn-EMI (Electrical & Musical Industries) in Großbritannien sowie das niederländisch-bundesdeutsche Gemeinschaftsunternehmen PolyGram. Zusammen kontrollieren sie etwa 70 Prozent des 1977 auf ein Umsatzvolumen von acht bis neun Milliarden Dollar pro Jahr geschätzten kapitalistischen Weltmarktes für Schallplatten und Tonbandkassetten,[7] wobei ihre Marktanteile in einer ganzen Reihe von Ländern noch weit darüber liegen – so etwa, ebenfalls für 1977, in Dänemark bei 97 Prozent, in Kanada bei 94 Prozent,[8] in Großbritannien bei 95 Prozent[9]. Damit sind die Eigentumsverhältnisse im Musikgeschäft eindeutig, denn obwohl in Großbritannien beispielsweise mehr als 200 Schallplattenfirmen operieren, sind es diese fünf Medienkonzerne, die das Musikgeschäft durch ihren Marktanteil hier unangefochten kontrollieren. Susanna Hoff von dem Mädchenquartett The Bangles aus Los Angeles erklärte aus der Sicht des Musikers hierzu:

> „Die Musikindustrie ist nicht dazu da, für den Künstler Geld zu machen, sondern damit die Plattenfirmen verdienen; und dann, irgendwo unter dem Strich, machen die Agenten und Promoter ihr Geld, erst danach bekommt vielleicht auch die Band etwas davon zu sehen."[10]

Das Selbstverständnis der Industrie demgegenüber ist ihren Werbeschriften zu entnehmen. EMI, mit einer Geschichte, die bis ins Jahr 1898 zurückreicht, eine der ältesten Plattenfirmen der Welt, beschreibt sich selbst als ein Unternehmen, das

> „... auf jedem Kontinent tätig ist, durch seine Firmen in 33 Überseeländern vertreten wird. Mit Hunderten von Promotionexperten und über tausend Verkaufsmanagern hat es die Kraft, die Nachfrage sowohl in Qualität wie Quantität zu stimulieren und jeder Nachfrage gerecht zu werden, wenn die Verkäufe in die Höhe schnellen."[11]

1970 beschäftigte der Konzern dafür 41 900 Angestellte.[12] Und obwohl die EMI mit ihren diversen Labels und einem Netz von Vertriebsabkommen mit kleineren und mittleren Firmen als der größte Plattenkonzern der Welt gilt, sind es nur knapp 50 Prozent ihres für 1979 mit 1,742 Milliarden Dollar angegebenen jährlichen Gesamtumsatzes, die auf den Verkauf von Schallplatten beziehungsweise bespielten Tonbandkassetten zurückgehen.[13] Daneben ist das EMI-Imperium im kommerziellen Fernsehen und im Filmgeschäft engagiert, übernahm 1969 die Associated British Picture Corporation sowie Thames Television. EMI verfügt über Kinos, Theater, Tanzhallen, Klubs, Diskotheken, Agenturen und Tourneeveranstalter, unterhält die größte Handelsorganisation für Musikinstrumente und Zubehör in Großbritannien und besitzt mit HMV eine Kette von Schallplattengeschäften, darunter in der Londoner Oxford Street das größte der Welt – ein Mehretagen-Kaufhaus nur für Schallplatten. EMI produziert oder vertreibt analoge und digitale Computer, Fernsehübertragungstechnik, Studiotechnik, Verstärkersysteme, Tonbandgeräte, Plattenspieler, Fernsehgeräte, Kassettenrecorder, mikroelektronische Bauteile für unterschiedlichste Verwendungszwecke, Trockenbatterien in allen Größen und Ausführungen, medizinische Gerätetechnik, Radarsysteme, elektronisch und lasergelenkte Fernwaffensysteme. Zu EMI gehört ferner eine Reihe von Musikverlagen, in die etwa 20 Prozent aller Verlagseinnahmen der Welt fließen.[14] Zwar spielt der Notendruck in der Rockmusik fast keine Rolle mehr, aber die Verwertung des Copyright der Songs bedeutet finanzielle Gewinne nahezu ohne Produktionskosten, zumal die Songs in der Regel viel langlebiger sind als Schallplatten. Sie werfen auch dann

noch Einnahmen aus dem Copyright ab, wenn schon lange keine Platten mehr auf dem Markt sind. Allen großen Plattenfirmen sind deshalb unter irgendwelchen Fantasienamen, die die Eigentümerbeziehungen nach außen verdekken, Verlagsabteilungen zur Verwaltung des Copyright der bei ihnen unter Vertrag stehenden Musiker angeschlossen. Für den Autor ist die Übertragung der Wahrung des Copyright an einen Verlag, zusammen mit einem prozentualen Anteil der ihm daraus erwachsenden Einnahmen natürlich, die einzige Möglichkeit, sich seine Rechte im Dschungel des Musikgeschäfts wirksam zu sichern.
Hinter dem Ganzen steht ein undurchdringlicher Filz von Interessen- und Personalverflechtungen, den Dave Harker einmal am Beispiel eines der EMI-Direktoren, Bernard Delfont, zu entwirren versucht hat:

> „Die Royal Variety Show findet in einem Theater statt, das der von Lew Grade geleiteten Associated Television (ATV) gehört, der zufälligerweise der Bruder von Bernard Delfont ist. Der Erlös der Show geht an einen Wohltätigkeitsverein, dem Bernard Delfont vorsteht. Mister Delfont ist Direktor der EMI, des größten Schallplattenproduzenten der Welt. EMI übernahm eine der beiden großen britischen Kinoketten, die Associated British Pictures, deren Direktor ebenfalls Bernard Delfont ist. Bernard Delfont ist aber auch stellvertretender Aufsichtsratsvorsitzender und leitender Direktor der Organisation von Grade [Associated Communications Corporation (ACC)], die wiederum der EMI gehört (deren Direktor Mister Delfont ist). Bernard Delfont besitzt sich selbst auf diese Weise zweimal. Ob man die TV Times liest, Pye-, Marble Arch-, Regal-, Columbia-, Parlophone-, HMV-, Pathé-, Music for Pleasure- oder Odeon-Schallplatten kauft, ob man ATV oder Thames Television schaut, ins Talk of the Town, ins London Palladium, den Victoria-Palast, das Hippodrome, ins Her Majesty's Theatre, ins Globe, Lyric, Apollo oder ins Prince of Wales Theatre geht, ob man eines der 270 Kinos oder eine der zwölf Bowlingbahnen von ACC besucht, in eines der zehn Bowling Centres von Ambassador geht – immer hat Bernard Delfont ein Interesse daran."[15]

Besagte Associated Television mit Lord Grade als Aufsichtsratsvorsitzendem, dessen Associated Communications Corporation dem EMI-Konzern einverleibt ist, obwohl dieser mit Thames Television auf dem kommerziellen Fernsehmarkt zu den bedeutendsten Konkurrenten von ATV gehört, kaufte 1969 den Musikverlag Nothern Songs. Bei ihm liegen die Rechte der Beatles-Songs, die allerdings auf dem Parlophone-Label des EMI-Konzerns veröffentlicht wurden. Das Dickicht ist undurchdringlich. Ein Zugang zur Musik, in welcher Form auch immer, ohne dem EMI-Konzern Profite zu bringen, ist in Großbritannien de facto unmöglich – und sei es nur durch das Wechseln der Batterien des Kassettenrecorders. Trotzdem wurde dieses riesige Imperium 1979 von einem noch größeren geschluckt, der Thorn Electrical Industries, einem Elektronikkonzern.
Damit war auch hier jene charakteristische Fusion vollzogen, die alle fünf transnationalen Mediengiganten schon seit der zweiten Hälfte der sechziger Jahre in wachsendem Maße an die Elektronikindustrie und damit an den militärisch-industriellen Komplex, das Herzstück der politischen Ökonomie des Imperialismus, bindet. Keith Richards von den Rolling Stones berichtete bereits 1970 in einem Interview über das militärische Engagement ihrer Plattenfirma Decca, die mittlerweile in das PolyGram-Unternehmen eingegliedert ist:

> „Wir haben herausgefunden, und viele Jahre hat es dazu nicht gebraucht, daß die Kohle, die wir für Decca machten, in die Herstellung von kleinen schwarzen Kästen ging, die sie in amerikanische Air-Force-Bomber einbauten, um das verdammte Nordvietnam zu bombardieren. Die nahmen die Kohle, die sie an uns verdienten, und steckten sie in die Radarabteilung ihrer Firma. Als wir das herausfanden, waren wir total fertig."[16]

Insofern ist die im Verlauf der siebziger Jahre dann vollzogene umfassende Fusionierung von Musik- und Elektronikindustrie nur eine logische Konsequenz aus den in diese Richtung gehenden Aktivitäten der großen Plattenfirmen gewesen. Allerdings mag diese Verbindung, die die Produktion von Schallplatten und die Entwicklung von Militärtechnik unter einem Dach vereinigt, auf den ersten Blick etwas merkwürdig erscheinen. Das Bindeglied zwischen beidem ist die Kommunikationstechnologie. Ihr kommt nicht nur für beide Bereiche eine Schlüsselstellung zu, sondern ihre Entwicklung ist außerordentlich kostenintensiv und unterliegt zudem einem hohen moralischen Verschleiß infolge permanenter Neuentwicklungen, angetrieben nicht zuletzt durch die Spirale des Wettrüstens. Ihre massenhafte Nachnutzung in Form von Unterhaltungselektronik mit der Kontrolle auch der „Software", eben der Musik, zu effektivieren, war daher naheliegend. Peter Williams, ein australischer Produzent, der unter anderem für Cliff Richard, Joan Armatrading, die Hollies und Leo Sayer sehr erfolgreich gearbeitet hat, äußerte einmal dazu:

> „Der Studiobereich ist ein reichlich obskures Hinterland der Elektronikindustrie. Wenn diese Leute einen neuen Mikrochip entwickeln, dann denken sie natürlich nicht daran, wie vielen Aufnahmestudios sie ihn verkaufen können. Sie denken lediglich daran, wie viele Raketen sie damit bestücken können."[17]

Auf der anderen Seite nun haben die Großen des Musikgeschäfts ein Produktionsvolumen erreicht, wo nicht mehr dessen Größe, sondern die Kontrolle des Produkts die Auseinandersetzung mit der Konkurrenz entscheidet. Diese Kontrolle ist technologisch vermittelt, so daß auch hier ein Bedürfnis nach dem direkten Zugriff auf die Kommunikationstechnologie entstand. Die Idealform dessen hat PolyGram 1983 mit der Compact Disc gefunden, einem Schallplattensystem auf der Grundlage des Ende der siebziger Jahre als Nebenprodukt der Computertechnik eingeführten digitalen Aufzeichnungsverfahrens. Die gerätetechnische Basis dafür wurde von dem niederländischen Philips-Konzern, der mit seinem Polydor-Unternehmen in die PolyGram-Gruppe integriert ist, gemeinsam mit Sony in Japan entwickelt. Damit befand sich das Gesamtsystem in einer Hand, und da es nicht kompatibel ist, weder Platten noch Abspielgeräte der herkömmlichen Art verwendbar sind, bedeutete das eine totale Produktkontrolle, so lange jedenfalls, bis die Konkurrenz nachzog. David Wooley, Toningenieur der Londoner Videofirma Trilion Video, hat in diesem Zusammenhang darauf hingewiesen, daß es längst nicht mehr die Hörer sind, von denen der Druck nach weiterer Verbesserung der technischen Qualität der Musikproduktion ausgeht:

> „Der Druck, die Qualität zu verbessern, kommt im allgemeinen eher von der Industrie als vom Endkonsumenten.“[18]

Nicht zuletzt führt die Verbindung von Musik- und Elektronikindustrie zu einer enormen Potenzierung der Kapitalkraft für das außerordentlich risikoreiche Musikgeschäft, in dem hohe Gewinne nur dann zu erzielen sind, wenn auch hohe Verluste verkraftet werden können.
Der Struktur von Thorn-EMI mit einem Produktionsprofil, das den gesamten Kommunikations- und Mediensektor sowohl im Technologie- wie im Anwendungsbereich umfaßt, ist die der anderen vier Großen des Musikgeschäfts in jeder Hinsicht analog. Ihre Aktivitäten im Musikbereich sind nur ein Nebenzweig des Gesamtunternehmens und ordnen sich dessen Strategie unter. Das hat nicht nur optimale Voraussetzungen für maximale Gewinne geschaffen, sondern es ermöglichte vor allem ein Vorgehen im Medienverbund, das Musik, Film, Fernsehen, Video, sportliche und kulturelle Freizeitaktivitäten, Unterhaltung im weitesten Sinne als Zusammenhang begreift und in dieser Form kontrollierbar macht. Die Entwicklung des Musikvideos ist nur ein besonders prägnantes Beispiel dafür. Doch der damit verbundene Grad der Konzentration und Zentralisation bringt auch einen entscheidenden Nachteil mit sich, der in der ersten Hälfte der siebziger Jahre sehr deutlich geworden ist.
Der Erfolg der Beatles und der britischen Beatmusik wurde von der Industrie zunächst als eine reine Angelegenheit von Quantität betrachtet und entsprechend behandelt. Immerhin standen allein den 230 Songs der Beatles in den Jahren 1962 bis 1967 – wie Larry Shore errechnete[19] – über 200 Millionen verkaufter Schallplatten von ihnen gegenüber. Daß sich mit dieser Musik entscheidende qualitative Veränderungen vollzogen, die ein bloßes Überschwemmen

des Marktes mit Schallplatten als Verkaufskonzept unmöglich machten, bemerkten die Großen des Musikgeschäfts erst, als sie mit dieser Strategie empfindliche Reinfälle erlebten und neben sich eine Reihe kleinerer und mittlerer Firmen wachsen sahen, die wie Atlantic, Island, Polydor, Bell oder Charisma sehr erfolgreich mit Rockmusik arbeiteten. Die Reaktion darauf war eine Fusionierungswelle, aus der die fünf transnationalen Medienkonzerne in ihrem heutigen Profil hervorgingen. Steve Chapple und Reebee Garofalo haben das mit folgenden Worten beschrieben:

> „In den mittleren und späten sechziger Jahren kaufte eine große Anzahl von Firmen der Musikindustrie andere auf oder fusionierte mit ihnen. Dabei handelte es sich zum Teil um Musikfirmen, aber es geschah auch, daß große Konzerne, die nichts mit Musik zu tun hatten, Schallplattenfirmen kauften. Manche der Fusionierungen erfolgten als Reaktion auf die neue Rockmusik oder, um es anders zu sagen, waren Reaktionen auf den nicht abbrechenden Erfolg der Unabhängigen. Aber die Fusionierungen in der Musikindustrie waren auch ein ‚folgerichtiger' Prozeß der Zentralisierung, in dem sich die erfolgreichen Firmen zusammenschlossen, um Kosten zu sparen, Preise und Markt effektiver kontrollieren zu können und um schließlich Firmen zu verbinden, die sich auf jeweils verschiedene Musikrichtungen spezialisiert hatten, um größere Investitionen zu ermöglichen und einen einfacheren zentralen Vertrieb."[20]

Das Verschwinden der kleineren und mittleren Firmen bis etwa 1970 riß eine empfindliche Lücke, die sich auch sofort bemerkbar machte. Unternehmen der entstandenen Größenordnung vermögen aus vorhandenem Material zwar maximale Gewinne zu ziehen, ihre zentralisierte Organisation ist mit den darin eingebundenen finanziellen und bürokratischen Apparaten jedoch viel zu groß und schwerfällig, um noch die notwendige Vorfeldarbeit und den Aufbau von Talenten betreiben zu können. R. Serge Denisoff hat es am Beispiel von CBS Records so formuliert:

> „CBS Records … muß eine enorme Produktmenge produzieren, nur um seine verschiedenen Büros, Agenturen und Abteilungen beschäftigt zu halten. Von jeden zehn herausgebrachten Platten verkaufen sich nur zwei oder drei. Folglich müssen diese großen Firmen außerordentlich hohe Auflagen herausbringen, damit sie ihre großen Apparate erhalten können."[21]

Die einzig angemessene Ebene dafür ist der internationale Markt, Musik, die sich weltweit verkauft. Doch Rockmusik entsteht nicht auf den in den Büros der Medienkonzerne abgesteckten Märkten, sondern in lokalen und subkulturellen Zusammenhängen, eben genau der Ebene, von der sich die Musikindustrie in der zweiten Hälfte der sechziger Jahre um ihrer Zentralisierung willen Schritt für Schritt abgenabelt hatte. Das entstandene Vakuum führte daraufhin zur Erstarrung des Rock in den Superlativen des Musikgeschäfts. Pink Floyd, Emerson, Lake & Palmer, Yes, Genesis, Gentle Giant, Kansas begannen sich einer Gigantomanie der Apparate zu verschreiben, die mit kraftwerksähnlichen Bühnenaufbauten und einem technisch lupenreinen Sound zum Rahmen wurde, in dem die Musiker einen realitätsfernen Mystizismus zelebrierten. Ein „Kunstbetrieb" mit Rockopern, -oratorien, -messen, -sinfonien, -suiten und -konzerten tat sich auf, der mit immer höherem Aufwand organisiert wurde und damit die weniger zahlungskräftigen Jugendlichen aus der Arbeiterklasse allmählich aus der Rockmusik herausdrängte. Wo der soziale Bezug verlorenging, wurde eine veräußerlichte Sensationshascherei zur mehr als fragwürdigen Brücke zum Publikum. Horror- und Transvestitenshows, pornographischer Exhibitionismus und skurrile Perversionen füllten die Leere. Das Musizieren verkam zur Akrobatik eines formalen Hochleistungsperfektionismus. Rockmusik wurde mit allen möglichen Musikkonzepten zu synthetisieren versucht – Jazz, Country, Folk, Klassik, lateinamerikanische Musik –, um in ihre Entwicklung wieder eine Richtung hineinzubringen, die kommerzielle Perspektiven hatte. Erst die Revolte des Punk hat ab 1976 dann schließlich die zentralisierten Strukturen des Musikgeschäfts nach und nach aufgebrochen und neben den großen Medienkonzernen erneut Hunderte von Klein-

und Minifirmen entstehen lassen, die sich um die lokale Basisarbeit kümmern. Die Industrie zog ihre Lehren aus dem Debakel der ersten Hälfte der siebziger Jahre und ließ seitdem einen schmalen, aber lebensfähigen Sektor des Musikmarktes unangetastet, auf dem kleinere und mittlere Firmen, ohne ihre Selbständigkeit zu verlieren, ein Operationsfeld zur Entwicklung von Talenten finden. Da ihnen die Kapitalkraft für lukrative Langzeitverträge fehlt, können die Großen jederzeit einsteigen, sobald sich irgendwo „kommerzielles Potential" abzuzeichnen beginnt. Richard Lyttleton, Internationaler Manager von EMI, sieht das so:

> „Was die Unabhängigen können, oft besser als wir, das ist das Aufbauen von hervorragend vermarktbarem Material. Ich glaube, die Welt hat Raum für uns beide. Doch wie die letzten fünf Jahre gezeigt haben, so werden sie nicht in der Lage sein, eine vollständige Unabhängigkeit zu erlangen. Wir werden das Entstehen von kreativen Satellitenfirmen erleben, die ihre künstlerische Integrität bewahren, aber die großen Firmen zum Vertrieb nutzen. Ich glaube nicht, daß jemand Schallplatten aus dem Nichts heraus vertreiben kann, auf einer weltweiten Basis und effektiver als die Multinationalen. Wir machen das schon über eine lange, lange Zeit und haben große Netzwerke dafür aufgebaut."[22]

Tatsächlich ist nicht die Herstellung, sondern der Vertrieb von Schallplatten das eigentliche Problem des Musikgeschäfts, weil Werbung erfordernd, verwaltungstechnisch sehr aufwendig, mithin teuer und vom Zugang zum Einzelhandel abhängig. Trotzdem sind die als „Unabhängige" oder *Independents* bezeichneten Kleinfirmen, die ihre Produkte dennoch über darauf spezialisierte Geschäfte selbst vertreiben, wenn auch selten in höheren Auflagen als um die ein- bis zweitausend Stück, für die transnationalen Medienkonzerne lebenswichtig geworden. Goeff Davies von Probe Records, einem in Liverpool ansässigen Independent Label, das zu den aktivsten Pilotfirmen dieser Art in Großbritannien gehört, erklärt diesen Zusammenhang so:

> „Die Großen benutzen die Unabhängigen als Testfeld. Wir liefern ihnen eine Art Demo-Produktion, deren Kosten wir auch noch tragen; probieren aus, was geht. Wir suchen für sie die Bands, die sie – wenn sie sich verkaufen – dann nur noch zu vermarkten brauchen."[23]

Somit besteht das Rockgeschäft aus zwei sehr unterschiedlichen Sektoren, die jedoch eine funktionale Einheit bilden; der hochzentralisierte Bereich der transnationalen Medienkonzerne auf der einen Seite, die dezentralisierte Struktur der „Unabhängigen" – nicht nur Plattenfirmen, sondern auch Kleinagenturen und lokale Veranstalter – auf der anderen. Was sie unterscheidet, sind die Kriterien, nach denen sie jeweils arbeiten, nicht aber das Ziel, nämlich Schallplatten beziehungsweise Eintrittskarten zu verkaufen. Für die einen ist das Rockgeschäft Bestandteil einer riesigen kommerziellen Organisation und nur nach Umsatzbilanzen, Gewinnkalkulationen und Profitraten interessant; für die anderen ist es in erster Linie eine Arbeit in und mit der Musik – doch zum Musik-Geschäft wird es erst im Zusammenwirken beider. Das Ergebnis ist ein Kreislauf, den George Melly sehr anschaulich beschrieben hat:

> „Ein lokaler Enthusiasmus für irgendeine Form von Musik kristallisiert sich allmählich um eine bestimmte Gruppe oder einen Musiker. Zu diesem Zeitpunkt erfaßt nahezu zwangsläufig ein Unternehmer – manchmal ein lokaler Enthusiast mit einem Blick für seine Chance, manchmal ein Außenseiter, der nur durch einen Glücksumstand darauf gestoßen ist – das kommerzielle Potential der Gruppe und nimmt sie unter Vertrag … Wenn er erfolgreich ist, dann wird sein ‚Eigentum' national oder international bekannt. Im Kielwasser dessen schwimmen andere Gruppen und Musiker mit, die in der Regel aus dem gleichen lokalen oder musikalischen Umfeld kommen, vielleicht auch nur rechtzeitig mitbekommen haben, daß ein bestimmter Sound oder ein bestimmtes Image kommerziell geworden ist. Sie alle versuchen sich nun am riesigen Plankton der Popularität zu mästen. Dann stirbt das Interesse, die Hysterie, unvermeidlich ab, bis sich das gleiche nach einer unterschiedlich langen Zeitspanne wiederholt."[24]

An dieser Stelle ist nun allerdings eine entscheidende Differenzierung notwendig, um die durch die Musikindustrie bewegten kulturellen und ideologischen Mechanismen in den Blick zu bekommen. Das Produkt dieser Industrie ist im strengen ökonomischen Sinne nämlich nicht etwa Musik, wie das den Anschein hat, sondern ihr Produkt sind Schallplatten. Eine solche Unterscheidung mag sich als bloße Spitzfindigkeit ausnehmen, da die Schallplatte als Trägermaterial natürlich nur in der Kombination mit Musik zu verkaufen ist, sie hat aber eine entscheidende Bedeutung. Nur so sind die Mechanismen dieser Industrie verständlich zu machen, und nur so wird deutlich, daß der kreative Prozeß selbst, das Musizieren wie der Umgang mit Musik, ihrem direkten Zugriff entzogen bleibt. Das ist ein Vorgang zwischen den Musikern und ihren Fans. Die Kreativität des Musikers und der ihn sekundierenden Techniker ist durch die Industrie weder zu kontrollieren noch durch Werbung und Promotion zu ersetzen. Die „Produktionsabteilungen" der Plattenfirmen verstehen sich deshalb auch keineswegs als Musikproduzenten, sondern ihre Aufgabe ist die Herstellung von Schallplatten, die sich optimal verkaufen, wofür sie unter anderem auch die Dienstleistung von Musikern, Technikern und Produzenten in Anspruch nehmen. Sie bestehen mitnichten etwa aus Studios und künstlerischem Personal, sondern es sind das bürokratische Apparate mit Repertoireverantwortlichen – A&R- (Artist & Repertoire-) Managern, die die Entwicklung von Schallplatten als kommerzielles Produkt organisieren und verwalten. Das ist eher eine vertragsrechtliche denn eine künstlerische Angelegenheit, obwohl es natürlich eine genaue Kenntnis des Musikmarktes und die Fähigkeit zur Selektion voraussetzt. Sofern die Plattenfirmen überhaupt über eigene Studiokapazität verfügen, wird diese an Musiker und Produzenten vermietet.

Die Konfusion in dieser Frage entsteht daraus, daß sich hinter dem Produktionsbegriff hier zwei der Sache nach sehr unterschiedliche Produktionsvorgänge verbergen – die Herstellung von Musik und die Herstellung von Schallplatten. Sie sind ökonomisch strikt getrennt, obwohl ihre Produkte – Musik einerseits, Schallplatte andererseits – als eine Einheit in Erscheinung treten, deren Trennung völlig

unlogisch zu sein scheint. Doch durch die Musikindustrie ist im Verlauf ihrer Entwicklung diese Trennung systematisch vorangetrieben worden, indem sie den unkalkulierbaren kreativen Prozeß aus ihrer ökonomischen Verantwortung herausgedrängt hat, um sich dafür um so intensiver auf ihr ureigenstes Produkt, die Schallplatte, zu konzentrieren. Das schließt nicht aus, daß A&R-Verantwortliche wie etwa George Martin, der bei der EMI bis 1970 als Label-Manager für das EMI-Label Parlophone angestellt war, gleichzeitig auch als Musikproduzenten im Studio tätig sind; Martin, wie bekannt, hauptsächlich für die Beatles. Entscheidend ist die ökonomische Trennung, nach der die Musiker oder ein unabhängiger Produzent die Kosten der Musikproduktion tragen, und sei es mit einem Vorschuß auf den späteren Verkaufserlös der Platte, während die Plattenfirmen das fertige Masterband gegen eine prozentuale Beteiligung von fünf bis sieben Prozent an ihrem Gewinn bloß übernehmen.
Dahinter steht die instinktive Einsicht, daß der Weg zur Profitmaximierung nicht über eine „Erhöhung" der Kreativität des Musikers führen kann, sondern nur über die Mechanismen seiner Vermarktung. Richard Lyttleton von EMI hat das so formuliert:

> „Es ist außerordentlich schwierig, eine Industrie zu rationalisieren, die im Grunde genommen irrational ist."[25]

Tatsächlich ist es unmöglich, den kreativen Prozeß manipulieren zu wollen und auf irgendeine Weise Hits zu programmieren. *British Phonographic Institute*, ein Marktforschungsunternehmen des britischen Plattenfirmenverbandes, ermittelte für 1977 beispielsweise, daß sich nur eine von neun Singles und sogar nur eine von sechzehn LPs, das sind elf beziehungsweise sechs Prozent der herausgebrachten Platten, mit Gewinn verkaufen ließen – und das, obwohl es beim damaligen Stand im Durchschnitt nicht mehr als 23000 verkaufter Platten zur Kostendeckung bedurfte, von einem Hit erst bei Verkaufszahlen von um die fünf Millionen die Rede war.[26] Simon Frith hat einmal geschätzt, daß lediglich sieben Prozent aller veröffentlichten Platten die ökonomische Grundlage der Musikindustrie bilden,[27] weil sie so hohe Gewinne bringen, daß sie nicht nur die

Verluste ausgleichen, sondern unterm Strich dann trotzdem noch für überdurchschnittlich hohe Profitraten sorgen. Das einzige Problem daran – es ist absolut nicht vorhersehbar, welche Produktionen zu diesen sieben Prozent gehören werden. Zwar läßt sich durch den Ausbau eines erfolgreich verkauften Titels zum Trend die Verlustquote reduzieren, aber die notwendigen Gewinne sind mit Kopien von vorangegangenen Hit-Schallplatten nicht zu erzielen. Die einzige Möglichkeit, diesem außerordentlich hohen Verkaufsrisiko beizukommen, besteht mithin in einer gewaltigen Überproduktion von Schallplatten bei gleichzeitiger Ausweitung des kommerziellen Operationsfeldes, um die dabei zwangsläufig in Kauf zu nehmenden Verluste im Falle eines Erfolges mit entsprechend hohen Verkaufszahlen wieder kompensieren zu können. Im Prinzip ist die zugrunde liegende Rechnung sehr einfach: Die Wahrscheinlichkeit hoher Gewinne steigt mit der Zahl der herausgebrachten Neuerscheinungen, was immer das ist, denn um so größer wird damit, statistisch gesehen, der Anteil an jener Quote der Jahresproduktion, die sich gewinnbringend verkaufen läßt. Mit anderen Worten, der Wettbewerb zwischen den Plattenfirmen ist ein quantitativer und nur dem Anschein nach ein solcher um die Qualität der Musik. Es geht ausschließlich um Marktanteile – je höher der Marktanteil, desto höher der Anteil an den jährlichen Hits.
Aus dieser Perspektive scheint die unablässig wiederholte Behauptung der Industrie, mit der Qualität der Musik habe sie nichts zu tun, sie liefere den Leuten nur, was diese wollen, tatsächlich nicht ohne Grundlage zu sein. Wenn sie trotzdem falsch ist, dann deshalb, weil das Zahlenspiel von Hitlisten, Umsatzbilanzen, Produktionsziffern und Auflagenhöhen einen entscheidenden Punkt verbirgt, an dem diese rein quantitativen Kriterien hinter dem Rücken der Beteiligten dann doch in qualitative umschlagen, die den Gesamtprozeß im Interesse der Industrie steuern.
Vorausgesetzt, die A&R-Manager wüßten wirklich, „was die Leute wollen", die Verlustquoten der Plattenfirmen wären wesentlich geringer und ihre Gewinne noch um ein Vielfaches höher. Sie wissen es eben nicht. Trotzdem müssen sie entscheiden, mit welcher Musik sie ihr Produkt, die Schallplatte, optimal verbinden; und ihre Entscheidung ist bei

weitem kein bloßer Willkürakt. Simon Frith hat 1978 die Zahl der in Großbritannien existierenden Rockbands mit etwa 50000 angegeben, von denen weniger als 1000 die Chance hatten, jemals zu einem Plattenvertrag zu kommen.[28] Nach welchen Kriterien also erfolgt die Auswahl? Peter Jamieson, Managing Director der EMI, beantwortete diese Frage so:

> „Die Kunst in unserem Geschäft besteht darin, herauszufinden, was die Leute kaufen wollen. Der Käufer entscheidet, und wir versuchen nur, seinen Entscheidungen gerecht zu werden."[29]

Das ist zweifellos aufrichtig formuliert und klingt auch logisch, denn wie sollte man den Leuten verkaufen, was diese nicht wollen, ist aber dennoch nur der äußere Schein ganz anderer Zusammenhänge. Entschieden wird nämlich danach, was vermarktbar ist, und nicht danach, „was die Leute wollen". Das scheint zwar, oberflächlich betrachtet, dasselbe zu sein, meint aber trotzdem zwei sehr verschiedene Dinge. Das Ziel des Vermarktungsprozesses besteht im Verkauf von möglichst vielen der schwarzen Scheiben, was immer darauf enthalten sein mag. Für die Industrie rechnet sich das nach Stückzahlen und nicht in musikalischen Kategorien. Die Vermarktung von Schallplatten ist ein Prozeß, der ausschließlich den Produktkriterien der Plattenfirmen folgt. Nun ist die Schallplatte aber nur nach den ökonomischen Kriterien der Industrie ein selbständiges Produkt, in Wirklichkeit ja allein in Verbindung mit Musik existenzfähig. Das hat zur Folge, daß der Vermarktungsprozeß der Schallplatte zwangsläufig im Musikprozeß gespiegelt wird, wobei dieser, wie jeder Spiegel, ein genau seitenverkehrtes Bild liefert. Das scheint etwas verwirrend, löst sich aber doch ganz einfach auf, wird das, was da „Vermarktung" heißt, einmal etwas genauer betrachtet, statt es mit solchen Begriffen immer nur zuzudecken.
Ausgangspunkt der Vermarktung eines jeden Produkts ist die Definition seines Marktes, denn einen „Markt" gibt es als Sachverhalt ebenfalls nur in ökonomischen Kategorien. *Marketing* heißt das in der Sprache des Kapitals. Welche Bedürfnisse eine marktfähige Nachfrage darstellen und somit

einen „Markt“ bilden, definiert und entscheidet die Industrie nach ihren Kriterien, sprich: Profitinteressen. „Was die Leute wollen“ ist für sie nur dann von Interesse, wenn sich das mit Zahlungsfähigkeit und dem möglichst häufigen Kauf ihres Produktes verbindet. Zum Beispiel hat um 1980 die in der zweiten Hälfte der siebziger Jahre sprunghaft gestiegene Jugendarbeitslosigkeit vor allem unter der Arbeiterjugend zu einer deutlichen Marktverschiebung von diesen weg in Richtung auf die Jugendlichen aus den kleinbürgerlichen Mittelschichten geführt. Mit sinkender Zahlungsfähigkeit und Kaufbereitschaft als Folge wachsender Arbeitslosigkeit verloren die Musikbedürfnisse der Arbeiterjugend ihre Marktfähigkeit, obwohl diese soziale Gruppe der Jugend rein quantitativ betrachtet eigentlich weit mehr potentielle Plattenkäufer stellt. Das hatte weitreichende Folgen, denn die Musikbedürfnisse der Jugendlichen aus den kleinbürgerlichen Mittelschichten sind nicht nur anders strukturiert, sondern hier spielt das Fernsehen eine dominante Rolle im Umgang mit Musik. Die Entwicklung des Musikvideos war die unmittelbare Konsequenz daraus.

Nicht die Jugendlichen entscheiden also darüber, welche Musik auf Platten gepreßt wird, sondern es ist die Industrie, die danach entscheidet, mit welcher Musik sich Schallplatten verkaufen lassen, wobei sie zuvor die Musikbedürfnisse daraufhin untersucht und klassifiziert hat, ob sie nach ihren Kriterien eine zahlungsfähige Nachfrage für den Verkauf von Schallplatten darstellen. Bezieht man diesen Vorgang lediglich auf die Musik, dann erscheint er darin genau umgekehrt, nämlich so, als wären die Schallplatten deshalb verkauft worden, weil die Jugendlichen diese und keine andere Musik wollten. John Beerling, Programme Controller der BBC, erklärte dazu einmal:

> „Es ist bekannt, wie die Dinge heutzutage vermarktet werden. Man bringt einen Import herein, hält ihn eine Weile zurück und verkauft dann genug davon, um ihn in die Charts zu bekommen. Das muß nicht immer bedeuten, daß es universell populär ist.“[30]

Über die real vorhandenen Bedürfnisstrukturen und die in sie eingebundene Musik ist noch eine zweite Ebene aus den Bedürfnissen gelegt, die die Marketing-Experten der Industrie als ihren Markt definieren und die eine ganz andere Struktur aufweist. In den Massenmedien erhält sie Realität, wird regelrecht real gemacht. Je nachdem, auf welcher Ebene die Musikentwicklung betrachtet wird, ergibt sich ein unterschiedliches Bild von ihr. Auf der einen Ebene erscheint sie eingebettet in kulturelle und subkulturelle Gebrauchszusammenhänge, in denen sie sich als vielschichtiges Nebeneinander einer sehr differenzierten Vielfalt von Spielweisen und Stilkonzepten vollzieht. Hier sind die Schallplatte und die Massenmedien nur ein Mittel des Musikgebrauchs, dessen quantitative Dimensionen dabei irrelevant sind. Die jugendlichen Rockfans fragen ja nicht nach der Zahl der Plattenverkäufe, bevor sie sich für eine Gruppe begeistern. Auf der anderen Ebene dagegen ist die Musik nur das Mittel zum Zweck des Verkaufs von Schallplatten; und hier erscheint ihre Entwicklung als eine nach quantitativen Kriterien organisierte lineare Abfolge einheitlicher Trends, die in „Wellenform" einander ablösen. So kommt es, daß das, was im Rundfunk, Fernsehen und mit hohen Plattenverkäufen die Rockmusik repräsentiert, etwas ganz anderes ist, als das, was „vor Ort" ihre Entwicklung tatsächlich ausmacht. Bezogen auf jene erste Ebene hat Richard Middleton zweifellos recht, wenn er schreibt:

> „Es sollte mittlerweile allgemein bekannt sein, daß die Kommerzleute nichts hervorbringen, sondern nur abkassieren. Sie intensivieren und fixieren unseren Geschmack, beschleunigen einen Trend; ihn zu starten, sind sie jedoch nicht imstande. Sie sind keine Führer, sondern Parasiten."[31]

Auch wenn dem nicht zu widersprechen ist, bringen sie mit ihren Marketingstrategien eben trotzdem jene zweite Ebene hervor, die als ein quantitatives Raster über die realen Entwicklungsprozesse des Rock gelegt ist, von den Massenmedien gespiegelt und zugleich verstärkt wird. Hier beginnt die Musik nach kommerziellen Kriterien ein Eigenleben zu führen, verselbständigt sich zum Trend. Da nun aber beide Ebenen nicht unabhängig voneinander sind, kommt es zu Interferenzerscheinungen, ganz analog jenem schwingungsphysikalischen Vorgang, der bei phasenverschobener Überlagerung zweier Sinusschwingungen zur Auslöschung oder Verstärkung ihrer Amplituden führt. Musik, die auf beiden Ebenen funktioniert, erhält durch die Medien ein größeres Gewicht, wird in ihrem sozialen und künstlerischen Stellenwert zwangsläufig potenziert. Alan Durant hat das mit Bezug auf die Charts, die wöchentlich veröffentlichten Hitlisten, und den davon abgeleiteten Playlists der Rundfunkstationen mit folgenden Worten beschrieben:

> „Institutionen auf der Basis von Verkaufszahlen wie die Charts und die Playlists des Rundfunks haben den Effekt, daß selbst der Verkauf an eine sehr spezifische soziale Gruppierung Popularität, ‚allgemeine' Verbreitung und ein nationales Unterhaltungsrepertoire repräsentieren kann; einfach dadurch, daß er den Zugang zur Gewinnung von Sendezeit im ‚nationalen' Rundfunk herstellt."[32]

So nimmt der Gesamtprozeß schließlich einen Verlauf, der – wie leicht nachweisbar – zum Verkauf von immer mehr Schallplatten in immer kürzerer Zeit führt. Während in den fünfziger Jahren hinter einem Hit noch etwa eine Million verkaufter Schallplatten pro Jahr standen, waren es in den siebziger Jahren schon um die fünf Millionen, wogegen sich Michael Jacksons „Thriller"[33] 1983/84 in nur 18 Monaten über 32 Millionen Mal verkaufte.[34]
Marketing ist jedoch nur eine Seite des Vermarktungsprozesses. Die andere, noch viel wesentlichere ist *Promotion*, die Produktpräsentation durch Werbung und Imagebildung in den Massenmedien Rundfunk, Fernsehen und Presse. Harry Ager, Vizepräsident für den Marketingbereich bei PolyGram, hat dazu einmal erklärt:

> „Wenn Werfen 70 Prozent vom Baseball ist, dann ist Promotion 70 Prozent des Plattengeschäfts."[35]

Die gewaltige Überproduktion von Schallplatten hat seit langem schon zu einer Situation geführt, die es den Plattenkäufern völlig unmöglich macht, aus wirklich allen neu erscheinenden Schallplatten ihre Auswahl zu treffen. Wenn in England und den USA zusammengenommen pro Jahr etwa einhunderttausend Songs auf Platte erscheinen, dann reicht selbst ein tägliches Hörmarathon von ununterbrochen zwölf Stunden Musik nicht mehr aus, um innerhalb der 365 Tage eines Jahres diese widersinnige Menge an Musik wenigstens durchzuhören. Paul Hirsch hat errechnet, daß in den USA lediglich noch 23,7 Prozent der herausgebrachten Singles mehr als einmal im Radio gespielt werden, 61,6 Prozent dagegen überhaupt nicht, was bei der Bedeutung des Rundfunks im kapitalistischen Musikgeschäft einem Plattenverkauf nahe Null gleichkommt.[36] Somit hängt für die Firmen alles davon ab, möglichst viele der von ihnen herausgebrachten Platten ins Bewußtsein und die Reichweite der potentiellen Käufer zu bringen. Nur eine große Zahl von Neuerscheinungen auf den Markt zu schütten, reicht nicht aus, um den eigenen prozentualen Anteil an den jährlichen Hits zu optimieren. Walter R. Yetnikoff, Präsident der CBS Recording Group, hat das so formuliert:

> „Die Dinge haben sich entscheidend verändert seit der Zeit, als die Philosophie noch darin bestand, eine Menge von Produkten an die Wand zu werfen und dann zu sehen, was hängenbleibt. Heute ist das zu teuer. Jedes Album, das jetzt herausgeht, hat einen vollständigen Vermarktungsplan – mit allen Details der Werbung, von Pressevorführungen, Rabatten für den Handel, bis zum persönlichen Erscheinungsbild des Künstlers, mit Verkaufszielen sowie nationalen und regionalen Untergliederungen."[37]

Dafür werden mittlerweile immense Summen ausgegeben, wie Roy Carr am Beispiel von WEA International, der Auslandsvertretung von Warner Communications, recherchiert hat:

> „Die WEA, um nur eine der großen Firmen zu zitieren, hält eine Investition von mindestens 250 000 Dollar für notwendig, um einem Neuling eine faire Startchance zu geben, während sogar ein Superseller wie Spirits Having Flown der Bee Gees noch immer 1 Mio. Dollar benötigt, um maximale Verkaufszahlen zu realisieren ..."[38]

Die Produktionskosten der Platten selbst übersteigt das um ein Vielfaches. Natürlich steht dahinter nicht etwa die naive Vorstellung, daß ein entsprechend hoher Werbeaufwand die Leute von der Notwendigkeit des Kaufs gerade dieser Platte schon überzeugen wird. Es geht dabei vielmehr um eine Konkurrenz auf der Ebene der Produktpräsentation, wobei mit wachsendem Aufwand sich die Zahl der Konkurrenten verringert und entsprechend der Marktanteil jedes einzelnen vergrößert. Es ist unmöglich, jemand zum Kauf einer Platte zu überreden oder ihn gar dazu zwingen zu wollen. Aber je deutlicher auf sie aufmerksam gemacht ist, um so geringer die Wahrscheinlichkeit, daß sie aus bloßer Unkenntnis nicht gekauft wird. So ist ein umfangreiches System der Produktpräsentation im Musikgeschäft entstanden, das im Medienverbund von Rundfunk, Fernsehen, Film, den Musikzeitschriften und Fanmagazinen, seit 1981 auch durch Video sowie Poster- und Plakatwerbung der Platte eine sekundäre, immaterielle Existenz gibt. Es wird ein Bild von ihr, ein Image, in das Bewußtsein ihrer potentiellen Käufer projiziert, das nebenher freilich weit mehr leistet, als nur die Konkurrenz aus ihrem Bewußtsein zu verdrängen. Auch die Musik ist darin integriert und wird nicht etwa um ihrer selbst willen im Rundfunk oder Fernsehen gesendet. Das Ziel ist, über die Medien um die Platte herum einen Kontext aufzubauen, der bei ihrem potentiellen Käufer die Vorstellung erzeugt, daß sie wichtig ist. Er wird sie allein deshalb nicht kaufen, aber so ist dafür gesorgt, daß nur noch diejenigen Neuerscheinungen aus der immensen Fülle des Angebots sein Bewußtsein erreichen, die mit großem Aufwand wichtig gemacht sind. Der Phantasie sind dabei weder moralische noch sonstige Grenzen gesetzt; der Zweck heiligt buchstäblich alle Mittel. Daß sich der Aufwand freilich lohnt und ein durchaus kalkulierbares Ergebnis hat, ist von Geoff Travis, Chef und Eigentümer von Rough Trade Records, einem profilierten unabhängigen New Wave-Label mittlerer kommerzieller Reichweite in London, mit folgender Angabe bestätigt worden:

> „Wenn es uns gelingt, eine Gruppe mit ihrer Produktion in die BBC-Fernsehsendung ‚Top Of the Pops' zu bekom-

men, dann steigen in den nachfolgenden zwei Wochen die Verkaufszahlen um eine Höhe von etwa fünfzigtausend Pfund."[39]

Da eine Schallplatte, wie Paul Hirsch ermittelt hat, für das Musikgeschäft nur eine durchschnittliche Lebensdauer von 60 bis 120 Tagen besitzt,[40] Verkäufe über längere Zeiträume Ausnahme sind, ist die Imagekonzeption primär auf die Persönlichkeit des Musikers beziehungsweise die kollektive „Persönlichkeit" der Band konzentriert, denn deren kommerzielle Lebensfähigkeit ist normalerweise um ein Vielfaches höher. Charlie Gillett hat darauf hingewiesen, daß es

> „... den meisten Plattenfirmen darauf ankommt, nicht bloß eine Platte, sondern einen Künstler, ein Image zu produzieren und zu verkaufen; denn auf lange Sicht ist es günstiger, einen Star mit gesicherten Verkäufen zu haben, als für eine Serie einzelner Platten arbeiten zu müssen."[41]

Hat die Band ein stabiles Image, dann überträgt es sich auf jede ihrer Platten, was die Kosten erheblich senkt. Konturenschärfer als ein Gruppenimage und damit in dieser Funktion noch effektiver ist allerdings dessen Bindung an einen einzelnen Musiker, in der Regel den Sänger der Band. Ein Starkult ohnegleichen ist die Folge, wobei die Kapitalkonzentration in der Musikindustrie diesem Faktor ein ständig wachsendes Gewicht gegeben hat. Die Konkurrenz wird mit immer höheren Summen aus dem Felde, sprich aus dem Bewußtsein der potentiellen Käufer, zu schlagen versucht.
Viel wichtiger als das dafür in Szene gesetzte Medienspektakel mit all seinen skurrilen Begleiterscheinungen sind allerdings die ideologischen Mechanismen, die dabei bewegt werden. Der gesamte Promotionapparat ist nämlich so konstruiert, daß er lediglich ein Bezugsfeld herstellt, das den Hörer als aktiven Mitwirkenden einbezieht und dabei auf sehr subtile Weise sein Bewußtsein prägt. Er selbst muß die ihm präsentierte Platte so wichtig finden, daß er ihre Existenz zur Kenntnis nimmt und sie möglicherweise sogar

kauft. Daß häufiges Abspiel der Platte im Rundfunk, Pressebesprechungen, Interviews mit den Musikern, Fernsehauftritte und das ganze Drumherum darauf schließen lassen, daß sie wichtig sein muß, ist seine eigene Schlußfolgerung. Dies wird ihm weder eingeredet noch direkt aufgedrängt, sondern die Regeln des Gesamtsystems basieren auf seiner freien, freiwilligen und aktiven Mitwirkung. Doch wird er gerade damit, ohne daß er sich dessen bewußt ist, in eine gesellschaftliche Rolle hineingestellt, in der er sich primär als Plattenkäufer und nicht – wie er selbst glaubt – als Musikrezipient verhält. Nicht die Musik ist es gewesen, die ihm eben diese eine statt der vielen namenlosen Platten wichtig gemacht hat, sondern das Bezugsfeld, in das sie durch das Musikgeschäft hineingestellt wurde. Erst danach setzt er sich als Musikrezipient mit ihr auseinander, kauft sie vielleicht sogar. Statt des ohnehin vergeblichen Versuchs, auf sein Verhalten direkten Einfluß nehmen zu wollen, es zu dirigieren und zu diktieren, arrangiert die Musikindustrie vielmehr mit großer Flexibilität die Dinge um ihn herum stets so, daß seine „freien" Entscheidungen immer zu ihrem Vorteil ausfallen. Sie kontrolliert nicht seine Entscheidungen, aber deren Resultate. Wie immer er sich verhält, es ist dafür gesorgt, daß das Ergebnis stets das gleiche bleibt – Profit. Dabei ist er in einen Zusammenhang eingebunden, der ihm das Bewußtsein gibt, die Musikindustrie realisiere seine Interessen und nicht er die Interessen der Industrie. Durch die Mechanismen des Musikgeschäfts wird ihm die gesellschaftliche Wirklichkeit auf eine Weise im Bewußtsein rekonstruiert, daß sie seinen Interessen zu entsprechen scheint. Gleichzeitig spiegeln ihm diese Mechanismen die gesellschaftlichen Verhältnisse aus einer Perspektive, die sie zum Ausdruck systemkonformer Verhaltensweisen machen. Jon Landau hat das am Beispiel des Starkults sehr anschaulich entwickelt:

> „Seine einzige Forderung an den Verstand ist, daß wir akzeptieren, was eine eklatante Lüge ist: der Gute gegen den Bösen, die unmöglichen Romanzen zwischen den Mächtigen und den Kleinen, die unausbleiblichen Triumphe von Fleiß, harter Arbeit und Beharrlichkeit über Ehrlosigkeit, Faulheit oder was auch immer. Natür-

lich sind diese Behauptungen nichts anderes als die Mythen und Lügen der Kultur. Und der Starkult, mit dessen Hilfe diese Lügen stellvertretend für uns gelebt werden, ist die größte aller Lügen. Denn dort lehrt man uns, sich mit den Übermenschen zu identifizieren, die diese Phantasiebilder vorspielen und sie dadurch glaubhaft, attraktiv, anspornend und erotisch machen. Man lehrt uns, daß die unwirkliche Existenz, die sie darstellen, möglich ist, aber daß wir selbst dazu nicht befähigt sind ..."[42]

Durch individuelle Leistung zu Reichtum und Ruhm – so lautet das unablässig wiederholte Credo des Stars, was aus den sozialen Klassenschranken individuelle Leistungsgrenzen macht.
Die Mechanismen des Rockgeschäfts sprechen mit einer Sprache, die jeder versteht, aber mit einer Stimme, die keiner hören und identifizieren kann. Sie haben kein identifizierbares Subjekt, und das macht ihre Wirkung so heimtükkisch. Sie geben der Musik, die mit ihnen in Berührung kommt, eine Bedeutung, die am Ende die Hörer als die ihre ansehen.

„Anarchy In the UK“

Die Rebellion des Punk

Es war am 6. November 1975 in der Londoner St. Martin's School of Art, als eine Band mit Namen Sex Pistols das erste Mal auf einer Bühne stand. An sich ist daran nichts Besonderes gewesen, denn die britischen Kunstschulen gehörten seit jeher zu den aufgeschlossensten Stätten des Live-Rock. Und der unterschied sich, zumindest in den Großstädten, immer schon erheblich von dem, was in den Massenmedien an Rockmusik gehandelt wurde. Während dort die *Supergroups* mit ihrem bombastischen Kunst- und Technik-Schwulst nach „Höherem“ strebten, erfreuten sich die Jugendlichen in den Clubs und Pubs der großstädtischen Arbeiterbezirke in wachsendem Maße wieder an den simplen Schemata der Urformen des Rock in der Rhythm & Blues-Tradition. Die Ursprünglichkeit und Spielfreude möglichst junger Bands war gefragt. Es ist deshalb nicht verwunderlich, daß sich auch die Kunstschulen als die intellektuellen Zentren der britischen Rockentwicklung diesem seit 1973 anhaltenden Trend öffneten und sich beim Entdecken noch unbekannter Gruppen gegenseitig den Rang abzulaufen suchten.

Trotzdem hatten die Ereignisse an jenem 6. November 1975 etwas Denkwürdiges. Die Veranstaltung drohte nämlich bereits nach wenigen Minuten zum kompletten Chaos zu werden. Statt der erwarteten Ursprünglichkeit und Spielfreude rockmusikalischen Basissounds kam ein wüster Lärm, vermischt mit drastischen Publikumsbeschimpfungen von der Bühne herunter, zu dem die kaum achtzehnjährigen Musiker, die bleichen Gesichter zur zynischen Maske erstarrt, eine sorgfältig in Szene gesetzte Dramaturgie aus Aggression und Gewalt ablaufen ließen. Der Dilettantismus dahinter wurde nicht etwa zu kaschieren versucht, sondern war herausfordernd ausgestellt. Das Ganze besaß in jeder Hinsicht die Attribute einer „Anti-Musik“. Konzipiert hatte es der Manager der Band, Malcolm McLaren, für den das die gründlich vorbereitete Umsetzung eines avantgardistischen Kunstprojekts darstellte. McLaren bekannte sich zur Kunstphilosophie der „Internationalen Situationisten“, ei-

nem (Anti-) Kunstkonzept, das in den fünfziger Jahren mit Bezug auf den Pariser Dadaismus in Frankreich entstanden war und in den sechziger Jahren, als McLaren selbst an eben der St. Martin's School of Art studierte, in den britischen Kunstschulen eine Renaissance erlebte. Doch die Studenten am Abend dieses 6. November 1975 sahen in dem Spektakel, das da vor ihnen ablief, wohl eher eine geschäftstüchtige Verhöhnung ihrer snobistischen Attitüde, möglichst jungen und unbekannten Bands ein Forum zu sein. Nach dem fünften „Song" fühlte sich der Social Secretary der Schule gezwungen, der Band den Strom abzuschalten. Die Sex Pistols hatten nicht einmal zehn Minuten auf der Bühne gestanden.
Ein knappes Jahr später, am 20. und 21. September 1976, fand im renommierten 100 Club auf der Londoner Oxford Street das erste britische Punk Rock Festival statt, eröffnet durch die Sex Pistols, unter Mitwirkung der Clash, von Siouxsie And The Banshees, den Damned und einer Reihe weiterer, später nicht so bekannt gewordener Gruppen. Bereits Stunden zuvor, mitten in der Hauptverkehrszeit auf dieser größten und elegantesten Geschäftsstraße der britischen Metropole, bildeten Hunderte von Jugendlichen in höchst seltsamer Maskerade eine mehrere Häuserblocks lange Schlange vor den Pforten des Clubs. Gekleidet im Modemüll vergangener Jahrzehnte, in Uniformteilen und Damenunterwäsche, in Fetzen geschnitten und mit Sicherheitsnadeln zusammengehalten, die Haare grün, rot oder violett gefärbt, mit Rasierklingen, Fahrrad- und Toilettenketten behangen, eisenbeschlagene Hundehalsbänder um den Hals, überdimensionale Sicherheitsnadeln durch die Wangen gezogen, die Gesichter grellbunt bemalt, Passanten anpöbelnd und eine Atmosphäre der Aggression verbreitend standen sie da, umlagert von den Fotografen der Boulevardpresse. Aus dem elitären Antikunst-Programm McLarens, der ansonsten gemeinsam mit der Modedesignerin Vivienne Westwood am weniger feinen Ende von Londons vornehmer Kings Road eine Boutique unter dem bezeichnenden Namen „Sex" betrieb, war eine nach und nach das ganze Land erfassende jugendliche Subkultur geworden, symbolisiert in einer Form von Rockmusik, deren aggressive Gewalt alles bis dahin Gehörte überbot. Was hier als

Musik galt, schien sich durch die kompromißlose Negation derjenigen ästhetischen Kriterien zu definieren, die die Rockmusik mittlerweile zu einem anerkannten Bestandteil des zeitgenössischen Kulturbetriebs gemacht hatten. Den bis ins letzte ausgefeilten Klanggebilden einer auf „Inhalt" bedachten Rock„kunst" war ein herausfordernder Dilettantismus entgegengestellt, der nur laut, aggressiv und chaotisch zu klingen brauchte, um bereits als Rock akzeptiert zu werden. Keine technischen Apparaturen mehr, die den Musikern inzwischen ebenso undurchschaubar wie ihren Fans geworden waren, keine Stars mehr, die mit verzerrtem Gesicht halsbrecherische Läufe von Gitarren oder Keyboards herunterfingerten, keine aus waberndem Bühnennebel mit dem Spotlight effektvoll hervorgeholten Sänger mehr, keine Großformen mehr, deren Bedeutsamkeit in ihrer Länge bestand, einfache, brutale Rhythmusmuster mit drei Gitarren und Schlagzeug, zu denen die Musiker in ausgesucht obszönem Straßenslang ihre Befindlichkeit herausschrien – das war der Inbegriff des neuen Musikkults. Der Rock hatte wieder das unnachahmliche Musik-Zum-Selbermachen-Flair der frühen sechziger Jahre, nur aggressiver, lauter, schriller, hektischer und voller Zynismus, ohne die naive Unschuld des „Love Me Do" der Beatles – dazu die handfeste Rempelei eines *Pogo* genannten „Tanz"stils, ein unbeschreibliches Ineinanderverknäulen, Schubsen, Drängeln, Schieben und Springen. Als einzige Botschaft hing über dem Ganzen der unablässig wiederholte Slogan: NO FUTURE.

Für die einen der unmittelbare musikalische Ausdruck des politischen Protests jugendlicher Arbeitsloser gegen eine Gesellschaft, die sie zu überflüssigen Außenseitern gemacht hatte; für die anderen eine besonders abgefeimte Finte des Kapitals zur Überwindung der rezessionsbedingten Flaute im Plattengeschäft, löste der Punk Rock vehemente Diskussionen über die soziale und politische Natur der Rockmusik aus. Noch einmal ging es darum, wie zuvor schon in den sechziger Jahren, ob die Rockmusik ihrem Wesen nach antikommerziell, antikapitalistisch und in ihrem politischen Inhalt progressiv ist oder doch nur eine auf die Bedürfnisse Jugendlicher zugeschnittene Unterhaltungsware zur Ableitung des sozialen Protestpotentials in die ungefährlichen und zudem noch profitablen Gefilde eines aufmüpfigen Musikkults darstellt. Schon 1976 schrieb Derek Jarman über „die Clique der Kings-Road-Modeanarchisten, die sich selbst Punk nennen":

> „Das Musikgeschäft hat mit ihnen konspiriert, um einen neuen Mythos der Arbeiterklasse zu schaffen, der die Dinge am Kochen hielt, als die Arbeitslosenschlangen länger wurden. Aber in Wirklichkeit sind die Anstifter des Punk die gleichen kleinbürgerlichen Kunststudenten, die einige Monate zuvor noch im David Bowie- und Bryan Ferry-Look herumliefen, die ein bißchen Kunstgeschichte gelesen haben, um die Typographie und die schlechten Manieren des Dadaismus zu adaptieren, und jetzt im Musikgeschäft eine künstlich hergestellte proletarische Straßenkultur inszenieren."[1]

Für Ulrich Hetscher dagegen war der Punk „die Manifestation und die Artikulation einer Auflehnung", der musikalisch formulierte Protest Jugendlicher:

> „Wie immer man die Punks mit ihrer (Selbst-) Destruktivität, ihrer Egozentrik, ihrem Sexismus etc. beurteilen mag ...: sie holten die Rockmusik aus den großen Konzertsälen mit teuren Eintrittspreisen und aus den hochtechnisierten Studios zurück in kleine Pubs und auf die Straßen. Ein Großteil der in der ersten Hälfte der siebziger Jahre produzierten Rockmusik war zu artifiziell, die Kluft zwischen den Musikern und den Interessen und Bedürfnissen des Publikums zu groß, als daß Jugendliche Rock als musikalischen Ausdruck ihres Protests, ihrer Unzufriedenheit auf ihr Banner hätten schreiben können."[2]

Tatsächlich sollte die Rebellion des Punk zu einem einzigartigen Lehrstück über den widersprüchlichen Zusammenhang der sozialen, kulturellen, ästhetischen und kommerziellen Faktoren werden, denen die Rockmusik ihre Existenz verdankt.

Auch der Punk Rock entstand als Musikkonzept nicht „auf der Straße", sondern er war – wie seine stets verdrängte

Vorgeschichte offenbart – das Produkt eines künstlerisch ambitionierten Veteranen der Studentenbewegung, Malcolm McLarens. Eigentlich ist der Anstoß zu dem Sex Pistols-Projekt sogar aus den USA gekommen. McLaren hatte dort zwischen 1974 und 1975 die New York Dolls gemanagt – eine Gruppe aus der dekadenten Transvestitenszene New Yorks – und war dabei mit den exzentrischen Antikunst-Experimenten der New Wave-Avantgarde des New Yorker Underground in Berührung gekommen. Anknüpfend an die Pop Art der frühen sechziger Jahre suchten Künstler der unterschiedlichsten Sparten hier eine Punk Art zu schaffen. Der Begriff – soviel wie Mist, Schund, Müll, auch Hure bedeutend – stand für das Programm. Das gemeinhin Wertlose, Banale und Triviale sollte zum Ausgangspunkt einer Kunstpraxis werden, die ihre Materialien aus den verdrängten Abfallprodukten des bürgerlichen Alltags bezieht, seien es die obszönen Triebphantasien der Pornographie, die geheimen Horrorbilder hinter der Normalität bürgerlicher Wohlanständigkeit, die kommerziellen Stereotype einer die letzten Winkel des Alltags durchdringenden Fernsehkultur oder einfach die aufgehäuften Müllberge einer fragwürdigen Zivilisation. Mit der möglichst schockierenden Präsentation des Wertlosen suchten die New Yorker Punk-Artisten ein Wertesystem in Frage zu stellen, dessen Kehrseite sie damit ausstellten. Der Kunst wieder eine relevante kulturelle Position im Alltag zu verschaffen, war der Anspruch dahinter. Die Szene rekrutierte sich aus Kunststudenten, Stipendiaten, Jungfilmern, Videokünstlern, Fotografen und Journalisten, mithin der intellektuellen Boheme des Künstlerviertels Greenwich Village. Das erste musikalische Zeugnis der neuen Avantgarde erschien 1974 mit der Single „Piss Factory"[3] von Patti Smith, einer Gedichte schreibenden und rezitierenden Journalistin, die dazu übergegangen war, den Vortrag ihrer sperrigen Verse mit rockähnlichen Klanggebilden untermalen zu lassen. Neben ihr waren es vor allem die Ramones, Blondie, Television und die frühen Talking Heads, die das Konzept der Punk Art in den Rock transformierten. Mit zunehmender Publizität wurde der ganzen Richtung in Analogie zur Nouvelle Vague des französischen Kinofilms das Etikett New Wave verpaßt. Später sollte daraus eine weitere Schublade zur Vermarktung des Rock werden, nachdem die in diesem Umfeld angesiedelten Musikproduktionen durch den spektakulären Erfolg des britischen Punk Rock auch in den USA marktfähig geworden waren. Allerdings blieb ein prinzipieller Unterschied zum Punk Rock in Großbritannien, den der Journalist Mat Snow im Rückblick später so resümierte:

> „Im Gegensatz zum britischen Punk war die amerikanische New Wave nie von einem Sinn für den Zeitgeist, für die Vorreiterrolle von Rockbands im Prozeß des sozialen Wandels getragen. Auch vermochte der kommerzielle Erfolg von Patti Smith, den Talking Heads und Blondie den Mainstream des Pop und die Plattenindustrie nicht in dem Maße zu beeinflussen, wie das durch den Punk in Großbritannien der Fall war. Vielfalt und künstlerische Freiheit blieben die einzigen Bezugspunkte für die New Wave, was schnell in die kommerzielle Weisheit der Großen des Musikgeschäfts eingemeindet war."[4]

Und ganz in diesem Sinne sind auch die Sex Pistols zunächst nichts anderes als ein Kunstprojekt gewesen, mit dem McLaren den Ansatz der New Yorker New Wave-Avantgarde in eine situationistische Performance Art umzusetzen und nach seinen Vorstellungen weiterzuentwickeln suchte. Im Vordergrund stand bei ihm dabei die Konzeption und Durchsetzung eines neuartigen Künstlertypus, den er in sich selbst verwirklicht sah. Er nämlich verstand das Management nicht bloß als kommerziellen Dienstleistungsbetrieb, sondern als eine Form von Kunstpraxis, die innerhalb einer Multi-Media-Organisation eine Art von Gesamtkunstwerk schafft. Für den Manager-Künstler sind die Medien die Instrumente, auf denen er spielt, was McLaren, wie sich zeigen sollte, tatsächlich meisterhaft beherrschte. Er eröffnete damit Perspektiven, die nach ihm vor allem Paul Morley und Trevor Horn mit Frankie Goes To Hollywood außerordentlich erfolgreich fortgesetzt haben. In einer so verstandenen Multi Media Art sind die Musiker selbst nur das Material der Kunstproduktion, wogegen das künstlerische Resultat in der Kreation eines umfassenden Medienimage besteht. McLaren hatte mit dem Punk Rock dann auch nichts weiter im Sinn, als sich die Sex Pistols

1978 nach einer chaotischen USA-Tournee wieder auflösten, sondern wandte sich statt dessen mehr oder weniger avancierten Videoprojekten zu. Die bei dieser Gelegenheit von seinem Management-Unternehmen *Glitterbest* herausgegebene Presseerklärung ist bezeichnend für die Art seines musikalischen Engagements:

> „Das Management hat die Schnauze voll, eine erfolgreiche Rock 'n' Roll-Band zu managen. Die Band hat die Schnauze voll, eine erfolgreiche Rock 'n' Roll-Band zu sein. Konzerthallen abzubrennen und Plattenfirmen zu zerstören ist kreativer als erfolgreich zu werden."[5]

Doch unabhängig von den Absichten der Initiatoren sollte das destruktive und ganz auf Anarchie abgestellte Konzept des Punk in Großbritannien eine Lawine auslösen, in deren Folge sowohl eine musikalische Gegenbewegung gegen die hochgradig monopolisierten Produktionsbedingungen des Rock als auch eine Subkultur jugendlicher Arbeitsloser entstand. Es fügte sich mit seiner systematischen Demontage kultureller Werte nahtlos in einen allgemeinen Prozeß des Werteverfalls, der mit der sich vertiefenden Krise des Kapitalismus bis dahin unter der Oberfläche geschwelt hatte und nun offen ausbrach.

Großbritannien ging in der zweiten Hälfte der siebziger Jahre einer deutlich schwärzeren Zukunft entgegen. Die Arbeitslosigkeit nahm drastische und vordem nicht gekannte Ausmaße an. Immer weniger Jugendliche hatten die Chance, nach Abschluß der Schule eine Lehrstelle oder einen Arbeitsplatz zu finden. 1974 erhielt schon nicht einmal mehr die Hälfte aller Schulabgänger eine vollständige Berufsausbildung. 1977 wurde allein die Zahl der beschäftigungslosen Jugendlichen unter 18 Jahren mit 29,6 Prozent bei den Mädchen und 28,6 Prozent bei den Jungen angegeben.[6] 18 Pfund Sterling Arbeitslosenunterstützung pro Woche und die gelegentliche Aussicht auf einen Kurzzeitjob brachten diese Jugendlichen nahe an die Grenze des amtlich festgestellten Existenzminimums. Zugleich führte die anhaltende Arbeitslosigkeit zur Asozialisierung immer größerer Teile vor allem der Arbeiterjugend, denn je länger die Beschäftigungslosigkeit anhielt, um so mehr schwanden die

Chancen, überhaupt je wieder in den Arbeitsprozeß eingegliedert zu werden. Die Inflationsrate lag beständig bei zehn Prozent und darüber. Lohnstreiks erschütterten das Land. 1976 brachen in dem Londoner Stadtteil Notting Hill die ersten schweren Rassenunruhen aus, bei denen sich die am schwersten betroffenen Jugendlichen aus den farbigen Einwandererfamilien – bei ihnen erreichte die Arbeitslosenquote einen Stand von 80 Prozent und mehr – eine tagelang währende, bürgerkriegsähnliche Schlacht mit berittenen Polizeieinheiten lieferten. Der mit der Einkommenslosigkeit immer größerer Teile der Bevölkerung verbundene Steuerausfall zerrüttete die kommunalen Verwaltungen und ihre Dienstleistungen, von der Müllabfuhr bis zum Straßenbau. Ganze Stadtviertel begannen die Zeichen des Zerfalls zu tragen. Zugleich wurden die Auswirkungen einer verfehlten Stadtsanierungspolitik in den sechziger Jahren spürbar. Die kostspieligen Wohnneubauten aus dieser Zeit waren nicht mehr zu unterhalten; Steinwüsten entstanden aus verfallender Neubausubstanz. Die Krise des Kapitalismus hatte ein Gesicht erhalten.

Während das Land aus den Fugen geriet, erstarrten seine politischen Strukturen im rechten Konservatismus, der sich 1979 mit der Wahl Margaret Thatchers zum Premierminister auch als Regierungspolitik behauptete. Ein politischer Konfrontationskurs setzte ein, der sich gegen Gewerkschaften, Friedensbewegung, Ausländer, den „moralischen Verfall" der Jugend, kurz: gegen alles richtete, was links von der äußersten Rechten stand und keine kapitalintensiven Interessen zu vertreten hatte. Der Nordirlandkrieg verschärfte sich, IRA-Bombenattentate schürten die Untergangsstimmung. Die Massenmedien, vor allem die Presse, verstärkten noch den latent vorhandenen Chauvinismus im öffentlichen Meinungsbild. Ihre Schlagzeilen hämmerten in immer größeren Lettern das Wort „Krise" ins öffentliche Bewußtsein. Der Ruf nach *Law and Order* zog durchs Land.

Vor diesem Hintergrund erschienen die Sex Pistols wie eine Verkörperung der allgemeinen Situation. Sie lieferten der Krise eine kulturelle Symbolik, die die Pathologie dieser Gesellschaft ins Monströse steigerte, gaben dem Verfall eine anschauliche und greifbare Form, indem sie ihn in

Chaos und Anarchie übersetzten. Ihre erste Single, „Anarchy In the UK“[7], ist symptomatisch dafür:

Right Now!
I'm an Anti-Christ
I am an Anarchist.
Don't know what I want but I know where to get it
I wanna destroy passers-by
Because I wanna be Anarchy
No dog's body!

Anarchy for the U.K.
It'd coming sometime, maybe.
Give the wrong time
Stop a traffic line
Your future dream is a shopping scheme,
'Cause I wanna be Anarchy in the city.

Not many ways to get what you want,
I use the best, I use the rest.
I use the N.M.E., I use Anarchy,
'Cause I wanna be Anarchy,
It's the only way to be.

Is it the M.P.L.A.?
Is it the U.D.A.?
Is it the I.R.A.?
I thought it was the U.K.
Or just another country,
Another council tenancy.

And I wanna be Anarchy
And I wanna be Anarchy
Know what I mean?
And I wanna be Anarchist
Get pissed
Destroy …

Dieses Credo der Anarchie wurde von Sex Pistols-Sänger Johnny Rotten in einem kaum artikulierten Schreien buchstäblich ausgekotzt. Ein aberwitziger Lärm aus dem monoton kreischenden Sound parallel geführter Gitarren und dem erbarmungslos gedroschenen Schlagzeug begleitete das Ganze. Unverhohlene Wut hämmerte die kurzgliedrigen Spielfloskeln einer minimalistischen Zwei-Akkorde-Ästhetik in die Köpfe der Hörer. Hier sprach die sinnliche Gewalt des Rock, kompromißlos wie nie zuvor und ohne Rücksicht auf die musikalischen Wertbegriffe der von den Medien gefeierten Rockelite. Die zunehmend elitäre Haltung von Gentle Giant, Yes, Pink Floyd, Roxy Music oder David Bowie, ihr morbider intellektueller und künstlerischer Anspruch hatte die Rockmusik mehr und mehr von den sozialen Realitäten des Alltags Jugendlicher entfernt. Obwohl das zunächst die Attraktivität dieser Gruppen und Musiker ausgemacht hatte, verloren sie damit doch recht schnell die Basis des Rockpublikums, um so mehr, als dessen reale Situation mittlerweile ganz andere Probleme in den Vordergrund rückte, als sie das intellektuelle Spiel mit den Ausdrucksformen des Rock wiedergab. Kein Wunder also, daß die Anarchie, die die Sex Pistols in der radikalen Umkehrung aller rockmusikalischen Wertvorstellungen demonstrierten, vor allem für die immer größer werdende Zahl von arbeitslosen Schulabgängern zur Identifikationsmöglichkeit wurde. Doch meinte das keineswegs etwa einen politisch artikulierten Protest gegen ihre Situation, sondern drückte eher eine gleichgültige Hoffnungslosigkeit aus, die sich aus dem Fehlen politischer Handlungsmöglichkeiten nach dem desillusionierenden großen Aufbruch mit der Studentenbewegung Ende der sechziger Jahre, der scheinbaren Aussichtslosigkeit politischer Aktionen ergab. Hierin bestand zweifellos Übereinstimmung zwischen den Initiatoren und der sich rasch vergrößernden jugendlichen Anhängerschaft des Punk. Sex Pistols-Sänger Johnny Rotten äußerte dazu:

> „Wir meinen musikalische Anarchie ... Politik ist einfach zu dumm. Alles Lügner da oben. Musikalische Anarchie heißt, alles langweilige, bürgerliche, organisierte Zeug wegzuschmeißen. Sobald der Kram zu organisiert wird – einfach abhauen.“[8]

Was sie dann ja auch getan haben, als sie sich 1978 auf dem kommerziellen Höhepunkt der Punk-Welle kurzerhand auflösten. Den arbeitslosen Jugendlichen in Großbritannien sind sie in erster Linie das Symbol eines gesellschaftlichen Zustands gewesen, der für sie ohnehin jede Normalität verloren hatte, so daß auch die „normalen" rockmusikalischen Kategorien dem nicht mehr angemessen waren. Auf eine unmittelbare musikalische Umsetzung ihrer Situation, dem wiedererkennbaren Abbild ihrer realen Lebensbedingungen oder gar deren Vermittlung in politische Formen kam es ihnen überhaupt nicht an. Insofern ist Simon Frith in jeder Beziehung zuzustimmen, wenn er die umstandslose Gleichsetzung des Punk Rock mit den sozialen Folgen der Jugendarbeitslosigkeit – wie sie etwa der von dem Soziologen Peter Marsh geprägte und vielzitierte Begriff des *dole queue rock* (Rock der Arbeitslosenschlangen) suggeriert[9] – in Frage stellt:

> „Die Vorstellung von einer Rockmusik der Arbeitslosenschlangen vor den Arbeitsämtern bedarf zumindest der Differenzierung. Für die übergroße Mehrheit der jugendlichen Arbeitslosen ist die Popmusik ein allgegenwärtiger Background sozialer Aktivitäten, ohne besondere ideologische Bedeutung. In dieser Hinsicht ist der Punk nur eine andere Form des Pop, nicht mehr. Er wird nicht als Ausdruck ihrer Lebensbedingungen gehört. Ihr Problem ist die Arbeit, der Punk dagegen ist bezogen auf die Freizeit."[10]

Die Beziehungen zwischen dem Punk Rock und den sozialen Folgen der Jugendarbeitslosigkeit liegen auf einer anderen Ebene.

Die um sich greifende Beschäftigungslosigkeit von Schulabgängern hat eine jugendliche Subkultur entstehen lassen, die der problematischen Erfahrung der Arbeitslosigkeit eine kulturelle Form gab. Punk Rock war darin integriert – als ein Element neben anderen und ohne deshalb diese Erfahrung, wie immer auch, unmittelbar „auszudrücken". Das ist insofern ein Novum gewesen, als alle vorangegangenen Subkulturen sich aus der Problematik der Klassenerfahrung Jugendlicher heraus entwickelt hatten. Arbeitslosigkeit je-

doch, insbesondere Dauerarbeitslosigkeit, schafft eine eigene soziale Realität, die die Einbindung in den übergreifenden Zusammenhang der Klasse in den Hintergrund drängt und schließlich bedeutungslos werden läßt. Die Erfahrung von Arbeitslosigkeit ist durch andere Faktoren strukturiert – soziale Isolation, Zerfall der Zeitstruktur, die das individuelle Leben reguliert, und Langeweile. Das übersieht keineswegs die mit dem Verlust des Einkommens verbundenen Formen einer neuen Armut in allen kapitalistischen Industrieländern. Doch wie an der Jugendarbeitslosigkeit ablesbar, die ja mitnichten nur Jugendliche aus den untersten sozialen Schichten betrifft und dann in ihren materiellen Härten durch das Elternhaus kompensiert werden kann, sind die genannten Faktoren diejenigen mit den folgenreichsten Auswirkungen, die auch durch finanzielle Besserungen nicht ausgeglichen werden können. Die um den Punk Rock entstandene Subkultur ist durch sie in entscheidendem Maße geprägt worden. Die bizarre Maskerade der Punk-Fans bezieht aus diesem Kontext ihren Sinn, als gegenständliche Form von kulturellen Zusammenhängen, in denen sich die Problematik der Arbeitslosigkeit vermittelte.
Subjektiv im Vordergrund stand dabei zweifellos die Langeweile, denn sie ist am unmittelbarsten erfahrbar. Überhaupt ist Langeweile ein nicht zu unterschätzendes Moment innerhalb der kulturellen Zusammenhänge, in denen der Umgang mit Rockmusik erfolgt. Peter Weigelt hat diesen schwer beschreibbaren Zustand sehr anschaulich in Worte gefaßt:

> „Langeweile ist, wenn nichts los ist, man aber doch das Gefühl hat, es müsse irgend etwas passieren. Andererseits kann sehr viel passieren, ohne daß man dadurch angeregt würde. Einmal ist die Außenwelt zu wenig reizvoll, als daß man sich für sie erwärmen könnte. Im anderen Fall wird eine erregend organisierte Umgebung durchaus als ungeeignet empfunden, die eigenen Bedürfnisse nach Veränderung der aktuellen Lebenssituation aufzunehmen …“[11]

Langeweile hat somit weniger mit einem tatsächlichen Mangel an Tätigkeitsangeboten als vielmehr mit einem subjekti-

ven Sinnverlust der möglichen Betätigungen zu tun. Unter den Bedingungen der Arbeitslosigkeit potenziert sich das, um so mehr, wird sie zum hoffnungslosen Dauerzustand. Was macht noch einen Sinn, wenn der Tag ohnehin kein Ziel mehr hat, nicht mehr durch überschaubare zeitliche Abläufe reguliert wird, die auch die Langeweile begrenzen, sondern statt dessen formlos zerfließt? Die Folge ist eine subjektive Entwertung der Dinge, die im puren Nihilismus endet. Und genau darin liegt der Schlüssel zur Subkultur der Punks. Voraussetzung für die hier entwickelten kulturellen Aktivitäten ist die Erfahrung der Welt als eines Haufens von wertlosem Ramsch. Erst unter dieser Voraussetzung offenbart die von den Punks entwickelte Strategie des kulturellen Gebrauchs von Gegenständen des Alltags, den Moden vergangener Zeiten, den banalen Objekten aus den Müllhaufen der Zivilisation und einer demontierten Rockmusik ihre innere Logik. Sie besteht in der Erzeugung einer permanenten Bedeutungskrise.
Alles, was den Punks erreichbar war, ist von ihnen auf eine Weise miteinander kombiniert worden, daß die Dinge ihren Sinn verloren, schreiend ihre Sinnlosigkeit ausstellten. Dick Hebdige hat eine detaillierte Beschreibung dessen geliefert:

> „Wie in Duchamps ‚Ready Mades‘ – Massenartikel, die zu Kunstobjekten wurden, weil er sie dazu erklärte – konnten die unbedeutendsten und unpassendsten Dinge in den Bereich der Punk- (Un-) Mode geraten: Nadeln, Wäscheklammern, Elekronikteile, Rasierklingen, Tampons. Solange nur der Bruch zwischen ‚natürlichem‘ und konstruiertem Zusammenhang klar sichtbar blieb, konnte jedes sinnlose oder sinnvolle Ding zum Teil der Konfrontationskleidung der Punks werden. Die Regel schien nur zu lauten: Wenn die Mütze nicht paßt, setz sie auf! Objekte aus den ekligsten und banalsten Bereichen fanden so ihren Platz im Punk-Ensemble: Lokusketten spannten sich in kunstvollen Bögen auf Müllsack-bespannten Oberkörpern; Sicherheitsnadeln, aus ihrem häuslichen Zweckzusammenhang befreit, stachen als makabre Ornamente durch Wangen, Ohren und Lippen. Billige Ramschtextilien (PVC, Plastik, Lurex) mit vulgärem Design (falsches Leopardmuster) und grellen Farben, die

die bessere Modeindustrie längst als veralteten Kitsch über Bord geworfen hatte, wurden von den Punks geborgen und wieder zu Kleidungsstücken gemacht, die selbstbewußte Kommentare zu den üblichen Geschmacks- und Modevorstellungen boten. Konventionelle Schönheitsvorstellungen und Make-up-Regeln wurden gemeinsam auf den Müllhaufen geschickt ... Die Haare trug man offensichtlich gefärbt (wasserstoffblond, blauschwarz oder leuchtorange mit grünen Tupfern oder eingebleichten Fragezeichen), und T-Shirts und Hosen erzählten die Geschichte ihres eigenen Zustandekommens mit tausend Reißverschlüssen und zur Schau gestellten Nähten ... Das Perverse und Anormale an sich war sehr beliebt. Besonders die verbotene Bildersprache sexueller Fetischismen setzte man kalkuliert effektvoll ein. Frauenschändermasken und Gummidress, Lederzeug und Netzstrümpfe, unglaublich spitze und hohe Pfennigabsätze, das ganze Sado-Maso-Zubehör – Riemen, Strapse und Ketten –, all diese Utensilien wurden aus Geheimfächern und Pornofilmen exhumiert und auf die Straße gebracht, wo sie ihre verbotenen Konnotationen entfalten konnten."[12]

Es war das gleichsam die Umkehrung des Prinzips der Werbung. Während dort die Dinge miteinander kombiniert werden, um ihnen eine zusätzliche Bedeutung zur Kaufstimulation zu vermitteln – das Waschmittel beispielsweise mit der weißen Wäsche und dem glücklichen Lächeln der Hausfrau etwa –, wurden sie von den Punks miteinander kombiniert, um ihnen ihre ursprüngliche, „natürliche" Bedeutung zu nehmen und sie zum Artefakt der Sinnlosigkeit zu machen. Das Schockierende dieses Stils bestand darin, daß er sich jeglicher vernunfts- und sinnbezogenen Einordnung in vorhandene Kategorien entzog.
Zugleich aber lag in dem aggressiven Kult des Häßlichen, den die Punks ganz zielgerichtet aus den Arbeitervorstädten in die innerstädtischen Nobelviertel der City trugen, der eher kümmerliche Versuch zur Bewältigung einer Erfahrung, die Richard Hell mit den Worten umschrieb,

„... einer Generation anzugehören, die von der Gesellschaft als Nullen bewertet wird."[13]

Arbeitslosigkeit bedeutet immer soziale Isolation, das Ausgeschlossensein vom normalen Alltag der anderen, was bei den Punks zu einem ausgeprägten Bewußtsein der Trennung von „Wir“ und „Sie“ führte, ausgedrückt in einer Form der Selbstdarstellung, die den Gegensatz sichtbar machte. Sie waren buchstäblich wandelnde Müllskulpturen, mit Bedacht so in der Öffentlichkeit plaziert, daß es zu Konfrontationen kommen mußte, die Risse in der heilen Welt des Konsumkapitalismus zynisch ausgestellt wurden. Dick Hebdige schrieb dazu:

> „Sie motzten ihr Schicksal in seinen wahren Farben auf, ersetzten Hunger durch Magersucht (die hohlwangige, unterernährte Pose) und schillerten mit ihrem Vogelscheuchen-Look zwischen Armut und Eleganz hin und her: Haare ungekämmt – aber sorgfältig frisiert.“[14]

So machten sich diese Jugendlichen zu Darstellern ihres eigenen Schicksals, mit einer durchaus kalkulierten Wirkung. Jeder von ihnen agierte auf seine Weise mit der Öffentlichkeit, posierte vor dem Spiegel der Medien. Erst im Medienbild von Presse und Fernsehen erhielt das skurrile Arrangement an ausgesuchter Häßlichkeit seinen Sinn: das Ausgeschlossensein von der Gesellschaft durch die provozierten Reaktionen in ein, wenn auch negatives Wiedereinbezogensein, zu verwandeln. Insofern hat Rudi Thiessen völlig recht, wenn er über die Subkultur der Punks schreibt:

> „Wer sich über die Geschmacklosigkeit aufregt, vergißt zu fragen, was geschehen ist, wenn Verletzlichkeit nun anders nicht mehr wirksam ausgedrückt werden kann.“[15]

Die Punks gaben der Arbeitslosigkeit eine kulturelle und ästhetische Form, indem sie als Darsteller und Designer ihres eigenen Alltags fungierten. Punk sein hieß, ein Ensemble von Kleiderfetzen und Schockutensilien auf dem eigenen Körper zu drapieren und sich allabendlich damit sehen zu lassen. Die Hoffnungslosigkeit darin spricht für sich. Innerhalb dieser von arbeitslosen Jugendlichen in Auseinandersetzung mit ihrem Alltag entwickelten Subkultur ist die musikalische Anarchie der Sex Pistols in einen Kleidungsstil transformiert worden, in dem sich ein Zusammenhang kultureller Aktivitäten materialisierte, worin die Musik als Konfrontationselement, als Freizeitraum und als Ausdrucksmedium einbezogen war. Sie wurde benutzt und in die kulturellen Aktivitäten dieser Jugendlichen integriert wie jedes andere Objekt im Punk-Ensemble auch, nur daß sie einen mehrdimensionalen Umgang erlaubte, der sie der Subkultur als Ganzes zur Basis machte. Sie fungierte sowohl als Freizeitraum und Background für die „Szene" in Klubs, Kellerlokalen und Pubs, war zugleich ästhetisches Ausdrucksmedium und Stilelement im Konfrontationsensemble der Punks als auch die ideologische Form, in der sich das Bewußtsein dieser Jugendlichen von sich selbst als Arbeitslose, das Bewußtsein ihres sozialen Status vermittelte. Das hat das Musizieren zwangsläufig an andere Kriterien gebunden, als sie der Rockmusik bis dahin zugrunde lagen. Doch viel wichtiger als die Auseinandersetzung etwa mit stilistisch konzeptionellen Fragen der Musik waren hier die sie tragenden sozialen und kulturellen Aktivitäten – das Musizieren als Alternative zur Beschäftigungslosigkeit, was immer dabei herauskam, ihre Zugänglichkeit innerhalb solcher kultureller Zusammenhänge, die den Möglichkeiten arbeitsloser Jugendlicher entsprachen. Punk Rock ist gründlich mißverstanden, wird er als das Ergebnis einer Suche nach realistischeren, wirklichkeitsnäheren musikalischen Ausdrucksformen interpretiert. Simon Frith ist nicht zu widersprechen, wenn er schreibt:

> „Die ‚Wirklichkeitsnähe' des Punk erklärt sich eher aus der ‚Wirklichkeitsferne' von Mainstream Rock und Pop."[16]

Worum es hier ging, das war die Öffnung der Rockmusik wieder für jene Möglichkeiten des kulturellen Gebrauchs, die ihr ursprünglich eigen sind, diesen Jugendlichen aber nicht mehr zugänglich waren. Doch das ist eben mitnichten auf die eindimensionale Formel einer Inhaltsästhetik zu bringen, die in der Wirklichkeitsnähe der Songs, ihrem Alltagsrealismus oder gar ihrem Protestgehalt das einzige Kriterium dafür sieht. Zwar gibt es durchaus Punk-Songs wie das „Garageland“[17] von den Clash oder ihr „White Riot“[18], die von einer politisch formulierten Protesthaltung bestimmt sind:

All the power is in the hands
Of people rich enough to buy it
While we walk the streets
Too chicken to even try it
And everybody eats supermarket soul-food
White riot, I wanna riot
White riot, a riot of my own.
[...]

Aber insgesamt spielt der durch die verbale Botschaft strukturierte Song für den Punk Rock eben nur eine untergeordnete Rolle. Nirgends ist so deutlich wie hier, daß die Rockmusik von einer mehrdimensionalen Matrix kultureller Aktivitäten getragen ist, von der ein musikalisch geschlossenes Gebilde als Form darin eingeschlossener sozialer Inhalte nicht abhebbar ist. Punk Rock ist nicht durch die Formulierung eines neuen sozialen Realismus strukturiert, sondern vielmehr durch die kulturellen Aktivitäten seiner Fans – als Hintergrund und Rahmen für ihre allabendlichen Zusammenkünfte, als Live-Tanzmusik, als Kompensation der Langeweile, als Konfrontationselement in dem von ihnen entwickelten kulturellen Kontext, als Möglichkeit etwas zu machen, weil das Musizieren nicht mehr an besondere technische oder spieltechnische Bedingungen geknüpft war. Simon Frith hat es auf die folgende Formel gebracht:

„Diese Musik hat damit zu tun, wie man das Beste aus einer schlechten Situation machen kann, nicht damit, sie zu ändern.“[19]

Insofern ist es pure Romantik, wird der Punk Rock zur musikalischen Ausdrucksform jugendlicher Arbeitsloser für ihren gesellschaftlichen Protest erklärt. Sie haben zwar die Rockmusik in einen spezifischen kulturellen Gebrauchszusammenhang hineingestellt, doch dieser war nicht durch ihr politisches Bewußtsein, sondern durch die Strukturen des von ihnen gelebten Alltags bestimmt. Das Musizieren, obwohl an andere Voraussetzungen als vordem gebunden,

folgte darin wieder der für eine kommerziell organisierte Massenmusik charakteristischen Dynamik.
Auch für den Punk Rock gilt, daß er keine spontane, durch die Gemeinsamkeit von Musikern und Fans getragene „Basis"musik ist, obwohl die Musiker ihren Anspruch auf Zugang zu den Produktionsmöglichkeiten der Industrie genau damit legitimierten. In dem von Mark Perry, Musiker der Gruppe Alternative TV, herausgegebenen Fanzine *Sniffin' Glue*, eines der im Billigverfahren hergestellten und fotomechanisch vervielfältigten Blätter „von Fans für Fans", hat das einen programmatischen Ausdruck gefunden. Es heißt dort unter anderem:

> „Musik ist ein perfektes Medium, um mit dem Finger auf das Establishment zu zeigen. Wird sie respektabel, dann verliert sie all ihre Potenz. Und genau das ist es, was in den siebziger Jahren geschah. Die Aggression war weg, und die Rockstars schienen mehr Interesse daran zu haben, sich nach einem Steuerexil umzusehen oder es mit ihren Tantiemen auszustatten, als sich um ihre Fans zu kümmern, die sie schließlich an die Spitze gebracht hatten. Was sie brauchten, war ein anständiger Tritt in den Arsch, und den haben sie bekommen. Schluß mit dem Hin- und Herrollen von Fürzen auf der Gardinenstange; rauher, ehrlicher Rock 'n' Roll, wieder auf der Ebene der Gemeinsamkeiten zwischen Bands und ihrem Publikum. Zurück zu den Wurzeln, mit einer zeitgenössischen Sprache!"[20]

Trotzdem erfüllten auch die Punk Bands nicht minder die ihnen vorgezeichnete Rolle als Musiker, deren Status sich von dem ihrer Fans – schon durch die Tatsache, daß sie ja einer Beschäftigung nachgingen – erheblich unterschied. Wie groß dieser Unterschied tatsächlich war, ist an ihren Statements nur allzu oft mehr als deutlich geworden. Beispielsweise erklärte Hugh Cornell von den Stranglers in einem Interview einmal:

> „Die Krise berührt uns ebenso wie jeden anderen auch, einfach indem wir den Ausdruck auf den Gesichtern der Leute und von jedem, der angeschissen ist, vor uns sehen."[21]

Dies vor sich zu sehen, bedeutet freilich eine völlig andere Perspektive, als selbst betroffen zu sein. Was sich innerhalb der von den Punks entwickelten Zusammenhänge veränderte, war das Selbstverständnis der Musiker und damit die Ideologie des Rock. Nicht mehr ihre Individualität als Musiker, sondern die Gemeinsamkeit mit ihrem Publikum ist darin nun hypertrophiert worden. Statt auf ein Ideal von Kreativität war das Musizieren damit stärker wieder auf den realen kulturellen Gebrauch des Rock bezogen. Die kommerziell organisierten Grundstrukturen des Musiker-Publikum-Verhältnisses blieben davon jedoch unberührt. Von einer Rebellion gegen die kommerziellen Mechanismen des Musikgeschäfts konnte keine Rede sein. Rebelliert wurde lediglich gegen das in diesen Mechanismen etablierte Rockkonzept.
Als im September 1976 das erste britische Punk Rock Festival stattfand, geschah dies mit dem gleichen Ziel, wie es allen solchen Veranstaltungen eigen ist, nämlich sich der Aufmerksamkeit von Firmenvertretern, Medienleuten und Journalisten zu versichern, um auf diese Weise den Weg zu einem lukrativen Plattenvertrag zu bahnen. Es wird deshalb auch kaum überraschen, den cleveren Malcolm McLaren als den Organisator dahinter zu finden. Und auch die Industrie war um die Einordnung dieser Musik in ihre Kategorien keineswegs verlegen. Schon im August 1976 hatte der *Melody Maker*, das Branchenblatt der britischen Musikindustrie, auf seiner Titelseite verlauten lassen:

> „Aus dem herrlich wüsten und hemmungslosen Gewühl des britischen Punk Rock werden die Musiker einer vierten Generation von Rockern hervorgehen.“[22]

Die Dinge nahmen ihren Lauf wie immer, so daß Sex Pistols-Sänger Johnny Rotten bereits wenige Monate später klagte:

> „Wir sind immer noch die einzige Band, die nich' alle zwei Wochen 'ne Pressekonferenz abhält und den Eliteheinis lange Sauftouren löhnt und einen Diener nach dem anderen macht und jeden hergelaufenen Reporter von der Musikpresse mit 'nem Privatjet nach New York 'rüberfliegt.“[23]

Das hatten sie da freilich schon auch nicht mehr nötig, waren sie doch die ersten, die einen Plattenvertrag mit der Musikindustrie in ihren Händen hielten. Knapp drei Wochen nach dem eigens für die diversen Chargen des Rockgeschäfts veranstalteten britischen Punk Rock Festival im Londoner 100 Club unterzeichneten sie mit einer Garantiesumme von 50000 Pfund bei der EMI. Nick Mobbs, A&R-Manager der EMI, erklärte dazu:

> „Hier ist endlich wieder eine Band, mit der sich junge Leute identifizieren können; eine Gruppe, die die Eltern mit Sicherheit nicht tolerieren werden, wobei es nicht nur die Eltern sind, denen es guttun wird, ein bißchen aufgerüttelt zu werden, sondern dem Musikgeschäft ebenso. Das ist der Grund, warum eine Menge von A&R-Leuten diese Gruppe nicht unter Vertrag nehmen wollte, sie nahmen das alles zu persönlich. Doch welche Band hat an einem vergleichbaren Punkt ihrer Karriere schon soviel Aufregung sowohl auf wie vor der Bühne erzeugt? Für mich sind die Sex Pistols eine Gegenreaktion gegen das „nice little band"-Syndrom und die allgemeine Stagnation der Musikindustrie. Sie mußten kommen, um unser aller willen."[24]

Ihre Single mit „Anarchy In the UK" erschien am 26. November 1976. Punk hatte sich binnen weniger Monate als neue Kategorie im Musikgeschäft etabliert.
Allerdings ist das durch den bis dahin einmaligen Vorgang überdeckt worden, daß sich mit den Sex Pistols eine Rockgruppe als nicht vermarktbar erwies, obwohl sich ihre Platte keineswegs schlecht verkaufte. Bereits vierzehn Tage nach ihrem Erscheinen war sie auf Platz 38 der britischen Verkaufscharts zu finden. Doch Manager Malcolm McLaren hatte ihnen vor dem Hintergrund seiner auf Schock angelegten Vorstellungen von einer situationistischen Performance Art ein so zielgerichtetes Negativimage anzupassen gewußt, daß es einen Sturm der Entrüstung in der britischen Öffentlichkeit auslöste, als die normale Promotionkampagne für die Single anlief. Ein reichlich mit unflätigen Schimpfkanonaden gespickter Talkshowauftritt im Fernsehen hatte den Anlaß dafür geliefert. Nicht die radikale Äs-

thetik ihrer Musik und schon gar nicht eine darin etwa eingeschlossene antikommerzielle Grundhaltung, sondern das von McLaren konzipierte und den üblichen Vermarktungsstrategien der Industrie nicht integrierbare Image der Sex Pistols führte zu dem spektakulären Vorgang, daß eine der größten Plattenfirmen der Welt den Verkauf einer Schallplatte einstellte und gegen Bezahlung der stattlichen Garantiesumme von 50000 Pfund ihren Vertrag wieder löste. Der Geschäftsmanager der EMI, Leslie Hill, hat diese Entscheidung später in einer Stellungnahme begründet, die einen tiefen Einblick in die Logik des Rockgeschäfts vermittelte:

> „Angenommen zum Beispiel, sie wären auf Tournee gegangen. Und nun angenommen, wir hätten mit ihnen das gleiche gemacht, was wir normalerweise für eine Gruppe tun, die auf Tournee ist – Partys für die Presse oder eine Abschlußparty oder irgendeine Art von Empfang. Es ist leicht vorstellbar, was passiert wäre. Es hätte Krawall gegeben ..., protestierende Leute draußen, überall Fotografen und Journalisten. Das ist keine Umgebung, in der wir in der normalen Form operieren können. Und so kam es dann dazu. – Ich habe zu ihnen gesagt: Ihr müßt verstehen, daß es für uns außerordentlich schwierig ist, eine Platte zu promoten, wenn ihr diese Linie der Publicity fortsetzt. Wie sollen wir zum Beispiel eure Platte in Übersee vermarkten, wenn das einzige, was wir haben – Presseausschnitte – über Schweinerei und Aggression vom Daily Mirror ist. Es ist unmöglich, darauf eine Promotionkampagne für eine Schallplatte aufzubauen. Wir können das nicht in der Welt herumschicken und dazu erklären, ‚seht, was für eine wundervolle Band wir hier haben' ...“[25]

Es wird das Geheimnis McLarens bleiben, wie er es geschafft hat, das gleiche Spiel mit der in den USA ansässigen A&M Records bei einer Garantiesumme von dann schon 75000 Pfund noch einmal zu wiederholen. Am 9. März 1977 unterzeichneten die Sex Pistols im Londoner Büro der Firma ihren Vertrag, eine Woche später, am 16. März 1977, standen sie mit einem 75000-Pfund-Scheck in der Hand wieder auf der Straße. Nicht ohne Häme kommentierte McLaren diesen Vorgang gegenüber dem Londoner *Evening Standard* mit den Worten:

> „Ich werde auch weiterhin in Büros ein- und ausgehen, um mir dafür Schecks geben zu lassen. Wenn ich älter bin und gefragt werde, womit ich meinen Lebensunterhalt verdient habe, dann kann ich sagen: ‚Ich bin bloß durch Türen gegangen und dafür bezahlt worden'."[26]

Tatsächlich ist es McLaren gelungen, mit einer sorgfältig in Szene gesetzten Publicity-Aktion das Musikgeschäft zu demaskieren, indem er öffentlich machte, worum es den Plattenfirmen in Wirklichkeit geht, nämlich keineswegs um die Musik. Wird die Vermarktung ihres Produkts, die Schallplatte, unmöglich gemacht, dann ist sie selbst zur Zahlung recht erheblicher Summen bereit, um den Widerspruch zwischen ihrem Produktverständnis und dem ihrer jugendlichen Käufer, die ja immerhin glauben, ihr Geld für Musik auszugeben, nicht allzu offensichtlich werden zu lassen. Allerdings wäre es verfehlt, dahinter eine politisch motivierte Attacke auf die kapitalistischen Mechanismen des Musikgeschäfts zu vermuten. McLaren hatte seine Idee von einem multimedialen Gesamtkunstwerk realisiert; die Inszenierung war wichtig, nicht das Resultat, oder dies nur insofern, als es seinen ökonomischen Interessen entsprach. Anschließend gab er die Sex Pistols bei seinem langjährigen Freund Richard Branson unter Vertrag, Eigentümer von Virgin Records, einer der größten unter den unabhängigen Plattenfirmen, die sich mit Mike Oldfield und Tangerine Dream Anfang der siebziger Jahre zu einem nicht unbedeutenden Faktor im britischen Musikgeschäft entwickelt hatte. Beide führten schließlich vor, daß auch ein Negativimage erfolgreich zu vermarkten ist. Branson ließ jede Woche eine ganzseitige Anzeige in der Musikpresse veröffentlichen, die penibel auflistete, welche Geschäfte den Verkauf von Sex Pistols-Platten, welche Radio-Diskjockeys ihr Abspiel im Rundfunk verweigerten. McLaren sorgte dafür, daß deren Zahl nicht geringer wurde. Der Erfolg ist überwältigend gewesen.

Es kann also keinen Zweifel geben, daß sich auch der Punk

Rock innerhalb der gleichen musikindustriellen Zusammenhänge entwickelt hat, wie sie für die Rockmusik seit jeher charakteristisch sind. Dennoch ist mit ihm eine Veränderung in den Strukturen des Musikgeschäfts verbunden gewesen, in deren Folge eine neuartige musikalische Infrastruktur aus unabhängigen Minifirmen, Musikerlabels, lokalen Veranstaltungsagenturen und Veranstaltern entstand – nicht selten das Argument für den vermeintlich antikommerziellen Charakter des Punk. Doch genaugenommen hat das die kommerziellen Mechanismen des Musikgeschäfts nur effizienter werden lassen, weil es die mit seiner Zentralisierung verbundenen Nachteile kompensierte. Von John Peel, einem der engagiertesten und populärsten Radio-Diskjockeys in Großbritannien mit eigener Sendung bei der BBC, dem einzigen übrigens, der die Sex Pistols trotz anderslautender „Empfehlung" der Programmdirektion nicht aus seiner Sendung verbannte, ist das sehr realistisch eingeschätzt worden. Er erklärte dazu:

> „Für mich war das Wichtigste, was der Punk mit sich gebracht hat, die Demystifizierung des gesamten Prozesses der Plattenproduktion. Vordem war dies durch zwei Dinge gekennzeichnet: Erstens – es wurde vorausgesetzt, daß man nach London kam und sich selbst in die Hände von ein paar krümelkackenden Unternehmern plazierte, um Einlaß in die Welt des Showgeschäfts zu erhalten ... Und zweitens – die einzigen Bands, die Mitte der siebziger Jahre unter Vertrag genommen wurden, waren solche, unter deren Mitgliedern sich mindestens einer aus einer früher erfolgreichen Gruppe befand. Es war außerordentlich schwierig für eine Band aus unbekannten Leuten, eine Platte zu machen ... Ich erinnere mich daran, wie Bryan Ferry [Leadsänger von Roxy Music – PW] 1972 in unserem Büro saß und Walters und mich von der Wirksamkeit seiner Band zu überzeugen versuchte, während ich dasaß und dachte, ‚aber keiner darin ist berühmt'."[27]

Mit anderen Worten: Die „Unabhängigen" haben die Eintrittsmöglichkeiten ins Rockgeschäft erheblich erweitert und nicht etwa eine Alternative dazu geschaffen.

So bleibt festzuhalten, daß sich hinter der Rebellion des Punk letztlich nichts anderes als ein Wandel der ästhetischen Kriterien verbirgt, nach denen sich Rockmusik definiert. Doch hat das mit einer Deutlichkeit wie nie zuvor offenbart, daß jeder eindimensionale Erklärungsversuch an der Wirklichkeit dieser Musikpraxis vorbeizielt. Um auf den Ausgangspunkt noch einmal zurückzukommen – der mit dem Punk Rock verbundene ästhetische Umbruch ist weder auf die Innovationszwänge der Musikindustrie noch auf die musikalischen Ausdrucksbedürfnisse Jugendlicher zurückzuführen, sondern vielmehr das Ergebnis des widersprüchlichen Zusammenhangs sozialer, kultureller, ästhetischer, musikalischer, technologischer und ökonomischer Faktoren, unter denen beides eine Rolle spielt. Rockmusik läßt sich nicht auf ein einschichtiges Grundmodell festlegen, das sich dann nur mehr oder weniger erfolgreich durch ihre Entwicklung hindurch behauptet hat. Insofern ist auch durch den Punk Rock die Rockmusik nicht wieder auf ihre „eigentlichen" Grundlagen zurückgeführt worden, ebensowenig wie er der Beweis dafür ist, daß sie letztlich doch nur eine besonders clever fabrizierte Unterhaltungsware zur kommerziellen Ausbeutung der Freizeit Jugendlicher darstellt. Alan Durant schrieb dazu:

> „Die Kurzschlüssigkeit der meisten orthodoxen ‚soziologischen' Theorien über den Rock, die ihn entweder als kapitalistische Ausbeutung oder als subkulturelles Aufbegehren zu erklären suchen, ist angesichts einer solchen Komplexität widerlegt. Was für ein bestimmtes Publikum eine Revolte darstellt, kann selbst zur gleichen Zeit die geplante Kreativität einer Industrie und der Markt einer anderen sein, während beiden grundverschiedenen Systemen häufig die gleichen ‚Texte' und institutionellen Vermittlungen zugrunde liegen."[28]

Rockmusik existiert auf unterschiedlichen Ebenen, in unterschiedlichen Zusammenhängen und ist bezogen auf unterschiedliche Kontexte, worin sie jeweils in anderen Funktionen, mit anderen Bedeutungen und Werten verbunden erscheint.

„Wild Boys"

Ästhetik des Synthetischen

Eine Vielzahl sich überschneidender Entwicklungen, unterschiedlicher Musikkonzepte und verschiedenartiger stilistischer Ausdrucksformen kennzeichnete die Nachwirkungen des Punk Rock. Die mit ihm verbundene Öffnung des Musikgeschäfts für die Aktivitäten unabhängiger Kleinfirmen, lokaler Veranstalter und alternativer Musikbewegungen hatte eine kreative Explosion zur Folge, die die Abfolge von Stilen, Moden und Trends auf ein rasantes Tempo beschleunigte. Vordem sorgfältig getrennt gehaltene Stränge der Popmusikentwicklung liefen in den merkwürdigsten Kreuzungen zu einem Gemisch aus disparaten musikalischen Gestalten zusammen. Disco Music, Funk und Reggae fanden sich in eigenwilliger Synthese mit Punk, Hard und Heavy Metal Rock, so etwa in der Punk-Funk-Fusion von Bush Tetras, im Heavy Metal Funk von Level 42 oder in der von den Clash und einer Reihe weiterer britischer Punk-Formationen besorgten Symbiose von Rock und Reggae. Dub, Rap und die als New Romantic firmierenden Soundkreationen durchgestylter Electro-Dandies lieferten den Background für eine Welle von Tanzverrücktheiten in den Diskotheken. Peter Tosh, Big Youth und Inner Circle offerierten Reggae in aufgepoptem Disco Mix. Rockabilly, Ska, Soul, Rhythm & Blues, Rock 'n' Roll und der unverkennbare Gitarrensound des Liverpooler Merseybeat der frühen sechziger Jahre erfuhren ein Revival, das sich zur differenzierten Aufarbeitung des gesamten musikalischen Erbes der Rockgeschichte ausweitete. Post Punk präsentierte sich mit Gruppen wie PIL, Pop Group oder Gang Of Four sowie den amerikanischen No Wave-Bands in der Art von DNA oder Teenage Jesus als Mixture aus aggressivem Lärm, musikalischem Minimalismus und stereotyper Repetition mit deutlichem Bezug auf die *minimal music* der klassischen Avantgarde bei Philip Glass, Terry Riley und Steve Reich. Verbunden mit einem eindringlichen Disco-Funk-Rhythmus und den Tonketten von Synthesizern und Sequenzern wurde daraus der Synthi-Pop von Human League, Depeche Mode, Duran Duran und Bronski Beat, womit die einmal sorgsam gehütete Grenzziehung zwischen Rock und Pop zusammenbrach. Demgegenüber ließ die New Wave als unmittelbarer Ableger der Punk-Attacke den rebellischen Geist der frühen Rockmusik in einem durchelektronisierten Klanggewand wiedererstehen, vermischt mit den urbanen Bildern der Erfahrung technischer Industrielandschaften, den Reflexen eines entfremdeten Alltags und der Brisanz des ständig wachsenden sozialen Konfliktpotentials. Auf der anderen Seite des Atlantiks feierte unterdessen Bruce Springsteen mit einer Wiedergeburt des klassischen Rock 'n' Roll ungeahnte Erfolge. Während David Bowie, Boy George O'Dowd von Culture Club und Jimi Somerville von Bronski Beat den geschlechtsspezifischen Code stereotyper Männlichkeit in einem oszillierenden Image der Homosexualität auflösten, formierte sich eine Frauenbewegung im Rock, die unter Schlagworten wie „Rock Against Sexism" oder „Women's Liberation" eine eigene weibliche Identität musikalisch zu formulieren suchte. Mit der erfolgreichen Etablierung der „Rock Against Racism"-Kampagne gerieten vor allem in Großbritannien erneut politische Zusammenhänge als Ferment in die verschiedenen Spielarten des Rock. Ehemalige Aktivisten der Punk-Bewegung wie The Jam, The Clash, Boomtown Rats und die Tom Robinson Band verließen ihren anarchistischen Antikapitalismus zugunsten eines deutlich linksorientierten politischen Profils, was dann in den Proletkult der Redskins und das politische Engagement von Billy Bragg mündete. Am anderen Ende des politischen Spektrums entstand mit der extrem reaktionären Oi Music erstmals eine rechtsradikale Version des Rock.

Jede Vorstellung von einem wie immer auch gearteten kontinuierlichen Entwicklungsverlauf einigermaßen klar voneinander unterscheidbarer Spielweisen schien fortan ins Leere zu gehen. Eine beschleunigte Expansion ästhetischer Kodes, musikalischer und kultureller Stile hob frühere Grenzlinien auf und ergoß sich in eine Heterogenität multipler Richtungen, die sich in ihrem Verlauf zudem unablässig änderten. Iain Chambers diagnostizierte:

> „Aus anderen Kontexten herausgerissene musikalische und kulturelle Stile, abgehoben von ihren ursprünglichen

Bezügen, zirkulieren in einer solchen Art und Weise, daß sie nichts anderes mehr repräsentieren als ihre eigene vergängliche Präsenz."[1]

Ein grenzenloser „Pluralismus des Vergnügens" (Chambers) stand als einziges noch geltendes Gesetz über die in Fragmente, ihre Symbiosen und wieder neue Fragmente zerfallende Entwicklung. Die Situation markiert unübersehbar eine Phase des Umbruchs, ohne daß deren Ende oder auch nur die Umrisse künftiger Horizonte bereits absehbar wären.

Neue Medien und neue Technologien haben sich Geltung verschafft, die die Musik in veränderte Zusammenhänge hineinstellen, während auf der anderen Seite ihre technische Reproduzierbarkeit ein Maximum erreicht hat. Hi-Fi-Kassettenrecorder und der Siegeszug des Walkman untergruben die Vormachtstellung der Schallplatte; *home taping*, das private Umschneiden ausgeliehener statt gekaufter Platten auf Band, wurde zum Alptraum der Industrie. Die Kassettentechnik war auf einem Entwicklungsstand angelangt, der bei einer Verbilligung der Geräte, die sie jedermann zugänglich machten, qualitative Verluste gegenüber der Schallplatte nahezu ausschloß. 1,15 Milliarden Kassetten wurden so nach einer repräsentativen Marktuntersuchung des BRD-Unternehmens BASF 1978 weltweit verkauft.[2] Die Schallplatte hatte ihre Exklusivität bei der Musikverbreitung verloren.

Tatsächlich brachte die Wende zu den achtziger Jahren nach einer lang anhaltenden Phase ununterbrochenen Wachstums durch die sechziger und siebziger Jahre hindurch erstmals eine rückläufige Entwicklung des Plattengeschäfts. 1980 war der Verkauf von Langspielplatten auf das Niveau von 1972 gesunken. EMI, die 1970 noch 12,7 Prozent ihres jährlichen Gesamtprofits aus dem Verkauf von Schallplatten bezog, erreichte 1979 mit ihrer Musikabteilung nicht mehr als einen Anteil von 0,4 Prozent am Jahresgewinn des Unternehmens.[3] Das *British Phonographic Institute*, eines der renommiertesten Marktforschungsinstitute in diesem Bereich, ließ 1981 verlauten, daß der britischen Musikindustrie 1980 durch die privaten Kassettenumschnitte von Schallplatten pro Tag (!) mehr als eine Million Pfund Sterling Umsatz verlorengegangen sei.[4] Ob übertrieben oder nicht – zweifellos bedeutete die Kassettentechnik mit dem mittlerweile erreichten qualitativen Standard eine kommerziell schwer kontrollierbare Alternative zur Schallplatte als Medium der Musikverbreitung. Daran änderte auch die Praxis nichts, parallel zur Schallplatte gleich fertig bespielte Kassetten auf den Markt zu bringen. Freilich darf dabei nicht übersehen werden, daß die vor allem von den transnationalen Medienkonzernen beklagten Verluste im Plattengeschäft als Gewinn in den Phonogeräteabteilungen und Kassettenwerken der gleichen Unternehmen zu Buche schlugen.

Viel unmittelbarer wirkten sich zwei ganz andere Faktoren auf die sinkenden Umsatzbilanzen der Plattenfirmen aus: die Verteuerung der Schallplatte durch die Verknappung von Erdöl, dem Ausgangsrohstoff für das Trägermaterial Vinyl, sowie durch den Einzug neuer Technologien in die Musikproduktion, ihre Umstellung auf digitale Grundlage, bei gleichzeitig fortschreitender Verschlechterung der sozialen Situation vor allem der Arbeiterjugend im Zusammenhang mit der unaufhaltsam um sich greifenden Massenarbeitslosigkeit. Ein UNESCO-Report zur Lage der Jugend kapitalistischer Industrienationen in den achtziger Jahren prognostizierte 1981:

> „Die Schlüsselbegriffe für die Erfahrung der Jugendlichen in der kommenden Dekade werden sein: ‚Mangel', ‚Beschäftigungslosigkeit', ‚Unterbeschäftigung', ‚Gesundheitsgefährdung', ‚Existenzangst', ‚Existenzkampf', ‚Pragmatismus' bis hin zu ‚Lebensunterhaltsproblemen' und ‚Überleben'. Während die sechziger Jahre in einigen Regionen der Welt Teile der Jugend mit einer Krise der Kultur, von Ideen und Institutionen herausforderten, werden die achtziger Jahre eine neue Generation mit einer tiefgreifenden strukturellen Krise von anhaltender ökonomischer Unsicherheit und sogar wirtschaftlichem Niedergang konfrontieren."[5]

Was hier vorgezeichnet ist, sollte sich in den meisten kapitalistischen Industrieländern viel drastischer noch, als am Beginn des Jahrzehnts absehbar war, realisieren. Eine Goldgrube des Musikgeschäfts drohte zu versiegen, indem zwar nicht das Interesse am Rock, aber die zahlungsfähige Nachfrage seitens seiner jugendlichen Trägerschichten nach Schallplatten nachließ. Die Logik des Systems, orientiert allein an Produktionskennziffern, Umsatzzahlen und Gewinn, zwang zu Investitionen in neue Technologien und neue Medien, um auf diese Weise neue Märkte aufzuschließen, die wieder kontinuierliches Wachstum versprachen. Die Umstellung der Musikproduktion von Analog- auf Digitaltechnik und damit ihre Aufbereitung für die Anwendung von Computersystemen brachte innovationsbedingte Marktvorteile, da mit neuartigen Klangmaterialien und Soundeffekten verbunden – eine Strategie, die sich in der von PolyGram mit enormem Aufwand betriebenen Durchsetzung der digitalen Compact Disc fortsetzte. Daß dies schließlich in jeder Hinsicht von Erfolg gekrönt war, belegen die vom *British Phonographic Institute* für 1985 veröffentlichten Bilanzen, nach denen in Großbritannien die Zahl der verkauften Singles gegenüber dem Vorjahr immer noch einen Rückgang von 0,9 Prozent, der Verkauf von Langspielplatten erstmals wieder ein Wachstum von 7,5 Prozent, die Compact Disc dagegen ein Wachstum von 300 Prozent aufwies.[6]

Von weit größerer Bedeutung für das Musikgeschäft sollte allerdings der umfassende Ausbau der Kabelfernsehnetze in Zusammenhang mit der Satellitenübertragung von Fernsehprogrammen sein, denn dies vergrößerte sowohl die kommerzielle Reichweite wie die Programmkapazität des Fernsehens. Music Television (MTV) kam auf und mit ihm das Musikvideo. Via Satellit ließen sich nun Programmangebote direkt aus den Zentralen der transnationalen Medienkonzerne in die kommerziellen Kabelnetze überall auf der Welt einspeisen, was dem Fernsehmarkt eine dem Schallplattenmarkt analoge Struktur gab und damit gänzlich neue Perspektiven in der Vermarktung von Musik eröffnete. Statt eine Band mit erheblichem Kostenaufwand zur Promotion ihrer Platte weltweit auf Tournee zu schicken, konnte mit dem gleichen Effekt ein zur Platte produziertes Video durch die Kabelnetze geschickt werden. Die Kontrolle der Plattenfirmen über das Image von Bands und Musikern war auf diese Weise nahezu total geworden. Binnen kurzer Zeit stand so die Musikentwicklung in einem neuar-

tigen Medienzusammenhang, der nicht ohne Auswirkungen auf die ihr immanenten ästhetischen Strategien und Gestaltungsgesetze bleiben sollte, bestehende musikalische Kategorien aufhob und durch neue ersetzte sowie das Musizieren an veränderte technische, ökonomische und institutionelle Voraussetzungen band. Die Folge dessen war eine umfassende Zielgruppen- und Marktverschiebung in Richtung auf die immer noch zahlungsfähigeren Jugendlichen aus den kleinbürgerlichen Mittelschichten, die im Unterschied zur Arbeiterjugend am wirksamsten über das Fernsehen zu erreichen sind.
Diese Entwicklung ließ mehr als deutlich werden, in welchem Maße auch die Musik im Kontext von Massenkultur nur als Teil eines Ganzen funktioniert, das als übergreifender Zusammenhang jedes seiner Glieder prägt. Was vordem noch in getrennten Produktionssphären mit eigenen Konventionen, eigener Geschichte und eigenen Traditionen hervorgebracht wurde und nur im Komplex als Massenkultur wirkte, ist vor allem im Musikvideo nun unmittelbar aufeinander bezogen. Film und Fernsehen etwa haben bereits in den fünfziger Jahren bei der Verbreitung des Rock 'n' Roll eine Rolle gespielt. Erinnert sei nur an die Filmproduktionen mit Elvis Presley und Bill Haley oder die zu einer Institution des amerikanischen Musiklebens gewordene Fernsehshow *American Bandstand.* Querverbindungen hier sind also keineswegs so neu, ebenso wie beide Medien immer schon neben der Musik in den kulturellen Alltag Jugendlicher integriert waren und zumindest hier wechselweise aufeinander einwirkten, auch wenn sie getrennt operierten. Im Musikvideo dagegen sind die populärsten Medien der Massenkultur – Musik, Fernsehen und Film – zu einer Einheit zusammengeschlossen. John Howkins schrieb 1982 dazu in einer Analyse der neuen Informationstechnologien in ihren strukturellen Auswirkungen auf das Musikgeschäft für das Jahrbuch des *British Phonographic Institute:*

> „Eine Reihe von Industrien, die vordem in ihren Traditionen, ihren industriellen Praktiken und ihren finanziellen Strukturen völlig separiert waren, wachsen nun um das Video-Syndrom herum zusammen. Die Fernsehindu-

strie, die Filmindustrie, die Musikindustrie, Telekommunikation, Verlagswesen und Computertechnik, die zur Zeit noch unter verschiedenen Ministerien, gesetzlichen Regelungen und Konventionen operieren, finden sich mittlerweile längst als Subindustrien einer vollkommen neuen Sphäre von Aktivitäten wieder."[7]

Es ist das ein Prozeß, der dann auch allein aus der Logik der Musikentwicklung heraus nicht mehr begreifbar ist, selbst wenn er von den Großen des Musikgeschäfts maßgeblich vorangetrieben wurde und gerade hier gravierende Konsequenzen zeigt, die das Musikvideo zumindest für die populären Künste zu einem der folgenreichsten neuen Medien haben werden lassen. In ihm laufen Entwicklungen zusammen, die – wenn auch zunächst eindeutig funktionalisiert für das Spiel der kommerziellen Interessen – in ihrer Synthese bestehende kunstsprachliche Diskursregeln aufbrechen, die überkommenen musikalischen und visuellen Stereotype der Massenkultur ihrer angestammten Bedeutungen berauben und in einer alles verschlingenden Kombination von Bildern, Stilen, Zeichen, Symbolen, Mythen, Rhythmen und Klängen Möglichkeiten einer audiovisuellen Medienkunst im Alltagszusammenhang aufscheinen lassen, deren Realisierung freilich noch fern liegt und in den ehernen Fesseln des Kommerz wohl auch kaum in naher Zukunft zu erwarten steht.
Die Entstehung des Musikvideos, die Kopplung von Musik und Bild im visualisierten Song, ist unmittelbar mit dem amerikanischen Kabelfernsehprojekt *MTV: Music Television* verbunden gewesen. Zwar hat es Vorläufer gegeben, auf filmischer Basis, deren Geschichte bis in die dreißiger Jahre zurückreicht, ebenso wie das Videoband oder die Videodisc zuvor schon zur Musikverbreitung genutzt wurden. So kam auf dem Höhepunkt der Swingära in den dreißiger Jahren die Praxis auf, Interpretationen der populärsten Songs als Kurzfilm für das Vorprogramm der Kinos zu verfilmen. In den fünfziger Jahren wurden daraus die Jukeboxfilme, Endlosfilmschleifen in Musikautomaten, die die Rock' n'-Roller der damaligen Zeit auch optisch in Aktion zeigten. Eine Fortsetzung fand das in den Ende der siebziger Jahre in den USA eingeführten Videodisc-Automaten. Auch später

wurden immer wieder einmal Filmversionen von Einzelsongs, in der Regel für das Fernsehen, herausgebracht, so etwa auch die Beatles-Songs „Penny Lane" und „Strawberry Fields Forever" oder die in ihrer Art eher schon auf das heutige Musikvideo hinzielende Produktion Jon Rosemans zu dem Queen-Song „Bohemian Rhapsody" aus dem Jahre 1975. Seit es die Heimvideorecorder im Angebot gibt, sie kamen 1977 auf den Markt, werden vorproduzierte Videokassetten mit Konzertmitschnitten der Rockgruppen vertrieben. Doch das Musikvideo, auch Videoclip oder einfach und bezeichnend *Promo* genannt, unterscheidet sich von all dem nicht nur durch seine Einbindung in rein kommerziell bestimmte Funktionszusammenhänge, sondern vor allem durch die ihm eigenen Gestaltungsgesetze, die nicht ohne Auswirkungen auf das Musizieren und die Musikentwicklung geblieben sind.

Music Television, am 1. August 1981 gestartet, war die erste rund um die Uhr ausschließlich Musik verbreitende Kabelfernsehstation. Eigentümer ist die Warner Amex Satellite Entertainment Company (WASEC), ein 1979 gegründetes Gemeinschaftsunternehmen von Warner Communications und dem Bankkonsortium American Express. Die aus nicht mehr als einem Büro und einem kleinen Studio in Manhattan bestehende Kabelstation liefert ihr Programm in Stereoton über den RCA-eigenen Kommunikationssatelliten SATCOM, womit ein weiterer Gigant des Musikgeschäfts in den USA mit von der Partie ist. MTV geht in über 2700 Kabelnetze mit rund 24 Millionen Abnehmnern in 48 Bundesstaaten der USA, darüber hinaus in die kanadischen Kabelnetze sowie täglich stundenweise in den analog von Thorn-EMI, Virgin Records und Yorkshire Television betriebenen kommerziellen Musikkanal *Music Box,* der seit 1983 von London aus über Satellit in die Kabelnetze ganz Westeuropas und Skandinaviens eingespeist wird. Das MTV-Programm gehört ebenso wie sein westeuropäisches Gegenstück zu den Standardkanälen der Kabelnetze, die, abgesehen von einer monatlichen Grundgebühr für den Kabelanschluß, kostenfrei bezogen werden. Die Finanzierung erfolgt also ausschließlich über Werbung, die reichlich zwischen die von einem *Videojockey* präsentierten Musikvideos eingestreut ist. Basis des Programms sind die von den Plattenfirmen zur Verfügung gestellten Videoclips, so daß das MTV-Programm mit Ausnahme der zwischengeblendeten Moderationen, die aus dem New-Yorker Studio kommen, fast nichts kostet. Dennoch sind die Investitions- und Betriebskosten dafür enorm, denn die Satellitenübertragung der Programme ist außerordentlich teuer. Obwohl WASEC mit *The Movie Channel* und *Nickleodeon* noch zwei sogenannte Pay-TV-Kanäle betreibt, die mit den Filminteressen von Warner Communications verbunden sind und nur bei Zahlung einer programmgebundenen Zusatzgebühr bezogen werden können, außerdem aus allen drei Kanälen über erhebliche Werbeeinnahmen verfügt, so daß ein Umsatzvolumen von rund 3 Milliarden Dollar im Jahr erzielt wird, gingen die Verluste des Unternehmens zunächst in Millionenhöhe. Kevin D'Arcy berichtete 1983 in der Zeitschrift *Broadcast:*

> „Der American Express und Warner-Verbund – Warner/Amex – rechnet derzeit mit einem Verlust von 40 Millionen Dollar pro Jahr und hat damit bereits rund 800 Millionen Dollar gekostet. Doch selbst hier sehen die Prognosen günstig aus, um innerhalb der nächsten fünf Jahre den Durchbruch zur Arbeit mit Gewinn zu schaffen. Ihr Movie Channel verzeichnete im vergangenen Jahr ein Wachstum der Zuschauerzahlen von etwa 30 Prozent, Nickleodeon von 60 Prozent, während MTV – der 24-Stunden-Popkanal – 40 Prozent mehr Zuschauer aufzuweisen hatte.“[8]

Das wirft ein Schlaglicht auf die tatsächliche Interessenlage hinter dem MTV-Projekt, denn Investitionen in dieser Höhe und mit derartigen Verlusten sind genauestens kalkuliert. 20 Millionen Dollar hat sich das Unternehmen die vorbereitende Marktforschung kosten lassen. Mit Fernsehen und Fernsehunterhaltung hat das Ganze freilich nur sehr mittelbar zu tun. Abgesehen von dem prognostizierten Langzeiteffekt, der stets ein außerordentlich risikobehafteter Faktor bleibt und für sich genommen selbst einen so kapitalintensiven Träger wie die Vereinigung von Warner Communications und American Express wohl kaum zu Investitionen in solcher Höhe verleitet hätte, sind es die Nebenwirkungen von MTV, die das eigentliche Geschäft für beide Unternehmen ausmachen. Andrew Goodwin hat das analysiert:

> „Warners Interessen hier sind ein klassisches Beispiel der Konsolidierung eines Unternehmens, da MTV signifikante Auswirkungen auf die Schallplattenverkäufe gezeigt hat. American Express hat ein ähnlich gelagertes Interesse am Kabel, denn Kabelsystemen kommt mit ihren Rückkanälen eine enorme Bedeutung für das System der Bankbuchung und des Ferneinkaufs vom häuslichen Bildschirm aus zu."[9]

Daß die sonst so informationsfreudigen Unternehmen gerade hier mit Zahlenangaben zurückhaltend sind und sich statt dessen als die opferbereiten Pioniere des Kommunikationsfortschritts im Interesse des Gemeinwohls geben, spricht für sich. Angaben über mittelbare Profite, die einen Einblick in die tatsächliche Durchdringung des Alltagslebens im Kapitalismus mit dem Interessengeflecht einiger weniger Großkonzerne ermöglichen, die aufgebauten Regelkreise offenlegen würden, finden sich in keiner Statistik. Statt dessen erklärte der damalige Programmdirektor von MTV, Robert Pittman, zum Selbstverständnis des Unternehmens:

> „Wir sehen heute das Fernsehen zu einem wichtigen Bestandteil des Stereosystems werden. Es ist völlig unsinnig, zwei Formen der Unterhaltung – Stereoanlage und Fernsehen – nebeneinander bestehen zu haben, ohne daß sie miteinander zu tun haben. Was wir machen, ist sie so miteinander zu verbinden, daß sie als Einheit funktionieren. Wir sind der erste Kabelkanal, der dafür Pionierarbeit leistet ... MTV ist der erste Versuch, dem Fernsehen eine neue Form zu geben, anders als Videospiele und Bildschirmtext."[10]

In Wirklichkeit ist MTV ein reiner Werbekanal in gleich doppelter Funktion – von der ins Programm integrierten herkömmlichen Produktwerbung sogar ganz abgesehen. Es wirbt mit den Videoclips für den Verkauf von Schallplatten und mit der Attraktivität der Musik für den Anschluß ans

Kabelnetz. Dennoch hat sich auch ein so kapitalintensives Unternehmen wie die WASEC mit dem MTV-Projekt schließlich übernommen, was ein Schlaglicht auf die gigantischen Kosten der Medienunterhaltung wirft. Ende 1985 sah sie sich zum Verkauf der *MTV-Networks*, wie es inzwischen hieß – im Januar 1985 war mit VH-1 noch ein zweiter Musikvideo-Kanal dazugekommen –, gezwungen. Für eine knappe Milliarde Dollar ging es an die Viacom International, einen weltweit operierenden Fernseh-Programmdienst.
Das Musikvideo ist damit seinem Ursprung nach ein Genre der Werbung, und eben das unterscheidet es auch von allen vorangegangenen Film-Musik- bzw. Fernsehbild-Musik-Fusionen, die wie die Rockfilme der Vergangenheit oder die Popmusikprogramme des Fernsehens das Musikerlebnis visuell zu transportieren suchten. Das Musikvideo dagegen überzieht die Musik mit der Bildersprache der Werbung, und die folgt einer eigenen Ästhetik, von der dann zwangsläufig auch die Musik durchdrungen wird. So kommentierte der britische Journalist Don Watson:

> „Nie zuvor ist die Welt der populären Kultur so eng mit der Welt der Werbung, dem Verkauf von Lebensstil verbunden gewesen.“[11]

Ehemalige Filmemacher aus der Werbebranche dominieren nicht von ungefähr unter den Videoproduzenten und haben mit ihren professionellen Standards die Bildersprache des Videos geformt. Rasante, computergesteuerte Schnittfrequenzen, Slow Motion, harte Bildschnitte, häufige Format- und Perspektivwechsel, ungewöhnliche Kamerastandpunkte und das gesamte Repertoire visueller und technischer Effekte aus dem Werbefilm sind die äußeren Kennzeichen dafür. Der auf diese Weise präsentierte Song gerät in eine Funktion hinein, die ihm dem ästhetischen Gesetz der Werbung unterwirft. Paul Morley resümierte diese Entwicklung mit den Worten:

> „Im Video triumphiert die Idee, daß eine Pop-Schallplatte ausschließlich zum Verkauf da ist; es zerstört den zählebigen Glauben daran, daß eine Single produziert und angeboten werden kann, weil ein paar Leute das

dringende Bedürfnis verspüren, gerade diesen Song unbedingt in die Welt hinauszuschicken. Das Video definiert den Popsong als konserviertes Objekt und nicht mehr als eine Art von Ereignis.“[12]

Die Konsequenzen, die das hat, sind am deutlichsten an jenem Trend ablesbar, der mit den britischen *boy groups* – Duran Duran, Frankie Goes To Hollywood, Bronski Beat oder Wham – voll und ganz der kommerziellen Wirksamkeit des Videos geschuldet ist. Musikalisch ein mit Rhythmuscomputern unterlegter, unter Nutzung aller Möglichkeiten des Aufnahmestudios fabrizierter Techno-Sound aus kurzatmigen, überwiegend repetitiven Spielmustern, beginnen diese Produktionen im Video erst wirklich zu leben.
Ein Prototyp dessen ist das im November 1984 erschienene „Wild Boys“[13] von Duran Duran, das Russell Mulcahy zu einem musterhaften Video verarbeitet hat. An ihm sind die ästhetischen Besonderheiten und künstlerischen Möglichkeiten, aber auch die Problematik des Musikvideos wie an kaum einem anderen Beispiel überdeutlich sichtbar. Der Song selbst ist ein klassisches Zeugnis für die als Synthi-Pop firmierende High Energy-Tanzmusik der achtziger Jahre, durch den im Klangbild dominierenden verzerrten Heavy Metal-Sound der Gitarre und das bellende Skandieren der Titelphrase im Refrain mit einem etwas aggressiven Unterton versehen. Dem steht die seelenlose starre Mechanik des Basisrhythmus gegenüber. Der Text, mit gepreßter Stimme in hoher Lage, beinahe winselnd gesungen, ist eine lose Aneinanderreihung metaphernreicher sprachlicher Bilder ohne jede erkennbare Erzählstruktur:

Wild boys! Wild boys!
The wild boys 're calling
On their way back from the fire
In August moon's surrounder
To a dust cloud on the rise
Wild boys fallen far from glory
Reckless and so hungered on the razor's edge you trail
Because there's murder by the roadside
In a sore afraid new world

They tries to break us
Looks like they'll try again
Wild boys never chose this way
Wild boys never close your eyes
Wild boys always shine

You got sirens for a welcome
There's blood stain for your pain
And your telephone been ringin'
While you're dancing in the rain
Wild boys wonder where is glory
Where's all you angels now the figureheads 're fell
And lovers war with arrows
Over secrets they could tell
They tried to tame you
Looks like they'll try again
Wild boys never lose it
Wild boys never chose this way
Wild boys never close your eyes
Wild boys always shine
Wild boys! Wild boys!

Das Video dazu zeigt eine surrealistisch-apokalyptische Welt voll verwirrender Symbolik, läßt alptraumähnlich zusammenhanglose und dunkle Bilder hektisch und ungeordnet vorbeirasen, in fahles bläuliches Licht oder den flakkernden Schein von Flammen getaucht. Die Bilder wechseln in Sekundenschnelle, oft nur die flüchtige Spur eines Eindrucks hinterlassend, um dann wiederum in quälend sich hinziehenden Detaileinstellungen zu erstarren. Die Kameraperspektive pendelt unablässig zwischen allen nur denkbaren Blickwinkeln, was eine räumliche Ortung, ein Inbeziehungsetzen von oben und unten, rechts und links nahezu unmöglich macht. Statt dessen durchzieht die Bilderfolge eine nicht abreißende, richtungslos verlaufende Bewegung. Die Szenerie ist beherrscht von Kampf, Attacke, Aggression und stilisierter Gewalt. Die Musiker von Duran Duran sind in das gespenstische Geschehen einbezogen, stehen zugleich aber auch daneben, durch einen immer wieder eingeblendeten Bildschirm, auf dem sie selbst als Video ablaufen. Die versammelten Symbole sind bar jeder Logik: Männer stoßen Tische um, in flackernde Schatten getaucht, Stichflammen lodern aus ihren Mündern, eine in einen wehenden Umhang gehüllte Gestalt nähert sich mit gefährlicher Langsamkeit; ein roboterähnlicher Mensch-Maschinen-Kopf dreht sich flammenspeiend zu einem Videoschirm, auf dem Duran Duran, „Wild Boys" spielend, zu sehen sind; halbnackte Wilde, mit Ledershorts bekleidet, bemaltem Oberkörper und Punk-Frisuren führen archaische Tänze auf; auf dem Bildschirm beginnt ein Zeitzünder zu ticken; Flammen schießen hoch; Laborgeräte werden sichtbar; eine Fahrstuhlplattform senkt sich in einem Metallgerüst; Körper wirbeln wie Geschosse durch die Luft; eine Windmühle erscheint, den Leadsänger von Duran Duran auf einen der Windmühlenflügel gebunden und durch die Luft rotierend; ein anderer der Duran-Duran-Musiker müht sich, in einem Käfig eingesperrt, an modernsten Computern, während ein dritter mit Fotos von sich selbst einer Art Gehirnwäsche unterzogen wird; wieder beherrschen die Wilden mit ihren barbarischen Tanzspielen die Szene; von irgendwoher taucht ein mittelalterlicher Flugapparat mit einem Mann darin auf; ein Wilder versucht ihn mit dem Lasso zu fangen, doch er rast in die Windmühle, was den Leadsänger von Duran Duran von seiner Rotationstortur befreit; er findet sich daraufhin in grünlich schimmerndem Wasser, von einem Ungeheuer bedroht, wieder; an dem Metallgerüst hängt der Gitarrist der Band, sich an den Verstrebungen kaum haltend, und spielt Gitarre; immer hektischer werden die Bildschnitte – und plötzlich dann, Duran Duran, dem Alptraum entflohen, in einem Oldtime-Automobil unter Konfettiregen, dazwischen, wie Erinnerungen, immer wieder noch einmal die tanzenden Wilden. Die Musik, überwiegend aus rhythmisierten Tonrepetitionen geschichtet, treibt die Bildsequenzen voran und strukturiert die Bewegungsabläufe im Bild, ohne doch mit ihrem mechanischen Gleichlauf diesen apokalyptischen Alptraum zu rechtfertigen oder gar zu bedingen. Sie ist eher irgendwie leer, bloßes Bewegungsmuster. Auch zum Text lassen sich kaum eindeutige Bezüge herstellen – und die, die es gibt, sind formal, zielen auf isolierte Begriffe wie Feuer, Krieg, Blut, wild boys. Doch auch dann fehlen eindeutige Zuordnungen: Wer etwa sind die wild boys im Video – die tanzenden Wilden, Duran Duran, alle zusammen? Anderen visuellen Symbolen wiederum, der Windmühle, den Laborgeräten, dem mittelalterlichen Flugapparat, dem luxuriösen Oldtimer, fehlt jede sinnbezogene Entsprechung in Text oder Musik. Dennoch sind die Bilder keineswegs sinnlos. Genauer betrachtet ist jede Bildeinstellung ein sorgfältig ausgeführtes Zitat des Action-Repertoires aus Abenteuer- und Science fiction-Filmen, bezieht sich also auf vorangegangene Medienerfahrungen des Zuschauers, der die einschlägigen Filmproduktionen in Kino oder Fernsehen jeder Wahrscheinlichkeit nach in Hunderten von Versionen gesehen und damit die visuellen Stereotype parat hat. Aber diese sind im Video ihres logischen Zusammenhangs, jedes kontinuierlichen Ablaufs entkleidet, fragmentiert. Die Einstellungen wiederholen sich, zeigen in Sekundenfolge immer wieder die gleichen Bewegungen und Gesten, ihnen fehlt das Resultat, die Konsequenz. Zugleich sind sie an offenkundig zusammenhanglose Bildobjekte gebunden – der an Leonardo da Vincis Visionen gemahnende Flugapparat, die Windmühle, alchimistische Laborgeräte, modernste Computertechnik, überdimensionale Videoschirme, Käfige, futuristische Metallgerüste, das Fabelwesen im Wasser, der Oldtimer, die Comics-Figurinen nachgebildeten und mit Punk-Accessoires versehenen Wilden. Was hier wirkt, ist das ästhetische Gesetz der Werbung.

Werbung beruht auf einem ebenso simplen wie wirksamen Prinzip – der Kombination zweier an sich disparater Zeichensysteme durch eine Reihe von formalen Techniken. Es wird versucht, einem Produkt dadurch für seinen potentiellen Käufer eine besondere Bedeutung zu geben, daß ein ästhetisch aufbereitetes Zeichen von ihm, sein fotografiertes Abbild beispielsweise mit einem anderen, emotional wirksameren Zeichensystem kombiniert wird. So steht etwa eine Flasche Orangensaft in Großaufnahme in einem Bild, das einen malerischen Südsee-Sonnenuntergang zeigt. Die fotografierte Flasche an sich besagt nicht mehr, als daß es sich eben um eine bestimmte Marke Orangensaft handelt. Das Bild des Sonnenuntergangs dagegen ist affektiv besetzt, steht für Urlaub und Naturerlebnis. Der Zusammenhang zwischen der fotografierten Flasche und der Fotografie des Sonnenuntergangs ist kein logischer, sondern er wird formal hergestellt. Beide Bilder sind in einer Art und Weise montiert, daß das Resultat in Farbzusammensetzung, Proportion und Raumaufteilung eine harmonische Einheit ergibt, die als natürlich erscheinen läßt, was doch eine ebenso willkürliche wie unlogische Komposition darstellt. Doch ist dem Orangensaft damit nun die erfrischende und entspannende Wirkung eines Sommerurlaubs, die Kraft und der exotische Reiz der Natur zugewachsen. Deshalb schmeckt er keinen Deut anders, aber das Produkt prägt sich ein; und eben darum geht es bei dieser sinnlosen Konkurrenz der Erscheinungsbilder der Sache nach oft vollkommen gleichartiger Produkte in der Werbung. Es ist eine Ästhetik des Synthetischen, in der an sich zusammenhanglose Zeichensysteme, Bilder, Materialien, Objekte und Symbole durch formale Techniken, Farbkomposition, Bildaufbau, Filmschnitt und auch Musik, so miteinander kombiniert werden, daß sie eine neue, fiktive ästhetische Realität ergeben, die die Werte und Bedeutungen, mit denen sie jeweils besetzt sind, scheinbar organisch zusammenwachsen läßt.

Das Musikvideo folgt dem gleichen Prinzip, nutzt die gleichen Techniken, nur daß das Produkt, für das es wirbt, die Schallplatte, abwesend ist. So ist es innerhalb des Funktionszusammenhangs der Werbung zugleich auch ihre Aufhebung, weil es die hochentwickelten Techniken dieser Branche von ihrem gegenständlichen Produktbezug befreit. Die Schallplatte, für deren Kauf es agitiert, bleibt unsichtbar. Sie wird durch den Song vertreten, der jedoch nicht selbst die Produktposition einnehmen kann, da er als Klangkulisse für das optische Geschehen fungieren muß. So kann mit dem ästhetischen Instrumentarium der Werbung spielerisch und weit kreativer umgegangen werden. Eben das hat das Video für Aussteiger aus der Werbebranche auch so attraktiv gemacht, fehlen ihm doch die einengenden Grenzen herkömmlicher Produktwerbung – die unabdingbare Produktpräsenz und die zwangsläufige Beschränkung auf lediglich eine alternierende Zeichenebene als Referentsystem, denn nur so ist dem Produkt, für das geworben werden soll, ein klares, eindeutiges und einprägsames Profil zu geben. Und selbst der mit dem Video natürlich verbundene Imageaufbau für Musiker und Bands bringt nicht im mindesten die Zwänge des üblichen Werbespots mit sich, denn wie das Duran Duran-Video zeigt – und Beispiele dafür gibt es zahlreich – können die Musiker in den unterschiedlichsten Rollen in das Geschehen einbezogen werden, unabhängig vom festgelegten Imagekonzept. So eröffnet das Musikvideo den formalen Techniken der Werbung ein völlig neues Anwendungsgebiet. Medienbilder und Symbole, verbale, musikalische und visuelle Stereotype können im freien Spiel der Phantasie aufeinander bezogen werden, strukturiert allein durch formale Verknüpfungen – der Rhythmus der Musik mit dem Rhythmus des Bildschnitts, Kameraschwenk und Perspektive zur Verbindung nicht zusammengehörender Bildobjekte, Bildsequenzen als Klammer in Zeit und Raum springender Fortschreitungen und dergleichen mehr. Es gibt mittlerweile ein nahezu unbegrenztes Reservoir derartiger Möglichkeiten. Das „Wild Boys"-Video ist ein Musterbeispiel dafür. Da werden mit blitzartigen Bildsequenzen Tische umwerfende Männer, Flammen und geheimnisvoll zuckende Schatten zu einem zusammengehörigen Ereignis verbunden; lassen kreisende Kamerabewegungen archaische Wilde, Maschinengebilde der Neuzeit und einen erbarmungslos tickenden Zeitzünder abwechselnd ins Bild treten, so, als wäre dies ein organisches Ganzes; sind futuristische Gerüste, an dunkelstes Mittelalter erinnernde Menschenkäfige und hypermodernes Computerequipment durch die Horizontalen und Vertikalen ihrer Gitterstruktur in Beziehung zueinander gebracht; werden isolierte Einzelworte des Textes zu Schlüsselbegriffen für ganze Bildsequenzen; synchronisieren die Rhythmusmuster der Musik zusammenhanglose Bilderfolgen; dient ein sich aus der Musik herausentwickelndes kurzes, aufsteigendes Gitarrensolo dazu, den plötzlich hereinschwebenden Flugapparat als ganz natürliches Element des Geschehens erscheinen zu lassen – es ist schlichtweg unmöglich, das raffiniert geknüpfte Netz formaler Beziehungen und Bezüge auch nur annähernd erschöpfend zu beschreiben.

Die ursprünglichen Bedeutungen dieses Sammelsuriums von Symbolen, Objekten und Stereotypen verweisen in derart mehrdimensionalen und mehrschichtigen Syntheseformen mit deutlich fiktionalem Charakter aufeinander, löschen einander aus, sind in der Rasanz der Schnittfolge oft kaum richtig wahrnehmbar, vermischen sich und erzeugen so ein Assoziationsfeld, das wie ein Magnet die Erinnerungsbilder des Betrachters, Bewußtseinsfragmente, Imaginationen und seine Phantasie anzieht. Es ist eben nicht so, wie dem Video oft allzu eilfertig nachgesagt, daß es die Songs nun auch noch mit einer visuellen Interpretation überzieht, die deren Wahrnehmungsweise endgültig standardisiert, selbst den letzten Spielraum für individuelle Assoziationen auslöscht. Vielmehr findet hier nur eine Fortsetzung und Erweiterung, was in der Ästhetik des Rocksongs bereits angelegt ist. Ebensowenig wie dieser als bloße verbale und musikalische Umsetzung einer vorformulierten „Botschaft“ begriffen werden kann, sondern offen ist für verschiedene Möglichkeiten des Gebrauchs und der Sinngebung, ebensowenig ist auch das Video dazu als die bloße Addition einer weiteren, visuellen „Ausdrucks“ebene zu begreifen. Es offenbart statt dessen viel deutlicher noch als vordem, daß die Vorstellung von einer stufenweisen Umsetzung aussagenlogischer „Botschaften“ über Text, Musik, Interpretation und nun auch Bild in die Köpfe der Rezipienten hier ins Leere geht. Im Gegenteil: die dem Musikvideo zugrunde liegende Ästhetik des Synthetischen führt durch die formal hergestellte Integration verbaler, musikalischer und visueller Stereotype zur Aufhebung von feststehenden Bedeutungsmustern. Der spielerische Nonsens, das Absurde oder Banale seiner Konstruktionen, die häufigen Wiederholungen von Einstellungen, die ausgestellte Verwendung von Klischees und Stereotypen umstellt nicht die Phantasie des jugendlichen Betrachters, der mit den verwendeten Standards als Rezipient einschlägiger Film- und Musikproduktionen aufgewachsen ist, sie jederzeit verfügbar hat, sondern fordert sie statt dessen heraus. Es ist das so etwas wie eine kreative Weiterverarbeitung vorangegangener Medienerfahrungen. Auch für das Video gilt, daß es kein Gegenstand der Anschauung, kein „Kunstwerk“ nach dem Maß der Tradition ist. Es reagiert vielmehr auf die mittlerweile veränderten Fernsehgewohnheiten, die erworbenen Medienerfahrungen, ebenso wie seinerzeit die Rockmusik auf die durch Kofferradio und Single veränderten Umgangsweisen mit Musik reagierte. In dieser Hinsicht hat seine Attraktivität zweifellos damit zu tun, daß durch Ju-

gendliche das Fernsehen viel organischer in die Lebensprozesse des Alltags einbezogen wird, nicht mehr als abgehobenes familiäres Abendritual mit starrem Blick auf die Mattscheibe, sondern in seiner Nutzung eher dem Radio vergleichbar – zwar ausgedehnter als früher, aber selektiver, als beiläufig aufgenommener Hintergrund integriert in das Treffen mit Freunden oder in öffentliche Freizeiträume wie die Diskothek, zum Bestandteil unterschiedlichster Freizeitaktivitäten gemacht.[14] Insofern liegt im Musikvideo eine Potenz, vermag es – wie das Duran Duran-Video zeigt – Musik und Songs noch durchlässiger für die von den Jugendlichen selbst entwickelten Bedeutungen zu machen, verankert sie über die attraktiv gemachte Kombination von Erfindung und Erfahrung tiefer noch, komplexer, mehrdimensionaler und umfassender in deren Alltag.
Wenn es dennoch einen entscheidenden Unterschied zu den kulturellen Gebrauchszusammenhängen gibt, in denen die Rockmusik steht; einen Unterschied, der auch das musikalische Erscheinungsbild jener auf das Video abgestellten Entwicklungstrends unüberhörbar geprägt hat, so ist dafür seine massive ökonomische Funktionalisierung die Ursache. Das meint weniger den konsequenten Bezug auf die visuelle Rhetorik der Werbung, die mit dem hier konzentrierten kreativen Potential ästhetische Produktivkräfte durchaus auch zu entwickeln imstande ist, als vielmehr die feste Einbindung des Musikvideos in die ausschließlich kommerziell bestimmten Zusammenhänge transnationaler Medienkonzerne. Die Videoproduktion ist durch die immer noch sehr aufwendige Technologie eben nicht so universell und auf so breiter Basis zugänglich wie das Musizieren. Zwar gilt auch hier, daß ihre Rezipienten nicht die Konsumsklaven der Industrie sind, sondern einen aktiven, von ihren Alltagserfahrungen bestimmten Umgang mit derartigen Medienprodukten ausbilden, der die kommerziell gesetzten Zusammenhänge unterlaufen kann. Aber die Kontrolle über das Video, über die in ihm präformierten Wertmuster hat ausschließlich die Industrie. Der britische Kulturwissenschaftler Mark Hustwitt schrieb dazu:

> „Alle Kanäle, auf denen die Promos die britischen Popmusikhörer erreichen, sind in spezifische ökonomische

> Verhältnisse eingebunden, die den gegenwärtigen Boom der Videoproduktion hervorgerufen haben und die Videos sowie die Art und Weise, wie sie gesehen werden, unmittelbar beeinflussen. Zugleich haben die die Videos transportierenden Medien kulturelle und ästhetische Auswirkungen auf die von ihnen benutzten Videoclips."[15]

Das Musikvideo ist durch seine kommerzielle Funktion auf Faszination, Bestätigung und Überwältigung ausgerichtet. Auch wenn es die ästhetischen Techniken der Werbung aus ihren produktbezogenen Zwängen befreit und ihnen ein neues Anwendungsgebiet erschließt, so bleibt doch darin ihre Funktion als visuelle Agitation für die ökonomischen Interessen des Kapitals in der Musik- und Medienindustrie. Videos werden nicht zur Erweiterung der ästhetischen Möglichkeiten und kulturellen Potenzen der Musik produziert, sondern zur Promotion von Schallplatten. Mithin formt das Musikvideo nicht nur psychische Motivationsstrukturen und Wünsche, sondern es prägt Wahrnehmungs- und Urteilsstereotype, verleitet durch seine synästhetische sinnliche Attraktivität seine Betrachter zu einem grundsätzlich bejahenden, bestätigenden und zustimmenden Verhältnis gegenüber den Inhalten seiner Wahrnehmung bei der Videorezeption. Damit aber konditioniert es eine Anschauungsweise von Welt, strukturiert ein Bild von Welt, womit es, gerade weil das auf der Oberfläche der ablaufenden Bilderfolge nicht evident ist, tief in das Alltagsbewußtsein hineinwirken kann. Julien Temple, Regisseur zahlloser Musikvideos und zweier erfolgreicher Musikfilme, hat durchaus recht, wenn er schreibt:

> „MTV ist ein Weg zu den Augen, zu dem Gehirn und zum Bewußtsein der Welt."[16]

Das Musikvideo verbindet Erfahrung und Erfindung, Realität und Illusion zu einer Einheit, die ihm trotz seiner flexiblen Bedeutungen weltanschauliche und ideologische Standards unterlegt. Sie infiltrierten die von ihm visuell verpackte Musik wirksamer, konkreter und unmittelbarer, als das mit der ideologischen Appellfunktion des Starsystems

etwa geschieht. In ihm verkörpern sich ästhetische Werte und Ideale, werden Wertmuster vorgegeben, soziale Normen stabilisiert, die durch seinen werbewirksamen Agitationscharakter prinzipiell auf Bejahung und Zustimmung festgelegt sind. Das ist ihm zwar nicht ansehbar, läßt sich an den Bilderfolgen – das Duran Duran-Video belegt es – in der Regel nicht einfach ablesen, sondern funktioniert über die Konnotationen, die ihm durch jene Zusammenhänge zuwachsen, für die es so attraktiv und faszinierend wirbt.
Und eben das macht das Video dann doch zu einer ausgesprochen ambivalenten Erscheinungsform von Massenkultur im Imperialismus, an der die Grenzen des monopolistischen Eigentums an den Medien sozialer und kultureller Kommunikation, der Umsetzung von Kultur in Warenform zur Realisierung maximaler Profite, offenkundiger als je zuvor werden. Obwohl dem Video in seinen entwickeltsten Formen noch kaum absehbare Möglichkeiten der Gestaltung der kulturellen Alltagsbeziehungen innewohnen, sind seine Auswirkungen auf die Musikindustrie durch die Zusammenhänge, in die es hineingestellt ist, höchst problematisch. Paul Morley ist kaum zu widersprechen, wenn er dazu schreibt:

> „Das Video läßt uns in den finstersten Bereich des kommerziellen Spiels mit der Popmusik zurückfallen. [...] Die Entstehung des Videos, oder doch zumindest sein Mißbrauch durch die Industrie, ist ein wesentlicher Grund, daß die Popmusik auf der Stelle tritt und zu ersticken droht. [...] Das Video wird zum warnenden Symbol dafür, was die endgültige Reduktion des Pop auf bloß noch künstliche Konfektion, auf die gewöhnlichste Konsumkonditionierung sein könnte."[17]

Das gilt um so mehr, als der überwiegende Teil der Videoproduktionen keineswegs die an dem Duran Duran-Video bemerkte Komplexität aufzuweisen hat, sondern mit möglichst niedrigen Kosten und in kürzester Zeit zusammengeklitterte Montagen aus vorfabriziertem Material darstellt. Da geht es um nicht mehr, als auf dem Bildschirm irgendwie präsent zu sein. Dafür werden dann die bestehenden Filmarchive kurzerhand ausgeräumt, um aus dem vorhandenen

Spielfilmmaterial ein paar mehr oder weniger passende Bildsequenzen mit der irgendwo aufgezeichneten Band zu kombinieren, sofern die Videos nicht überhaupt nur die auf die Schnelle gemachte Aufzeichnung eines Auftritts darstellen. Die Mehrheit der Musikvideos, das ist nicht zu übersehen, trägt den Stempel einer ebenso gedankenlosen wie oberflächlichen Machart unter chronischem Zeit- und Geldmangel, die die Songs mit einem kruden Bilderbrei aus den abgestandensten Klischees des Werbefilms überzieht.
Vor allem aber hat der Einsatz des Videos zur Promotion von Schallplatten die Gewichtungen in den sozialen Auseinandersetzungsprozessen um die kulturellen Werte und Bedeutungen des Rock eindeutig zugunsten der Musikindustrie verschoben. Die von ihr um die Songs herum aufgebauten kulturellen Kontextbeziehungen sind mit dem Video wesentlich dichter geworden, die Kontrolle über Musik und Musiker umfassender. Annie Lennox von den Eurythmics erklärte gegenüber dem *New Musical Express:*

> „Immer mehr Leute können sich einmischen in das, was wir machen. So wurde einer unserer ersten Auftritte auf Video aufgezeichnet, um ihn zu einem Promo für MTV umzuarbeiten. Ohne daß wir davon wußten, denn wir hatten nicht die Kontrolle über unsere Arbeit, die uns eigentlich zugestanden war, wurde daraus etwas Verkaufbares gemacht. Wir haßten dieses Video, da wir uns selbst darin nicht im geringsten wiedererkannten. Wir wollten es zurückkaufen. Doch das war unmöglich, denn es gab da eine Klausel im Vertrag, nach der wir zu unserer eigenen Arbeit keinerlei Zugang mehr hatten."[18]

Die Musiker werden so in einen für sie unkontrollierbaren und oft auch undurchschaubaren Produktionsprozeß integriert, der sie zum Bestandteil eines industriell hergestellten Medienprodukts macht, ohne daß sie darauf noch einen Einfluß haben. Im Video können sie in ästhetische Zusammenhänge gestellt, in ideologische und kulturelle Kontexte transportiert werden, ganz unabhängig davon, inwieweit dies ihren eigenen künstlerischen Intentionen entspricht oder nicht. Holly Johnson, Leadsänger von Frankie Goes To Hollywood, hat das einmal sehr prägnant ausgedrückt:

„Ich bin kein Künstler mehr, ich bin zu einem Kunstwerk geworden."[19]

Dem gibt es nichts hinzuzufügen.
So gesehen, gehört das Video in den Bereich jener Vermarktungsstrategien, mit denen die Industrie die Musikentwicklung immer schon, auch aktiv, in eine Richtung zu drängen versucht hat, die für sie am effektivsten kontrollierbar ist. Die Musik über die Faszination am formalen und technischen Effekt aus ihren klassenspezifischen Gebrauchszusammenhängen herauszuheben, um ihre Entwicklung an Kriterien zu binden, die dem Interesse der Industrie, das heißt finanzielle Kontrolle entsprechen – das war stets das Bestreben der Plattenfirmen. Die in der zweiten Hälfte der siebziger Jahre einsetzende Absatzkrise ließ derartige Bemühungen energischer werden und provozierte hin und wieder auch zu ganz unverhohlenen Erklärungen über die verfolgten Absichten. Der Produzent des britischen TV-Rockprogramms *Riverside*, John Burrow, stellte seine Sendung anläßlich ihrer Einführung 1982 ins zweite Programm des BBC-Fernsehens mit folgenden Worten in der Programmzeitschrift *Radio Times* vor:

„Ich denke, daß es eine Menge junger Leute gibt, die es satt haben, ständig nur von Arbeitslosigkeit zu hören, und statt dessen entdecken, daß sie mit der Zeit, über die sie verfügen, kreativer umgehen, sich vielleicht wieder stärker für Musik und Mode engagieren können."[20]

Zynischer geht es eigentlich kaum noch, in einer Zeit, wo die schockierende Erfahrung der Massenarbeitslosigkeit in lähmende Resignation umgeschlagen ist. Insofern ist es dann alles andere als ein Zufall, daß an die kommerzielle Durchschlagskraft des Videos hauptsächlich solche Musikformen gebunden sind, die durch ihren sterilen technischen Perfektionismus, ihren Formalisierungsgrad und ihre rasch verschlissenen modischen Effekte in einem sozialen Vakuum angesiedelt sind, in dem sie kaum noch dazu taugen, die realen Alltagserfahrungen Jugendlicher aufzunehmen und die von ihnen entwickelten Werte und Bedeutungen weiterzugeben. Greil Marcus charakterisierte es so:

> „Rockmusik ... ist heute bloße ‚Mainstream-Musik' – alles durchdringend und aufdringlich leer, der Sound des Tages, sich auf nichts anderes mehr beziehend als ihren eigenen Erfolg, ihren eigenen bedeutungslosen Triumph."[21]

Das ist mitnichten das oft prophezeite Ende des Rock, wohl aber seine Transformation zurück in solche Zusammenhänge, die wieder ausschließlich von den Medien und der Industrie beherrscht werden und gemeinhin unter dem Etikett Popmusik firmieren. Daß dies heute derart im Vordergrund steht, hat mit der kommerziellen Wirksamkeit des Videos und der Tatsache zu tun, daß die Technologie seiner Herstellung und die Kanäle seiner Verbreitung einem Zugang außerhalb der hochzentralisierten Strukturen der transnationalen Medienkonzerne noch weitgehend entzogen sind. Das aber heißt nicht, daß die heterogene Vielschichtigkeit des Rock in der Punk-Nachfolge nun dem Synthi-Pop der britischen *boy groups* oder dem auf Hochglanz gebrachten Disco-Funk-Gebräu à la Michael Jackson oder Prince gewichen wäre. Nur findet sich dieses Spektrum im Musikvideo nicht einmal ansatzweise widergespiegelt, schon weil das Video angesichts seiner Kosten nur sehr selektiv eingesetzt wird. 1984 wurden in Großbritannien nicht mehr als 800, in den USA 1500 Songs auf Video umgesetzt.[22] Trotzdem kann es keinen Zweifel daran geben, daß die Videoproduktion auf einen Umbruch in den bestehenden kulturellen Wertsystemen, auf eine Veränderung der Kultur des Alltags mit entsprechenden Folgen für die Musikentwicklung hinzielt, zumal mit wachsendem Verbreitungsgrad der Videotechnik auch dieses Medium in funktionierende subkulturelle Zusammenhänge hineinwandert, ähnlich wie die Musik zum Gegenstand der kulturellen Klassenauseinandersetzungen werden wird. Es gibt erste Anzeichen dafür, doch wo sie hinführen werden, muß offenbleiben.

Nachwort

Es bleibt nun, am Schluß dieser Besichtigung der Zusammenhänge, in denen die Rockmusik sich herausgebildet und in eine Vielfalt von Spielweisen und Stilkonzeptionen entfaltet hat, der Frage nachzugehen, welchen Stellenwert die entstandene Musikpraxis in einem sozialistischen Konzept von Kultur besitzt.
Freilich, praktisch hat diese Frage längst eine Beantwortung erfahren – durch die Gruppen und Musiker, die über zwei Jahrzehnte nun schon, unter gänzlich veränderten sozialen, politischen und ökonomischen Bedingungen Rockmusik als Bestandteil der Kultur des Sozialismus mit Erfolg und großem Engagement für ihre Sache entwickelt haben. Es kann keinen Zweifel daran geben: Rockmusik ist innerhalb der Kultur des Sozialismus – bei allen Problemen und Widersprüchen, die einen solchen Weg naturgemäß begleiten – zu einer gesellschaftlich anerkannten, durch ihre künstlerische Leistungsfähigkeit ausgewiesenen und auf breiter Basis geförderten Form des Musizierens geworden, die einen unersetzbaren Platz in der kulturellen Freizeitgestaltung Jugendlicher, im Prozeß der Herausbildung ihrer Persönlichkeit einnimmt. Ein Blick auf die zahllosen Songs, die vielfältigen Aktivitäten und Initiativen, das System ihrer kulturpolitischen Leitung und das Netz ihrer Förderung könnte das jederzeit bestätigen.
Demgegenüber hier erneut die Frage nach dem Stellenwert des Rock innerhalb eines sozialistischen Konzepts von Kultur zu stellen, hat trotz allem seine Berechtigung, ist ihre Beantwortung doch nicht zuletzt deshalb erst einmal zu einer Angelegenheit von kulturpolitischer und künstlerischer Praxis geworden, weil ihre theoretische Aufarbeitung im Mangel an Kenntnissen, fehlendem wissenschaftlichem Vorlauf und dem Fehlen eines geeigneten Analyseinstrumentariums steckengeblieben war. Bekanntlich stieß der Rock unter den Musikwissenschaftlern der DDR zunächst auf ebensoviel Unverständnis wie Ablehnung. Von Peter Czerny ist das 1959 am Beispiel Bill Haleys, der ihm als Ausweis für den Kulturverfall im Imperialismus galt, klar und deutlich ausgesprochen worden:

„Da ist zunächst jene Art von Schlagermusik zu nennen, die zu hemmungslosem Ausleben, zur Roheit, zur Mißachtung der Menschenwürde erziehen soll. Wie diese Seite der Vergnügungsindustrie arbeitet, vermittelt höchst anschaulich das Auftreten des amerikanischen Rock 'n' Roll-Sängers Bill Haley ... An dieser Art von Schlagern können wir äußerst plastisch den Verfallsprozeß der Tanzmusik studieren, die aus der Retorte der Vergnügungsindustrie stammt und sich typischer Mittel des amerikanischen kommerziellen Jazz bedient."[1]

Diese These sollte, mehr oder weniger modifiziert, noch lange die Grundlage in der theoretischen Auseinandersetzung mit dem Rock bleiben. In den folgenden Jahren wurde sie mit musikwissenschaftlichen Begründungen zu untermauern versucht, deren Problem freilich war, daß es ihnen einer Prüfung der zugrunde gelegten Voraussetzungen ermangelte. Schon der amerikanische Rock 'n' Roll ist mit der Zuweisung an die „Retorte der Vergnügungsindustrie" und seiner Rückführung auf den „kommerziellen Jazz" gründlich mißverstanden, weil diese Prämissen so nicht stimmen. Das mußte dann natürlich alle weiterführenden und darauf aufbauenden Schlußfolgerungen ins Leere gehen lassen. Die dem Rock 'n' Roll aus der Tradition der afroamerikanischen Musik zugewachsene Einheit von musikalischer Gestaltung und körperlicher Bewegung erfuhr auf dieser Grundlage 1961 in der Zeitschrift *Musik und Gesellschaft* durch Veit Ernst die folgende, in ihrer Verkennung des tatsächlichen Sachverhalts schon groteske Interpretation:

„Unter dem Einfluß des Klangbildes der dekadenten Schlager- und Tanzmusik kann bei diesen Zuhörern unter bestimmten Voraussetzungen eine emotionale Stimmigkeit entstehen, die sie veranlaßt, den als ‚lässig' empfundenen Ausdrucksgehalt der betreffenden Musik körperlich bei sich umzusetzen. Der betont fläzige, lümmelhaft sich bewegende Jugendliche mit dem Kofferradio um den Hals verleiht seinen den ‚Rhythmus' der gehörten Musik nachahmenden Bewegungen eine bestimmte Qualität und Ausdrucksrichtung. [...] Der ‚lässige' Haltungsstil, der auf diese Weise Jugendlichen suggeriert werden kann, hat eine billige und snobistische Ignoranz gegenüber echten gesellschaftlichen Problemen mit im Gefolge und gibt den Jugendlichen die Illusion persönlicher Überlegenheit. Solchen Jugendlichen imponieren in der Regel auch keine echten Leistungen, sondern sie fühlen sich meist nur vom äußerlichen Bluff fasziniert; das heißt, sie erliegen der illusionären Chromglanz-Ideologie des sogenannten Wirtschaftswunders."[2]

Nun, auch Irrtümer sind ein Weg zur Erkenntnis, zumal – das darf der Gerechtigkeit halber nicht übersehen werden – solche Urteile in einer Zeit gefällt wurden, die kaum Möglichkeiten zu einer historisch und theoretisch differenziert ausgearbeiteten Sicht auf diese Entwicklungen ließ. Die noch junge DDR drohte in den gefährlichen Spannungen des kalten Krieges zerrissen zu werden und hatte damit ganz andere Sorgen und Nöte, als den kulturellen Verhaltensweisen von High School-Schülern im fernen Amerika nachzugehen, um auf diese Weise die sozialen Ursprünge einer Musikpraxis auszuloten, die innerhalb der Roll-back-Strategie amerikanischer Nachkriegspolitik zudem ihren wohldurchdachten Platz hatte. Außerdem sind viele Fakten und Zusammenhänge, auf die sich heutige Analysen stützen können, in den USA selbst wie auch in Großbritannien eigentlich erst im Verlauf der siebziger Jahre aufgearbeitet worden. Die erste wissenschaftlich gründliche Arbeit zum Rock, von dem amerikanischen Musikhistoriker Carl Belz, erschien 1969[3]; Studien zum sozialen und kulturellen Umfeld dieser Musik sind ausnahmslos wesentlich jüngeren Datums. Hinzu kam noch, daß angesichts des Schwergewichts einer traditionsreichen Musikwissenschaft auch der Rockmusik mit einem analytischen und begrifflichen Instrumentarium begegnet wurde, das – weil an ganz anderen Zusammenhängen entwickelt – ihre negative Bewertung geradezu programmierte. Rock muß wie ein Produkt des Zerfalls aller musikalischen und ästhetischen Werte erscheinen, wenn von der These ausgegangen wird, daß – analog zur klassischen Liedtradition – die melodische Qualität das entscheidende Kriterium zur Bewertung auch der populären Musik sei. Fritz Bachmann hat das 1967 mit den folgenden Worten wohl am deutlichsten auf den Begriff gebracht:

> „Für die sogenannte populäre Musik, für die Schlager der verschiedenen Gattungen, scheint mir ganz besonders zuzutreffen, daß die Melodik der wesentlichste Faktor des musikalischen Inhalts ist.“[4]

Der Widerspruch zwischen den von solchen Prämissen aus formulierten Theoremen und den realen kulturellen Entwicklungsprozessen innerhalb der sozialistischen Gesellschaft mußte immer größer werden. So ist 1972 dann schließlich auf der Tanzmusikkonferenz des Ministeriums für Kultur der unfruchtbaren theoretischen Diskussion darüber, ob der „westliche Gitarrensound“, wie es damals oft hieß, denn in Anspruch und Niveau „dem Sozialismus gemäß“ sei, ein Ende gesetzt worden, indem die Grundlinien sozialistischer Kulturpolitik für die Entwicklung der populären Musikformen präzisiert wurden. Im Referat des damaligen Stellvertreters des Ministers für Kultur, Werner Rackwitz, das das kulturpolitische Konzept zur weiteren Entwicklung der populären Musikformen im Rahmen der Kultur des Sozialismus zusammenfaßte, hieß es unter anderem:

> „Denn sowenig vom sozialistischen Standpunkt eine bloße Nachahmung, ein Sich-Unterwerfen unter den internationalen Modetrend für uns denkbar wäre, sowenig ist für uns eine Tanzmusikentwicklung möglich, die sich bewußt als Anti-Modeströmung versteht, die sich bemüht, der kapitalistischen Moderichtung eine Art ‚Gegenmode‘ entgegenzusetzen. [...] Wir verzichten nicht auf Jazz, Beat, Folklore, nur weil die imperialistische Massenkultur sie zur Manipulierung der ästhetischen Urteilsfähigkeit im Interesse der Profitmaximierung mißbraucht.“[5]

Die Entwicklung der DDR-Rockmusik in den folgenden Jahren bestätigte die Richtigkeit dieser Position. Fortan konnte auf das in diesem Prozeß jeweils Erreichte Bezug genommen werden, erübrigten sich die theoretischen Spekulationen, ob eine aus der Massenkultur des Imperialismus heraus entstandene Form des Musizierens zur Entwicklung und Ausprägung von sozialistischen Kulturverhältnissen geeignet sei oder ob mit ihr zwangsläufig Haltungen, Verhaltens- und Denkweisen importiert würden, die die Jugend von den Werten und Orientierungen des Sozialismus entfremde. Daß dem nicht so ist, hat die Praxis ihrer Entwicklung in der DDR längst unter Beweis gestellt. Und das ist auch durch die Tatsache nicht widerlegt, daß es dennoch bei einer Dominanz der anglo-amerikanischen Formen des Rock in den musikalischen Alltagserfahrungen der Jugendlichen auch in der DDR geblieben ist, weil es angesichts der rasch voranschreitenden Internationalisierung dieser Prozesse gar nicht darum gehen kann, hier Quantitäten gegeneinander aufzurechnen. Viel wichtiger ist, daß sich die Rockmusik der DDR durch das künstlerische und politische Engagement der Gruppen und Musiker, durch ihre Leistungen und die von ihnen geschaffenen Songs einen Platz im Alltag Jugendlicher erobert hat, den nur sie besetzen kann, weil sie mit jenen sozialen Erfahrungen zu tun hat, die das Leben im Sozialismus ausmachen. Das Kräfteverhältnis in den internationalen Kulturprozessen, die im kulturellen Alltag der DDR gleichfalls wirksam sind, ist dagegen eine Folge der überproportionalen Konzentration von gesellschaftlichem Reichtum in einigen wenigen transnationalen Medienkonzernen und ihrer ökonomischen Machtposition im Ergebnis des Zusammenwachsens von Kommunikationsindustrie, Kulturindustrie und dem militärisch-industriellen Komplex. Dabei mithalten zu wollen, kann nicht im Interesse des Sozialismus und seiner gesellschaftlichen Grundlagen sein, so lange zumindest nicht, als das gesellschaftlich erzeugte Mehrprodukt für die Lösung wichtigerer sozialer Probleme gebraucht wird.

Insofern ist es durchaus an der Zeit – die hier entwickelten Einsichten in die Ästhetik und Soziologie des Rock provozieren förmlich dazu –, die prinzipielle Frage nach dem Stellenwert der Rockmusik innerhalb eines sozialistischen Konzepts von Kultur nun auch aus theoretischer Sicht noch einmal aufzugreifen, um sie auf dem Hintergrund der bei der Entwicklung der DDR-Rockmusik gemachten Erfahrungen und mit einem inzwischen erheblich gewachsenen

Fundus an Kenntnissen differenzierter zu beantworten, als das in den Diskussionen der sechziger Jahre möglich gewesen ist. Es gilt also das Fazit zu ziehen aus den in den vorangegangenen Kapiteln ausgebreiteten Zusammenhängen, um den eigenen Standort in den Kulturprozessen der Gegenwart noch genauer ausmachen zu können.

Im Ergebnis dieser Besichtigung des Rock in seinen ursprünglichen sozialen und kulturellen Zusammenhängen bleibt eines vor allem festzuhalten: Mit der Rockmusik ist eine Form von kultureller Praxis im Alltag Jugendlicher entstanden, die trotz ihrer kommerziellen Organisation dynamischer und in ihrem Wesen demokratischer ist, als dies der Blick allein auf die kapitalistischen Verhältnisse ihrer Produktion und Verbreitung offenbart. Sie hat ihren sozialen Ursprung in der Lebensweise der Arbeiterjugend, der Problematik ihrer Klassenerfahrung im industriell hochentwickelten staatsmonopolistischen Kapitalismus. Damit steht sie mitten in den kulturellen Klassenkämpfen dieser Gesellschaft, ist von der antagonistischen Gegensätzlichkeit der darin zum Ausdruck gebrachten Interessen geprägt. Ihre Entwicklung fällt zudem in eine Zeit, die politisch außerordentlich bewegt war, und sie ist von dieser Bewegung getragen worden. Die Einordnung der Rockmusik in die durch den Übergang vom Kapitalismus zum Sozialismus bestimmten Kulturprozesse der Gegenwart muß von diesen ebenso komplexen wie widersprüchlichen Bedingungen ausgehen, soll sie nicht erneut in unzulässigen Verkürzungen steckenbleiben.

Insofern zielt ein Verständnis des Rock, das allein das Verhältnis zu den ökonomisch und politisch herrschenden gesellschaftlichen Institutionen des Kapitals im Blick hat, an seinem Wesen vorbei. In diesem Zusammenhang ist er nichts anderes als ein Mittel zur kommerziellen Ausbeutung der Freizeit Jugendlicher, befindet sich in der Funktion, Jugend auf eine Weise zu formen, die systemkonform ist. Und das gilt unabhängig von den Intentionen der Musiker, ist ein Zusammenhang, der nicht teilbar ist, auch nicht mit Bezug auf die jeweiligen Vermarktungsstrategien der Industrie. Ein kommerziell erfolgreicher Song oder ein konzentriert vermarkteter musikalischer Entwicklungstrend steht als Musik den ökonomischen und ideologischen Interessen des Kapitals nicht näher als das, was nach seinen Kriterien weniger erfolgreich ist. Eine solche Unterscheidung basiert auf einem Trugschluß, der immer wieder zu unhaltbaren Fehleinschätzungen geführt hat. Die soziale und politische Relevanz von Musik bestimmt sich nicht nach ihrem kommerziellen Potential, weder positiv noch negativ. Genaugenommen, liegt dem die stillschweigende, wenn auch unbeabsichtigte Übereinkunft mit den kommerziellen Kriterien der Musikindustrie zugrunde, nur mit umgekehrten Vorzeichen versehen. Den ökonomisch und ideologisch herrschenden Verhältnissen entgeht Musik nicht dadurch, daß sie sich weniger gut verkauft.

Doch bringen diese Verhältnisse zugleich eben auch Klassengegensätze hervor und damit solche Funktionszusammenhänge, die durch die Lebensweise der Arbeiterklasse bestimmt sind. Ihr Umgang mit Musik erfolgt nicht außerhalb ihrer Lebensweise, nicht abgehoben von den sozialen Erfahrungen und kulturellen Traditionen, die darin eingeschlossen sind. Auch die Arbeiterjugendlichen sind als Musikrezipienten nicht das passive Anhängsel der transnationalen Medienkonzerne, deren Vermarktungsstrategien nicht vollkommen unterworfen. Ihr Musikgebrauch ist vielmehr aktiv, integriert in klassenspezifische kulturelle Zusammenhänge, in denen sie die Musik mit ihren eigenen Werten und Bedeutungen verknüpfen, sie auf die Bedingungen ihres Alltags anwenden. Rockmusik ist Gegenstand eines von den sozialen Gegensätzen innerhalb des Kapitalismus geprägten kulturellen Auseinandersetzungsprozesses um die durch sie hindurch zirkulierenden Bedeutungen, Werte und Sinngehalte. Die Gruppen und Musiker liefern mit ihren Produktionen dieser Auseinandersetzung immer wieder von neuem das Bezugsfeld, wobei sie um so erfolgreicher sind, je genauer sich der kulturelle Konflikt an ihren Songs kristallisieren kann. Rockmusik ist also weder eine Musik für die Massen der Arbeiterjugend im Kapitalismus noch das musikalische Ausdrucksmittel von ihnen. Mit einer solchen Sicht, die im Kern auf eine volksmusikalische Begründung der sozialen und politischen Relevanz des Musizierens hinausläuft, sind die Bedingungen der über die Medien vermittelten kulturellen Massenprozesse verfehlt. Unter diesen Bedingungen nämlich treten mit Schallplatte,

Rundfunk und Fernsehen machtvolle Institutionen des Kapitals als Mittler zwischen das Musizieren und den Umgang mit Musik. Sie projizieren sowohl dem Musiker ein stets bereits nach ihren Kriterien interpretiertes Bedürfnis als Bezugspunkt für das Musizieren, so wie sie umgekehrt den Hörer in ein nach ihren Kriterien bestimmtes Verhältnis zu ihren Produkten zu bringen suchen. Die Musikpraxis verliert dabei zwangsläufig jene soziale Homogenität, die sie in der Volksmusik und der an sie anknüpfenden proletarischen Musiktradition einmal besessen hatte. Sie wird statt dessen zum Resultat des widersprüchlichen und konfliktreichen Zusammenwirkens von Arbeiterklasse und kapitalistischer Musikindustrie. In der Rockmusik hat das seinen Niederschlag in einer Ästhetik gefunden, die sowohl dem klassenspezifischen Gebrauch von Musik durch die Arbeiterjugend neue Dimensionen erschlossen hat als auch eine Entwicklung des Musizierens auf der Grundlage der technisch fortgeschrittensten Möglichkeiten erlaubte, innerhalb von Massenmedien und Musikindustrie. Die Rockmusik steht so als bislang letztes Entwicklungsstadium der populären Musik in einem kulturhistorischen Gesamtprozeß, der sich unter veränderten sozialen, politischen und ökonomischen Bedingungen im Sozialismus fortsetzt. Je tiefer sie in die klassenspezifisch geprägten kulturellen Zusammenhänge im Alltag und der Freizeit der Arbeiterjugend eingebunden ist und dabei zugleich die technisch jeweils am höchsten entwickelten Produktivkräfte bewegt, um so weiter ist sie in diesem Prozeß vorangeschritten. In dieser Verbindung von klassenspezifischen kulturellen Gebrauchszusammenhängen auf seiten der Arbeiterjugend mit den technisch fortgeschrittensten Möglichkeiten der Musikproduktion liegt der Schlüssel zum Verständnis des Rock. Inwieweit es gelingt, diese beiden unter kapitalistisch organisierten Gesamtverhältnissen von gegensätzlichen Klassenkräften bewegten Pole musikalisch zur Einheit zu bringen, ist das kulturhistorische Maß, an dem sich diese Musik zu bewähren hat. Somit spiegelt sich auch im Rock ein Moment der kulturschöpferischen Rolle der Arbeiterklasse, die nämlich in ihrer um die Arbeit zentrierten Lebensweise die kulturelle Potenz der jeweils fortschrittlichsten Produktivkräfte und Kommunikationssysteme entfaltet. Die Kultur

der Arbeiterklasse ist ihrem Wesen nach weder technik- noch medienfeindlich.
Bezogen auf den Kulturprozeß als Ganzes finden in der Rockmusik und ihrer Ästhetik dann auch jene Veränderungen einen musikspezifischen Ausdruck, die mit dem Einzug der technischen Medien in den Alltag und die Lebensweise Jugendlicher verbunden sind. Es ist daher nicht verwunderlich, am Ausgangspunkt der Entwicklung des Rock das Kofferradio, die Singleplatte und heute diese Musik in einen komplexen Medienverbund eingebunden zu finden, der im Video kulminiert. Die dabei zu beobachtende zunehmende Dominanz technischer Medien in den kulturellen Alltagsbeziehungen allein auf das Wirken des Kapitalverhältnisses zurückführen zu wollen, wäre eine verhängnisvolle Verkürzung. Medien, Massenkultur und die in sie integrierten populären Künste spielen nicht deshalb eine so herausragende Rolle in den Kulturprozessen der Gegenwart, weil dies den ökonomischen und ideologischen Interessen des Kapitals entspricht. Die Attraktivität der technischen Medien für die Entwicklung der kulturellen Verhaltensweisen im Alltag und in der Freizeit hat seine Ursache vielmehr in den kulturellen Potenzen, die in den Massenmedien eingeschlossen sind. Sie bedeuten eine Konzentration und Zentralisation der Musikproduktion, die in dieser Form über die stets begrenzten Entwicklungen des lokalen Kulturbetriebs weit hinausreicht; und sie erlauben eine umfassende und differenzierte Entwicklung besonders jener Seiten von Kultur, die in die alltäglichen Lebensprozesse eingebunden sind. Es bringt nun einmal nicht jede Kleinstadt hochbegabte Musiker hervor, ebensowenig wie eine Konzert- oder Tanzveranstaltung Musik ähnlich universell in den Alltag zu transportieren vermag, wie das per Radio, Fernsehen oder Schallplatte möglich ist.
An der Entwicklung des Rock war zu verfolgen, welche Bedeutung dem bei der Ausbildung klassenspezifischer kultureller Gebrauchszusammenhänge für Musik zukommt. Ihre über die Medien realisierte universelle Integration in den Alltag ist die Voraussetzung dafür gewesen, daß sie zum Träger solcher kulturellen Werte und Bedeutungen werden konnte, die aus der Lebensweise der Arbeiterjugend resultierten, in den von ihnen gebildeten Subkulturen weiterent-

wickelt worden sind und durch die Medien dann immer wieder verallgemeinert wurden. Dabei hat die Musik im Spannungsfeld der Klassengegensätze ihre gestaltbezogene Eigenständigkeit als in sich mehr oder weniger geschlossenes künstlerisches Gebilde verloren. Sie ist nun als ein Element, als wesentlich offenes Bezugsfeld für die verschiedenartigsten kulturellen Verhaltensweisen und Freizeitaktivitäten in übergreifende kulturelle Zusammenhänge hineingestellt, in denen sie mit entsprechend bedeutungsträchtigen Materialien und Objekten des Alltags, mit Kleidermoden, Freizeitgegenständen und Verhaltensmustern kombiniert wird. Um die Musik herum entsteht ein System sozialer und kultureller Interaktionen, getragen von ihren jeweiligen Fans, das Bedeutungen, Werte, Sinn und Vergnügen *produziert*, statt als bloßer Konsumtions- und Rezeptionsapparat zu fungieren, der Musik als eine Art von außen gelieferter Konserve, gefüllt mit Botschaften, Sinnangeboten und Lustverheißungen, aufnimmt und diese „Inhalte" nur realisiert. Jeder musik- und kunstzentrierten Betrachtungsweise muß diese Verlagerung der Produktion von Bedeutungen und Werten, von „Inhalten", auf die die Musik weit übergreifende Ebene kultureller Interaktionssysteme verborgen bleiben. Dann erscheinen immer die musikalische Klanggestalt, ihre Differenziertheit, ihre Ausdrucks- und Abbildqualität, als das eigentlich Wesentliche, worin so etwas wie ein Verhaltens-, Denk- und Gefühlsprogramm eingesenkt ist, das mit gewisser Toleranzbreite das Hören steuert. Eine solche Sicht verfehlt jedoch die sozialen Gegensätze, durch die hindurch die Rocksongs mit ihrer Bindung an die hochentwickelten Produktions- und Vertriebsapparate der Massenmedien einerseits und die klassenspezifischen kulturellen Gebrauchszusammenhänge ihrer jugendlichen Fans andererseits zirkulieren müssen. In der Ästhetik des Rock ist dieser Gegensatz zu einer widersprüchlichen Einheit gebracht, worin die kulturellen Klassenauseinandersetzungen ein musikalisches Medium finden. Im Rahmen des Klassengegensatzes werden dabei hier zugleich jene Triebkräfte des Kulturprozesses bewegt, die die audiovisuellen Massenkommunikationsmittel in ihn eingebracht haben.

Mit dem Wegfall der Klassengegensätze verschwindet nämlich mitnichten der Widerspruch zwischen einer notwendig zentralisierten Musikproduktion und -verbreitung in den Institutionen der Massenmedien und den sich differenzierenden kulturellen Gebrauchszusammenhängen, in die die Musik durch eben diese Medien hineinvermittelt wird. Er verliert lediglich seinen antagonistischen Charakter. So führt die soziale Differenzierung der kulturellen Gebrauchszusammenhänge von Musik dann zwar nicht mehr zur Ausbildung lokal organisierter jugendlicher Subkulturen, denn diese sind an die Problematik der Klassenerfahrung als Folge der sozialen Antagonismen im industriell hochentwickelten staatsmonopolistischen Kapitalismus gebunden. Doch bedeutet das keineswegs eine Einebnung der Unterschiede im sozialen und kulturellen Profil der Klassen, Schichten und Gruppen innerhalb der Sozialstruktur der sozialistischen Gesellschaft. Deren fortschreitende Annäherung heißt nicht wachsende Unterschiedslosigkeit. Vielmehr finden sie mit der Aufhebung sozialer Schranken immer bessere Bedingungen zur Ausprägung ihrer jeweils spezifischen Lebensweise. Lothar Bisky resümierte die Ergebnisse der kultursoziologischen Forschung in der DDR hierzu mit folgenden Worten:

> „In der Entwicklung der Kulturbedürfnisse zeigen sich Tendenzen der Annäherung und Differenzierung zwischen den und innerhalb der Klassen und Schichten. Erhöht sich damit einerseits die Massenbasis für bestimmte Bedürfnisse (Musik, Filme, Fernsehspiele, Unterhaltung u. a.), so reproduzieren sich andererseits vorhandene Unterschiede in den Bedürfnissen. Die bisher durchgeführten Analysen in Großbetrieben zeigen, daß auch unter den Bedingungen der Intensivierung und des wissenschaftlich-technischen Fortschritts weiterhin mit beiden Tendenzen zu rechnen sein wird, wobei die Hypothese berechtigt ist, daß in den nächsten Jahren mit der Durchsetzung des wissenschaftlich-technischen Fortschritts Differenzierungen innerhalb der Klassen und sozialen Gruppen zunehmen werden."[6]

Auch die Jugendlichen werden damit einander nicht immer gleicher, sondern sie bilden in Abhängigkeit von ihrer sozialen Herkunft und ihrem eigenen sozialen Status als Schüler, Lehrling, junger Arbeiter oder Student durchaus unterschiedliche kulturelle Verhaltensweisen aus. Jugendsoziologische Untersuchungen bestätigen das, wie Dieter Wiedemann am Beispiel des Verhältnisses Jugendlicher zu den Künsten ausgeführt hat:

> „Einen 14jährigen Schüler und einen 24jährigen Facharbeiter verbindet zunächst einmal nur das in der DDR gesetzlich festgelegte Jugendalter, die sich daraus ergebenden Förderungsmaßnahmen und die Mitgliedschaft im Jugendverband. Sicher ist aber das Kunstverhalten des 24jährigen Facharbeiters dem eines 30jährigen Facharbeiters näher als dem des Schülers! Die mit den genannten Tätigkeiten verbundenen Unterschiede in den Arbeits- und Lebensbedingungen und in den gesellschaftlichen Anforderungen und Förderungen beeinflussen den Gebrauch der Künste stärker als die mit bestimmten biologischen Entwicklungsprozessen zusammenhängenden Erwartungen, Bedürfnisse und Interessen. Insofern sind die Gemeinsamkeiten im Kunstverhalten eines 18jährigen Schülers und eines ebenso alten Facharbeiters geringer als die von zwei Facharbeitern, die sich altersmäßig um zehn und mehr Jahre unterscheiden."[7]

Dennoch erfolgt der Umgang mit den technisch fortgeschrittensten Möglichkeiten des Musizierens zentralisiert in den Massenmedien Rundfunk, Schallplatte und Fernsehen, spielt die Mediennutzung andererseits sogar eine wachsende Rolle in der Freizeitgestaltung Jugendlicher, so daß trotz sich ausprägender Unterschiede in den kulturellen Verhaltensweisen die Mehrheit der Jugendlichen mehr oder weniger mit der gleichen Musik umgeht. Bei aller Differenzierung der Rockmusik in unterschiedliche Spielweisen und Stilkonzeptionen auf diesem Hintergrund, deren Verallgemeinerung auf eine Massenbasis ist eine unvermeidliche Konsequenz der Bindung von Musik an die audiovisuellen Massenkommunikationsmittel. So also bleibt der Widerspruch zwischen der Zentralisation der Musikproduktion in den Medien bei gleichzeitig immer differenzierterer Ausprägung der kulturellen Gebrauchszusammenhänge, auf die sie trifft; und damit auch die Notwendigkeit zur Vermittlung dessen in einer Ästhetik, die sowohl das Musizieren auf der Grundlage der entwickeltsten technischen Produktivkräfte in den Aufnahmestudios der Medien als auch die soziale Differenzierung kultureller Gebrauchszusammenhänge zuläßt. Bezogen darauf, ist es nur gesetzmäßig, wenn sich die Entwicklung des Rock im Sozialismus fortsetzt. Er ist ein notwendiger Schritt bei der Entfaltung der kulturellen Potenzen der Massenmedien in der Lebensweise Jugendlicher.

Das heißt freilich nicht, daß jenes dynamische Wechselverhältnis zwischen den immer wieder neu gebildeten kulturellen Kontextbeziehungen im Live-Zusammenhang und den Standards der Medienproduktion, das einmal die Grundlage der Entwicklung des Rock gebildet hat, mit dem Wegfall ausgebildeter jugendlicher Subkulturen aufgehoben sei. Es hat nur die darin eingeschlossene soziale Gegensätzlichkeit antagonistischer Klassengesellschaften verloren. Andererseits resultieren die Ansprüche, Bedeutungen und Werte, die im Live-Zusammenhang, in der unmittelbaren Interaktion zwischen Band und Publikum entwickelt und in entsprechende Spielweisen umgesetzt werden, eben aus jenem Platz und Stellenwert, den Musik nur in der Vermittlung durch die Medien in der Lebensweise Jugendlicher einnehmen kann. Die kulturellen Potenzen der Massenmedien zu entfalten, meint dann auch nicht etwa den Weg in eine dissoziierte häusliche Medienkultur, meint nicht eine Reduktion der Musikpraxis auf die technischen Kanäle der Massenkommunikationsmittel. Zu verstehen ist das vielmehr als Entfaltung einer lebendigen und dynamischen Wechselbeziehung zwischen medialen und außermedialen Kulturprozessen.

Genau darin liegt auch der Ansatzpunkt, um die Funktionen und Perspektiven des Rock im Rahmen eines sozialistischen Konzepts von Kultur präziser fassen zu können. Die Tatsache, daß er funktioniert und sich auf einer eigenständigen Grundlage erfolgreich entwickelt hat, besagt ja noch nicht viel darüber, wie er unter den veränderten Bedingungen sozialistischer Lebensweise und was da funktioniert. Entschieden zu kurz gegriffen wäre es, das auf eine Frage neuer Textinhalte zu reduzieren oder an diese Musik nun wieder mit den – lediglich auf „Unterhaltung“ abgestellten – Maßstäben einer Kunstästhetik herangehen zu wollen. Die Veränderungen, denen die Rockmusik innerhalb sozialistischer Gesellschaftsverhältnisse unterliegt, prägen sich nicht im musikalischen Material, in ästhetischen Gestaltungskonzeptionen, in neuen Spielweisen oder wie immer auch gearteten musikimmanenten Kriterien aus. Dies würde die Rockmusik wieder zu einem in sich geschlossenen musikalischen Gebilde machen, das die Werte und Bedeutungen, die sie für ihre Fans verkörpern kann, in sich trägt, sie an der künstlerischen Gestaltung der Songs ablesbar haben will. Die Alternative zur anglo-amerikanischen Rockmusik aber besteht nicht in einer Gegenästhetik. Sie liegt vielmehr in der Gestaltung eben jener kulturellen Zusammenhänge, in denen die Rockmusik im Spannungsfeld medienvermittelter und außermedialer Kulturprozesse verankert ist. Sind diese im Ergebnis des Wirkens sozialistischer Kulturpolitik frei von sozialen Gegensätzen und nicht mehr dem Diktat kommerzieller Funktionsmechanismen unterworfen, dann verändert sich ihr Charakter. Statt um die Pole möglichst profitabler Kapitalverwertung einerseits und der altersspezifischen Vermittlung der immer problematischeren Klassenerfahrung der Arbeiterjugend im Kapitalismus andererseits zentriert zu sein, wirken die um die Rockmusik aufgebauten kulturellen Zusammenhänge nun als Bedingung für die individuelle Entfaltung der Persönlichkeit, als Experimentierfeld für die Produktion von Wünschen und Bedürfnissen, für die Entwicklung von Motivationen und Phantasien, von Sinnlichkeit und Emotionalität. Sie setzen die im Alltäglichen und in den Materialien des Alltags verborgenen Möglichkeiten zur kreativen Selbstverwirklichung, zur Sinnbestimmung individuellen Lebens und zur Gewinnung von Lust und Vergnügen frei. Die dabei produzierten kulturellen Werte und Bedeutungen sind ein wichtiges Moment der Gestaltung des Alltags, des individuellen Erwerbs von sozialen Erfahrungen, der aktiven Ausprägung von Individualität und Persönlichkeit. In den wesentlich kollektiv bestimmten Zusammenhängen der Bildungsaneignung in Schule, Berufsausbildung und Universität, die den Alltag Jugendlicher organisieren, ebenso in den von den Gesetzen des wissenschaftlich-technischen Fortschritts beherrschten Verhältnissen der Arbeit kommt diesem Moment sogar eine wachsende Bedeutung zu, denn Kollektive sind um so reicher, je ausgeprägter die Individualitäten und Persönlichkeiten sind, die als Kollektiv wirksam werden. Was in solchen Zusammenhängen musikalisch funktioniert, ist nicht auf einen Kanon von Regeln, auf verbal und musikalisch formulierte „Inhalte", auf Kriterien und Konzepte festzuschreiben. Es lebt vielmehr voll und ganz von der Kraft der Innovation, vom Experiment und vom Einfallsreichtum, mit dem die spezifische Ästhetik des Rock immer wieder neu realisiert wird, neue produktive Räume, Sinnvermittlungen und emotionale Erfahrungen erschlossen werden. Je besser das gelingt, um so erfolgreicher ist diese Musik. Und darüber bilden sich dann jene wichtigen Formen des Alltagsbewußtseins vom Sozialismus, die ihn nicht zuletzt auch daran bemessen, wie reich an kulturellen Werten, Vergnügen, Sinnlichkeit und Lust er ist; ein Reichtum, der nicht scheibchenweise durch Kunst und Unterhaltung zu verabreichen ist, sondern in den kulturellen Massenprozessen freigesetzt werden kann. Hier mit genaueren Analysen anzusetzen, um dem nachzugehen, was innerhalb der sozial differenzierten sozialistischen Lebensweise durch jugendliche Rockfans an kulturellen Werten, an Vergnügen und Sinnlichkeit produziert wird, bleibt eine Aufgabe, die derzeit nur formuliert werden kann. Zu ihrer Lösung fehlt es an einer hinreichend differenzierten Aufarbeitung jener sozialen und kulturellen Zusammenhänge, auf die sich die hier vorgelegten Einsichten in die Ästhetik und Soziologie des Rock im Funktionszusammenhang des industriell hochentwickelten Kapitalismus stützen konnten. Dies zu leisten übersteigt freilich die Kompetenz des Musikwissenschaftlers und hat wohl auch kaum Aussicht, von einem einzelnen bewältigt zu werden.

ANHANG

Anmerkungen

„Roll Over Beethoven". Neue Erfahrungen im Medium Kunst

1 Michael Lydon, Rock Folk. Portraits from the Rock'n'Roll Pantheon, (Dutton) New York 1971, 171.
2 Richard Buckle, in: Sunday Times, Dezember 1963; zit. n. Iain Chambers, Urban Rhythms. Pop Music and Popular Culture, (Macmillan) Hampshire 1985, 63.
3 Carl Belz, The Story of Rock, (Oxford University Press) New York ^{2}1972, 3.
4 Chuck Berry, Roll Over Beethoven, Chess 1626 (USA 1956); auch auf: Chuck Berry, Amiga 855835 (DDR 1981); © 1956 by Arc Music Corporation, New York.
5 Zit. n. Black Music & Jazz Review, November 1978, 14.
6 Zit. n. Hunter Davies, The Beatles, (überarbeitete Neuausgabe, Dell Publishing) New York 1978, 283.
7 Simon & Garfunkel, The Boxer, CBS Columbia 4-44785 (USA 1969); auch auf: Simon & Garfunkel's Greatest Hits, Amiga 855684 (DDR 1979).
8 Zit. n. Spencer Leigh, Paul Simon. Now and Then, (Raven Books) Liverpool 1973, 54f.
9 The Blackboard Jungle (dtsch.: Die Saat der Gewalt), Regie: Richard Brooks, Columbia Pictures, USA 1955.
10 Rock Around the Clock (dtsch.: Außer Rand und Band), Regie: Sam Katzman, Columbia Pictures, USA 1956.
11 Don't Knock the Rock, Regie: Sam Katzman, Columbia Pictures, USA 1957.
12 Ian Whitcomb, After the Ball. Pop Music from Rag to Rock, (Allen Lane) London 1972, 29.
13 Kurt Blaukopf, Neue musikalische Verhaltensweisen der Jugend, (= Musikpädagogik. Forschung und Lehre, hrsg. v. S. Abel-Struth, Bd. 5), (Schott) Mainz 1974, 11.
14 David Riesman u. a., The Lonely Crowd. A Study of the Changing American Character, (überarbeitete Neuausgabe, Yale) New Haven 1961, XLV.
15 Simon Frith, Sounds Effects. Youth, Leisure and the Politics of

Rock'n'Roll, (Pantheon) New York 1981; dtsch. als: Jugendkultur und Rockmusik, (Rowohlt) Reinbek b. Hamburg 1981; 231.

16 Iain Chambers, Urban Rhythms ..., a. a. O., 5.

17 Zit. n. Jan Pareles/Patricia Romanowski, The Rolling Stone Encyclopedia of Rock & Roll, (Rolling Stone Press/Summit Books) New York 1983, 322.

18 Zit. n. Ralph Denyer, Chris Tsangarides Interview. The Producer Series, in: Studio Sound, Juli 1985, 88.

19 The Eagles, Desperado, Asylum 1 C 062-94386 (USA 1973).

20 Zit. n. Mike Wale, Vox Pop. Profiles from the Pop Process, (Harrap) London 1972, 67.

21 Frankie Goes To Hollywood, Relax, ZTT 12 ZTAS 1 (GB 1983).

22 Zit. n. New Musical Express, 22./29. Dezember 1984, 53.

23 Pink Floyd, The Dark Side of the Moon, Harvest 11163 (GB 1973); Amiga 855667 (DDR 1979).

24 Michael Naumann/Boris Penth, I've always been looking for something I could never find, in: dies. (Hrsg.), Living in a Rock'n'Roll Fantasy, (Ästhetik und Kommunikation) Berlin (West) 1979, 38.

25 Chris Cutler, File Under Popular. Theoretical and Critical Writings on Music, (November Books) London 1985, 145.

26 Elvis Presley, Hound Dog, RCA Victor 47-6604 (USA 1956).

27 Willie Mae Thornton, Hound Dog, Peacock 1612 (USA 1953).

28 Bill Haley, Shake, Rattle and Roll, Decca 29204 (USA 1954); auch auf: Bill Haley And His Comets, Amiga 855784 (DDR 1980);
Joe Turner, Shake, Rattle and Roll, Atlantic 45-1026 (USA 1954).

29 Peter McCabe/Robert D. Schonfield, Apple to the Core. The Unmaking of The Beatles, (Sphere) London 1971, 79.

30 Simon Frith, Jugendkultur und Rockmusik, a. a. O., 24.

31 Chris Cutler, File Under Popular ..., a. a. O., 100.

32 Jon Landau, It's too Late to Stop Now. A Rock'n'Roll Journal, (Straight Arrow Books) San Francisco 1972, 15.

33 Zit. n. Nicholas Schaffner, The Beatles Forever, (Pinnacle Books) New York 1978, 39. Lennon bezieht sich hier auf die beiden von ihm geschriebenen Bücher: John Lennon, Spaniard in the Works, (Cape) London 1965; John Lennon, In His Own Write, (Cape) London 1968.

34 Zit. n. John Lennon erinnert sich, (Release) Hamburg o. J., 37f.

35 Paul Willis, Profane Culture, (Routledge & Kegan Paul) London, Boston, Henley, 1978; dtsch. als: ‚Profane Culture'. Rocker,

Hippies: Subversive Stile der Jugendkultur, (Syndicat) Frankfurt (Main) 1981, 23.

36 Henri Lefèbvre, Critique de la vie quotidienne, (l'Arche Editeur) Paris 1958 u. 1961; dtsch. als: Kritik des Alltagslebens, (= Reihe Hanser Kommunikationsforschung, Bd. 142), (Carl Hanser) München 1974, Bd. II, 71.

37 Iain Chambers, Urban Rhythms ..., a. a. O., 6.

38 Iain Chambers, Popular Culture, Popular Knowledge, in: OneTwoThreeFour. A Rock'n'Roll Quarterly, 2, Sommer 1985, 18.

„Rock Around the Clock". Der Aufbruch

1 David Pichaske, A Generation in Motion. Popular Music and Culture in the Sixties, (Schirmer) New York 1979, 3.

2 Bernard Malamud, A New Life, (Penguin) Harmondsworth 1961; dtsch. als: Ein neues Leben, (Volk und Welt) Berlin 1970, 260.

3 Angaben nach William L. O'Neill, Coming Apart. An Informal History of America in the 1960's, (Times Books) Chicago [6]1977, 4.

4 Lloyd Grossman, A Social History of Rock Music. From the Greasers to Glitter Rock, (David McKay) New York 1976, 62.

5 Zit. n. David Pichaske, A Generation in Motion ..., a. a. O., 46.

6 Arthur Coleman, The Adolescent Society, (Free Press Glencoe) Chicago 1961, 3.

7 Zit. n. Bernard Morse, The Sexual Revolution, (Fawcett Publications) Derby, Conn., 1962, 131.

8 Chuck Berry, School Day, Chess 1653 (USA 1957); auch auf: Chuck Berry, Amiga 855835 (DDR 1981); © 1957 by Arc Music Corporation, New York.

9 Greil Marcus, Mystery Train. Images of America in Rock'n'Roll, (Omnibus) London 1977, 166.

10 Patti Page, Tennessee Waltz, Mercury 5534 X 45 (USA 1950).

11 Fats Domino, The Fat Man, Imperial 5058 (USA 1950).

12 Champion Jack Dupree, Junker Blues, Atlantic 40526 (USA 1940); auch auf: Antologie Blues/2. Dokumentární nahrávky vybral Paul Oliver, CBS/Supraphon 1015 3801-02 ZD (ČSSR 1983).

13 Vgl. Anschläge. Zeitschrift des Archivs für Populäre Musik, Bremen, I, 1978/2, 113.

14 Chuck Berry, Maybellene, Chess 1604 (USA 1955); auch auf: Chuck Berry, Amiga 855835 (DDR 1981).

15 John Grissim, Country Music. White Man's Blues, (Paperback Library) New York 1970.

16 Rudi Thiessen, It's only rock'n'roll but I like it. Zu Kult und Mythos einer Protestbewegung, (Medusa) Berlin (West) 1981, 22f.
17 Bill C. Malone, Country Music USA, (University of Texas Press) Austin, Tex., 1968, 229f.
18 Elvis Presley, That's All Right (Mama) c/w Blue Moon of Kentucky, Sun 209 (USA 1954).
19 Paul Willis, Profane Culture ..., a. a. O., 99.
20 Zit. n. Peter Guralnick, Elvis Presley, in: J. Miller (Hrsg.), The Rolling Stone Illustrated History of Rock & Roll, (Random House/Rolling Stone Press) New York [2]1980, 19f.
21 Mathias R. Schmidt, Bob Dylan und die sechziger Jahre. Aufbruch und Abkehr, (Fischer) Frankfurt (Main) 1983, 156.
22 Greil Marcus, Mystery Train ..., a. a. O., 142f.
23 David Pichaske, A Generation in Motion ..., a. a. O., 44.
24 Bill Haley And His Comets, Rock Around the Clock, Decca 29124 (USA 1954); auch auf: Bill Haley And His Comets, Amiga 855784 (DDR 1980); © 1953 by Myers Music Incorporation, New York.
25 Sonny Dae And His Knights, Rock Around the Clock, Arcade 123 (USA 1953).
26 Michael Naumann/Boris Penth, I've always been looking for something I could never find, a. a. O., 17 (Hervorhebung im Original).
27 Chuck Berry, Sweet Little Sixteen, Chess 1683 (USA 1958); auch auf: Chuck Berry, Amiga 855835 (DDR 1981); © 1958 by Arc Music Corporation, New York.

„Love Me Do". Ästhetik der Sinnlichkeit

1 Elvis Presley, Love Me Tender, RCA Victor 47-6643 (USA 1956); auch auf: Elvis Presley, Amiga 855630 (DDR 1978).
2 David Pichaske, A Generation in Motion ..., a. a. O., 41; der Verweis auf „Aura Lee" bezieht sich auf einen Titel des Norman-Luboff-Chors, ein ausgesprochen sentimentales, gefühlsseliges Stück [The Norman Luboff Choir, Aura Lee, Columbia 5-2424 (USA 1951)].
3 Anthony Scaduto, Bob Dylan. An Intimate Biography, (Grosset & Dunlap) New York 1972; dtsch. als: Bob Dylan, (Zweitausendundeins) Frankfurt (Main) 1976, 206.
4 The Beatles, Love Me Do c/w P. S. I Love You, Parlophone R 4949 (GB 1962).
5 Carl Perkins, Sure to Fall, Sun 5 (USA 1956).
6 Bruce Channel, Hey Baby, Smash 1731 (USA 1962).

7 George Melly, Revolt Into Style, (Penguin) Harmondsworth 1973, 26.
8 Dave Harker, One For the Money. Politics and Popular Song, (Hutchinson) London, Melbourne, Sydney, Auckland, Johannesburg 1980, 86.
9 Vgl. ebd.; vgl. auch Jürgen Seuss/Gerold Dommermuth/Hans Maier, Beat in Liverpool, (Europäische Verlagsanstalt) Frankfurt (Main) 1965, 20.
10 Bill Harry, Mersey Beat. The Beginnings of The Beatles, (Omnibus) London, New York, Cologne, Sydney 1977, 15.
11 Bram Dijkstra, Nichtrepressive rhythmische Strukturen in einigen Formen der afroamerikanischen und westindischen Musik, in: Hans Werner Henze (Hrsg.), Die Zeichen. Neue Aspekte der musikalischen Ästhetik II, (Fischer) Frankfurt (Main) 1981, 75.
12 Dick Hebdige, Subculture. The Meaning of Style, (Methuen) London, New York 1979, 49f.
13 William Haley, The Responsibilities of Broadcasting, (BBC Publications) London 1948, 11.
14 Zit. n. Dave Harker, One for the Money ..., a. a. O., 67.
15 Jeff Nuttal, Bomb Culture, (Paladin) London 1969, 21.
16 Ian Whitcomb, After the Ball ..., a. a. O., 178; vgl. auch Dave Harker, One for the Money ..., a. a. O., 67.
17 Hunter Davies, The Beatles, (Mayflower) London 1969, 166.
18 Derek Johnson, Beat Music, (Hansen) Kopenhagen, (Chester) London 1969, 6.
19 Mark Abrams, The Teenage Consumer, (London Press Exchange) London 1959, 13.
20 Dick Hebdige, Towards a Cartography of Taste, 1935–1962, in: B. Waites/T. Bennett/G. Martin (Hrsg.), Popular Culture: Past and Present, (Open University/Croom Helm) London 1982, 203.
21 Ian Whitcomb, After the Ball ..., a. a. O., 226.
22 Iain Chambers, Urban Rhythms ..., a. a. O., 4.
23 Zit. n. Arthur Gamble, The Conservative Nation, (Routledge & Kegan Paul) London, Boston, Henley, 1974, 78.
24 Ian Birchall, The Decline and Fall of British Rhythm & Blues, in: J. Eisen (Hrsg.), The Age of Rock. Sounds of the American Cultural Revolution, (Vintage) New York 1969, 97.
25 Dick Hebdige, Subculture ..., a. a. O., 74.
26 Ebd. 50.
27 P. Johnson, The Menace of Beatleism, in: New Statesman, 28. Februar 1964, 17.
28 Zit. n. Iain Chambers, Urban Rhythms ..., a. a. O., 38.
29 Zit. n. ebd. 60.
30 Bob Wooler, Well Now – Dig This!, in: Mersey Beat. Mersey-

side's Own Entertainment Paper, Vol. I, Nr. 5, 31. August–14. September 1961, 2.

31 Richard Mabey, The Pop Process, (Hutchinson) London 1969, 48.

32 Simon Frith, Popular Music 1950–1980, in: G. Martin (Hrsg.), Making Music, (Muller) London 1983, 32.

33 Rudi Thiessen, It's only rock'n'roll but I like it ..., a. a. O., 13.

34 Zit. n. Tonbandprotokoll eines Gesprächs, das der Autor am 23. November 1984 in Liverpool führte.

35 The Beatles, Roll Over Beethoven, EMI Electrola 1C 062-04 181 (GB 1963).

36 Roland Barthes, Mythologies, (Éditions du Seuil) Paris 1957; dtsch. als: Mythen des Alltags, (Suhrkamp) Frankfurt (Main) 1964, 105.

37 Simon Frith, Popular Music 1950–1980, a. a. O., 35.

38 Zit. n. Raoul Hoffmann, Zwischen Galaxis & Underground. Die neue Popmusik, (Deutscher Taschenbuch Verlag) München 1971, 39.

„My Generation". Rockmusik und Subkulturen

1 Simon Frith, The Sociology of Rock, (Constable) London 1978, 198.

2 Graham Murdock/Robin McCron, Music Classes – Über klassenspezifische Rockbedürfnisse, in: Rolf Lindner, Punk Rock oder: Der vermarktete Aufruhr, (Fischer) Frankfurt (Main) 1977, 24.

3 Charlie Gillett, The Sound of the City. The Rise of Rock and Roll, (überarbeitete Neuausgabe, Souvenir) London 1983, 265.

4 Lawrence Grossberg, Another Boring Day in Paradise: Rock and Roll and the Empowerment of Everyday Life, in: R. Middleton/D. Horn (Hrsg.), Popular Music 4. Performers and Audiences, (Cambridge University Press) Cambridge, London, New York, New Rochelle, Melbourne, Sydney 1984, 225.

5 The Who, My Generation, Brunswick 05944 (GB 1965); auch auf: The Who, Amiga 855803 (DDR 1981), © 1965 by Fabulous Music Ltd., London.

6 Zit. n. Dave Marsh, Before I Get Old. The Story of The Who, (Plexus) London 1983, 131.

7 John Clarke, Style, in: S. Hall/T. Jefferson (Hrsg.), Resistance through Rituals. Youth Subcultures in Post-war Britain, (Hutchinson) London 1976; dtsch. als: Stil, in: John Clarke u. a., Jugendkultur als Widerstand. Milieus, Rituale, Provokationen, (Syndicat) Frankfurt (Main) 1979, 150.

8 Boris Penth/Günter Franzen, Last Exit. Punk: Leben im toten Herz der Städte, (Rowohlt) Reinbek b. Hamburg 1982, 41.
9 Paul Corrigan/Simon Frith, The Politics of Youth Culture, in: S. Hall/T. Jefferson (Hrsg.), Resistance through Rituals ..., a. a. O., 273.
10 Ebd.
11 Iain Chambers, Popular Culture, Popular Knowledge, a. a. O., 15.
12 John Muncie, Pop Culture, Pop Music and Post-war Youth: Subcultures, (= Popular Culture, Block 5, Unit 19, Politics, Ideology and Popular Culture 1), (Open University Press) Walton Hall, Milton Keynes 1982, 59.
13 Graham Murdock/Robin McCron, Consciousness of Class and Consciousness of Generation, in: S. Hall/T. Jefferson (Hrsg.), Resistance through Rituals ..., a. a. O., 203.
14 John Clarke/Stuart Hall/Tony Jefferson/Brian Roberts, Subcultures, Cultures and Class, in: ebd., 47.
15 Mark Pinto-Duschinsky, Bread and Circuses. The Conservatives in Office, 1951–64, in: V. Bodganor/R. Skidelsky (Hrsg.), The Age of Affluance, (Macmillan) London, New York 1970, 56.
16 Angabe nach ebd., 57.
17 Charles Radcliffe, Mods; zit. n. Dave Laing, The Sound of Our Time, (Sheed & Ward) London 1969, 150.
18 Rolling Stones, (I can't get no) Satisfaction, Decca F 12220 (GB 1965); auch auf: The Rolling Stones, Amiga 855885 (DDR 1982); © 1965 by Essex Music International Ltd., London.
19 Iain Chambers, Urban Rhythms ..., a. a. O., 57.
20 John Clarke, Stil, a. a. O., 151.
21 Iain Chambers, Urban Rhythms ..., a. a. O., 62.
Die Beatles waren im November 1963 in der Royal Variety Show, dem bedeutendsten Ereignis im britischen Showgeschäft, vor der königlichen Familie aufgetreten und erfreuten sich dieser Ehre im Jahr darauf gleich noch einmal, als der Film „A Hard Day's Night" (Regie: Richard Lester) vor den Repräsentanten der britischen Krone zur Premiere kam.
22 Gary Herman, The Who, (Studio Vista) London 1971, 54.
23 Simon Frith, Jugendkultur und Rockmusik, a. a. O., 250.
24 Lawrence Grossberg, Another Boring Day in Paradise: Rock and Roll and the Empowerment of Everyday Life, a. a. O., 244.
25 John Clarke/Tony Jefferson, The Politics of Popular Culture. Culture and Sub-culture, Stencilled Occasional Paper, Sub and Popular Culture Series, SP Nr. 14, (University of Birmingham, Centre for Contemporary Cultural Studies) Birmingham 1973, 9.

„Revolution". Die Ideologie des Rock

1 Zit. n. The Rolling Stone Interview: Pete Townshend, in: Rolling Stone, 28. September 1968, 14.
2 The Beatles, Sgt. Pepper's Loneley Hearts Club Band, Parlophone PCS 7027 (GB 1967).
3 The Beatles, Hey Jude c/w Revolution, Apple R 5722 (GB 1968).
4 The Rolling Stones, Beggars Banquet, Decca 6.22157 (GB 1968).
5 Pink Floyd, A Saucerful of Secrets, EMI Columbia 6258 (GB 1968).
6 Simon Frith, Popular Music 1950–1980, a. a. O., 36.
7 Zit. n. James Marks/Linda Eastman, Rock, (Bantam Books) New York 1968, 54.
8 Zit. n. Helmut Salzinger, Rock Power oder Wie musikalisch ist die Revolution? Ein Essay über Pop-Musik und Gegenkultur (Fischer) Frankfurt (Main) 1972, 124.
9 Simon Frith/Howard Horne, Welcome to Bohemia!, Warwick Working Papers in Sociology, (University of Warwick) Coventry 1984, 4.
10 Zit. n. The Pop Think-In: Pete Townshend, in: Melody Maker, 14. Januar 1967, 9.
11 Zit. n. The Rolling Stone Interview: Keith Richards, in: Rolling Stone, 19. August 1971, 24.
12 Dave Marsh, Before I Get Old ..., a. a. O., 47.
13 Simon Frith/Howard Horne, Doing the Art School Bob. Oder: Ein kleiner Ausflug an die wahren Quellen, in: K. Humann/C.-L. Reichert (Hrsg.), Rock Session 6. Magazin der populären Musik, (Rowohlt) Reinbek b. Hamburg 1983, 286.
14 Zit. n. Nick Jones, Well, What Is Pop Art?, in: Melody Maker, 3. Juli 1965, 11.
15 Simon Frith, Jugendkultur und Rockmusik, a. a. O., 73.
16 Jon Landau, It's too Late to Stop Now ..., a. a. O., 130.
17 Zit. n. Raoul Hoffmann, Zwischen Galaxis & Underground ..., a. a. O., 128.
18 Richard Neville, Playpower, (Paladin) London 1970, 75.
19 Bob Dylan, Blowin' in the Wind, auf: The Freewheelin' Bob Dylan, CBS Columbia CS 8786 (USA 1963); auch auf: Bob Dylan, Greatest Hits, Amiga 855680 (DDR 1979).
20 Anthony Scaduto, Bob Dylan, a. a. O., 360.
21 Zit. n. Broadside, Nr. 61, August 1965, 11.
22 Working Class?, in: Daily Worker, 7. September 1963, 5.
23 Zit. n. Simon Frith, The Sociology of Rock, a. a. O., 193.
24 Bob Dylan, The Times They Are A-Changin', CBS Columbia

CS 8905 (USA 1964); auch auf: Bob Dylan, Greatest Hits, Amiga 855680 (DDR 1979).
25 Zit. n. David Pichaske, A Generation in Motion ..., a. a. O., XIX.
26 Robert S. Anson, Gone Crazy and Back Again. The Rise and Fall of the Rolling Stones Generation, (Doubleday) New York 1981, 129.
27 John Sinclair, Popmusik ist Revolution, in: Sounds, I, 1968/12, 106.
28 Zit. n. Ralph J. Gleason, Like A Rolling Stone, in: J. Eisen (Hrsg.), The Age of Rock ..., a. a. O., 72 f.
29 Greil Marcus, Mystery Train ..., a. a. O., 175.
30 Zit. n. Tony Palmer, Born Under a Bad Sign, (William Kimber) London 1970, 145.
31 The Beatles, Revolution, Apple R 5722 (GB 1968); © 1968 by Northern Songs Ltd., London.
32 Zit. n. Jon Wiener, Come Together. John Lennon in His Time, (Random House) New York 1984, 8.
33 Zit. n. Raoul Hoffmann, Zwischen Galaxis & Underground ..., a. a. O., 77.
34 Zit. n. ebd., 152.
35 John Hoyland, An Open Letter to John Lennon, in: Black Dwarf, 27. Oktober 1968, o. S.
36 John Lennon, A Very Open Letter to John Hoyland from John Lennon, in: Black Dwarf, 10. Januar 1969, o. S.
37 The Beatles, Apple PCS 7067/8 (GB 1968).
38 Zit. n. Jon Wiener, Come Together ..., a. a. O., 61.
39 John Lennon & Plastic Ono Band, Give Peace a Chance, Apple 1813 (GB 1969).
40 Zit. n. Jon Wiener, Come Together ..., a. a. O., 84.
41 The Rolling Stones, Street Fighting Man; auf: Beggars Banquet, Decca 6.22157 (GB 1968); © 1968 by Abkco Music Incorporation, New York.
42 Jon Landau, Rock'n'Radical?, in: Daily World, 22. Februar 1969, 18.
43 Ebd.
44 Tony Sanchez, Up and Down with The Rolling Stones, (Signet) New York 1980, 127f.
45 Zit. n. Barry Miles, Beatles in Their Own Words, (Omnibus) London 1978, 62.
46 Zit. n. New Musical Express, 21. April 1984, 13.
47 Ed Leimbacher, The Crash of The Jefferson Airplane, in: Ramparts Magazine, Januar 1970, 14.

1 Frank Zappa & The Mothers Of Invention, We're Only In It For the Money, Verve V+V6 5045 X (USA 1968).
2 Michael Lydon, Rock for Sale, in: J. Eisen (Hrsg.), The Age of Rock 2. Sights and Sounds of the American Cultural Revolution, (Vintage Books) New York 1970, 53.
3 Simon Frith, Jugendkultur und Rockmusik, a. a. O., 259.
4 Zit. n. The Village Voice, 29. Februar 1979, 26.
5 Zit. n. David Pichaske, A Generation in Motion ..., a. a. O., 160.
6 Ebd., 158.
7 Angaben nach Martti Soramäki/Jukka Haarma, The International Music Industry, (OY, Yleisradio Ab., The Finnish Broadcasting Company, Planning and Research Department) Helsinki 1981, 11 u. 7.
8 Angaben nach Roger Wallis/Krister Malm, Big Sounds from Small Peoples. The Music Industry in Small Countries, (Constable) London 1984, 74.
9 Angaben nach Phil Hardy, The British Record Industry, IASPM UK Working Paper 3, (IASPM British Branch Committee) London o. J., 9.
10 Zit. n. Melody Maker, 15. Februar 1986, 14.
11 EMI, World Record Markets, (Westerham Press) London 1971, 10.
12 Angabe nach Simon Frith, The Sociology of Rock, a. a. O., 117.
13 Angaben nach Martti Soramäki/Jukka Haarma, The International Music Industry, a. a. O., 11.
14 Angabe nach Simon Frith, Jugendkultur und Rockmusik, a. a. O., 136.
15 Dave Harker, One For the Money ..., a. a. O., 91.
16 Zit. n. Ben Fong-Torres (Hrsg.), Rolling Stone Interviews, Bd. II, (Warner Books) New York 1973, 292.
17 Zit. n. Sound Engineer, Juli 1985, 32.
18 Zit. n. Richard Lamont, Mixing the Media, in: Studio Sound, Juli 1985, 64.
19 Larry Shore, The Crossroads of Business and Music. The Music Industry in the United States and Internationally, unpubliziertes Manuskript, 95.
20 Steve Chapple/Reebee Garofalo, Rock'n'Roll Is Here to Pay. The History & Politics of the Music Industry, (Nelson-Hall) Chicago 1977; dtsch. als: Wem gehört die Rockmusik? Geschichte und Politik der Musikindustrie, (Rowohlt) Reinbek b. Hamburg 1980, 93.

21 R. Serge Denisoff, Solid Gold – The Popular Record Industry, (Transaction) Brunswick, N. J., 1975, 97.

22 Zit. n. Roger Wallis/Krister Malm, Big Sounds from Small Peoples ..., a. a. O., 92.

23 Zit. n. Tonbandprotokoll eines Gesprächs, das der Autor am 23. November 1984 in Liverpool führte.

24 George Melly, Revolt Into Style, a. a. O., 41.

25 Zit. n. Roger Wallis/Krister Malm, Big Sounds from Small Peoples ..., a. a. O., 92.

26 Vgl. Peter Scaping (Hrsg.), BPI Yearbook 1979, (British Phonographic Institute) London 1979, 140.

27 Simon Frith, Jugendkultur und Rockmusik, a. a. O., 13.

28 Simon Frith, The Sociology of Rock, a. a. O., 76.

29 Zit. n. Tonbandprotokoll eines Gesprächs, das der Autor am 20. November 1984 in London führte.

30 Zit. n. New Musical Express, 14. November 1985, 3.

31 Richard Middleton, Pop Music & The Blues. A Study of the Relationship and Its Significance, (Gollancz) London 1972, 128.

32 Alan Durant, The Conditions of Music, (Macmillan) London 1984, 185.

33 Michael Jackson, Thriller, CBS Epic 50989 (USA 1983); auch als: Amiga 856105 (DDR 1984).

34 Angabe nach CBS-Presseabteilung, New York.

35 Zit. n. Peter Bernstein, The Record Business. Rocking to the Big Money Beat, in: Fortune, 23. April 1979, 60.

36 Vgl. Paul Hirsch, The Structure of the Popular Music Industry, (University of Michigan, Institute for Social Research) Ann Arbor, Mich., [3]1973, 32.

37 Zit. n. Kurt Blaukopf, The Strategies of the Record Industries, (Council for Cultural Co-operation) Strasbourg 1982, 17.

38 Zit. n. Sounds, XI, 1979/8, 41.

39 Zit. n. Tonbandprotokoll eines Gesprächs, das der Autor am 26. November 1984 in London führte.

40 Vgl. Paul Hirsch, The Structure of the Popular Music Industry, a. a. O., 25.

41 Charlie Gillett (Hrsg.), Rock File 2, (Panther Books) St. Albans 1974, 41.

42 Jon Landau, Der Tod von Janis Joplin, in: F. Schöler (Hrsg.), Let It Rock. Eine Geschichte der Rockmusik von Chuck Berry und Elvis Presley bis zu den Rolling Stones und den Allman Brothers, (Carl Hanser) München, Wien 1975, 177.

1 Derek Jarman, Dancing Ledge, (Quartet) London 1984, 56.
2 Ulrich Hetscher, Schickt die verdammten King Kongs zurück oder macht sie alle, in: Floh de Cologne (Hrsg.), Rock gegen Rechts, (Weltkreis) Dortmund 1980, 160.
3 Patti Smith, Piss Factory c/w Hey Joe, Sire 1009 (USA 1974).
4 Mat Snow, Blitzkrieg Bob, in: New Musical Express, 15. Februar 1986, 11.
5 Zit. n. Sounds, X, 1978/3, 6.
6 Angaben nach Mike Brake, The Sociology of Youth Culture and Youth Subcultures. Sex and Drugs and Rock'n'Roll?, (Routledge & Kegan Paul) London, Boston, Henley 1980, 161 f.
7 Sex Pistols, Anarchy In the UK, EMI 2506 (GB 1976); © 1976 by Jones/Rotten/Matlock/Cook und Warner Brothers Music Ltd., New York.
8 Zit. n. Hollow Skai, Punk, (Sounds) Hamburg 1981, 41.
9 Peter Marsh, Dole Queue Rock, in: New Society, 20. Januar 1977, 22.
10 Simon Frith, The Punk Bohemians, in: New Society, 9. März 1978, 536.
11 Peter Weigelt, Langeweile, in: Ästhetik und Kommunikation, 1975/22–23, 141.
12 Dick Hebdige, Subculture ..., a. a. O., 106f.
13 Zit. n. New Musical Express, 29. Oktober 1977, 25.
14 Dick Hebdige, Subculture ..., a. a. O., 66.
15 Rudi Thiessen, It's only rock'n'roll but I like it ..., a. a. O., 215.
16 Simon Frith, Wir brauchen eine neue Sprache für den Rock der 80er Jahre, in: K. Humann/C.-L. Reichert (Hrsg.), Rock Session 4. Magazin der populären Musik, (Rowohlt) Reinbek b. Hamburg 1980, 95.
17 The Clash, Garageland, auf: The Clash, CBS Epic 36060 (GB 1977).
18 The Clash, White Riot, auf: The Clash, CBS Epic 36060 (GB 1977); © 1977 by Strummer/Jones.
19 Simon Frith, Post-punk Blues, in: Marxism Today, XXVII, März 1983, 19.
20 Zit. n. Sniffin' Glue 12, August/September 1977, o. S.
21 Zit. n. Caroline Coon, 1988. The New Wave Punk Rock Explosion, (Omnibus) London, New York, Sydney, Cologne 1982, 94.
22 Melody Maker, 7. August 1976, Titelseite.
23 Zit. n. Allan Jones, Punk – die verratene Revolution, in: J. Gülden/K. Humann (Hrsg.), Rock Session 2. Magazin der populären Musik, (Rowohlt) Reinbek b. Hamburg 1978, 17.

24 Zit. n. Sounds, 16. Oktober 1976, 2.
25 Zit. n. Fred Vermorel/July Vermorel, The Sex Pistols. The Inside Story, (Star Books) London [2]1981, 112.
26 Zit. n. Evening Standard, 17. März 1977, 2.
27 Zit. n. New Musical Express, 15. Februar 1986, 12.
28 Alan Durant, Rock Revolution or Time-No-Changes. Visions of Change and Continuity in Rock Music, in: R. Middleton/ D. Horn (Hrsg.), Popular Music 5. Continuity and Change, (Cambridge University Press) Cambridge, London, New York, New Rochelle, Melbourne, Sydney 1985, 118f.

„Wild Boys". Ästhetik des Synthetischen

1 Iain Chambers, Urban Rhythms …, a. a. O., 199.
2 Angaben nach Sounds, XI, 1979/9, 43.
3 Angaben nach Dave Laing, The Music Industry in Crisis, in: Marxism Today, XXV, Juli 1981, 19.
4 Angaben nach ebd.
5 UNESCO-Report, Youth in the 1980s, (The UNESCO Press) Paris 1981, 17.
6 Angaben nach New Musical Express, 23. November 1985, 2.
7 John Howkins, New Technologies, New Politics?, in: P. Scaping/N. Hunter (Hrsg.), BPI Yearbook 1982, (British Phonographic Institute) 1982, 26.
8 Kevin D'Arcy, Wired for Sound and Visions, in: Broadcast, 28. März 1983, 32.
9 Andrew Goodwin, Popular Music, Video and Community Cable, in: Sheffield TV Group, Cable & Community Programming, Cable Working Papers, Nr. 3, Sheffield 1983, 69.
10 Zit. n. ebd. 70.
11 Don Watson, T.V.O.P., in: New Musical Express, 12. Oktober 1985, 20.
12 Paul Morley, Video and Pop, in: Marxism Today, XXVII, Mai 1983, 39.
13 Duran Duran, Wild Boys, Parlophone DURAN 2 (GB 1984); © 1984 by Duran Duran.
14 Vgl. Keith Roe, Video and Youth. New Patterns of Media Use, Media Panel Report Nr. 18, (Lunds Universitet, Sociologiska Institutionen) Lund 1981.
15 Mark Hustwitt, Unsound Visions? Promotional Popular Music Videos in Britain, (Beitrag zur III. International Conference on Popular Music Studies, Montréal, Juli 1985), unveröffentlichtes Manuskript, 1.
16 Zit. n. New Musical Express, 22. März 1986, 26.

17 Paul Morley, Video and Pop, a. a. O., 37.
18 Zit. n. New Musical Express, 11. Mai 1985, 2f.
19 Zit. n. New Musical Express, 30. März 1985, 15.
20 Zit. n. Radio Times, 2.–8. Januar 1982, 5.
21 Greil Marcus, Speaker to Speaker, in: Artforum 11 (1985), 9.
22 Angaben nach Mark Hustwitt, Unsound Visions? ..., a. a. O., 1.

Nachwort

1 Peter Czerny, Tanzmusik als Spiegel der Zeit, in: Melodie und Rhythmus, III, 1959/4, 7.
2 Veit Ernst, „Privater Weltanschauungsersatz". Zur Frage der psychischen Wirksamkeit von Schlagern, in: Musik und Gesellschaft, XI, 1961/2, 104.
3 Carl Belz, The Story of Rock, (Oxford University Press) New York 1969.
4 Fritz Bachmann, Tanzmusik und Gesellschaft. Zu einigen Fragen der Entwicklung von Tanzmusik und Schlagerlied, (Zentralhaus für Kulturarbeit) Leipzig 1967, 48.
5 „Wie steht es mit unserer Tanzmusik?", Referat des Stellvertreters des Ministers für Kultur, Dr. Werner Rackwitz, anläßlich der Tanzmusikkonferenz am 24. und 25. April 1972 in Berlin, (Ministerium für Kultur) Berlin 1972, 8.
6 Lothar Bisky, Zur Entwicklung und Befriedigung kultureller Bedürfnisse, in: Deutsche Zeitschrift für Philosophie, XXXIII, 1985/1, 67.
7 Dieter Wiedemann, Jugend und Künste. Theoretische Überlegungen und empirische Tatsachen zur Bedeutung der Künste im Leben der DDR-Jugend, in: Weimarer Beiträge, XXVIII, 1982/9, 101.

Übersetzungen der zitierten Texte

S. 5 Bob Dylan, The Times They Are A-Changin'

Kommt, ihr Väter und ihr Mütter überall im Lande,
und kritisiert nicht, was ihr nicht versteht.
Ihr könnt euren Söhnen und Töchtern nichts mehr sagen,
auf eurem alten Weg wächst schon das Gras,
denn die Zeiten ändern sich.

S. 20 Chuck Berry, Roll Over Beethoven

Weißt du, mein Fieber steigt, und in der Jukebox brennt eine Sicherung durch,
mein Herz schlägt den Rhythmus, und meine Seele singt immer wieder den Blues.
Roll over Beethoven und erzähl Tschaikowski die Neuigkeit,
ich habe die Rock-Krankheit bekommen, ich brauche einen Schuß Rhythm & Blues.

S. 57 Chuck Berry, School Day

Aufstehn am Morgen und hinaus in die Schule,
der Lehrer unterrichtet den Goldenen Schnitt.
[...]
Du arbeitest dir die Finger bis auf die Knochen wund
und der Typ hinter dir wird dich nicht hängen lassen.
[...]
Zurück ins Klassenzimmer, öffne deine Bücher;
Mensch, wenn die Lehrerin wüßte, wie gemein sie aussieht.
[...]
Sobald drei Uhr herangerollt ist,
kannst du endlich deine Last abschütteln.
Schließ deine Bücher, verlaß deinen Sitz,
raus aus dem Klassenzimmer, hinaus auf die Straße,
rauf an die Ecke und mach einen drauf,
du gehst direkt in den Jukebox-Laden hinein.
Wirf die Münze in den Schlitz,
du bekommst was wirklich Heißes zu hören.
Mit der, die du liebst, machst du ein bißchen Romanze,
du wolltest immer schon den ganzen Tag tanzen.

S. 72 Bill Haley, Rock Around the Clock

Eins, zwei, drei Uhr, vier Uhr, Rock;
fünf, sechs, sieben Uhr, acht Uhr, Rock;
neun, zehn, elf Uhr, zwölf Uhr, Rock;
wir werden rocken rund um die Uhr heut Nacht.
Mach mit den Hop[1], wir werden unseren Spaß dabei haben,
wenn die Uhr eins schlägt,
Wir werden rocken rund um die Uhr heut Nacht.
Wir werden rocken, rocken, rocken,
bis zum hellen Tageslicht.
Wir werden rocken, wir werden rocken rund um die Uhr heut Nacht.

S. 74 Chuck Berry, Sweet Little Sixteen

Oh, Mami, Mami, bitte, darf ich gehen;
es ist ein Jammer, stiehlt jemand die Show.
Oh, Papi, Papi, ich bitte dich,
flüster es Mami, und du bist in Ordnung.
Die süße kleine Sechzehnjährige, sie hat den Erwachsenwerden-Blues;
enge Kleider und Lippenstift, sie trägt hochhackige Schuhe.
Doch morgen früh muß sie ihren Trend ändern
und wieder die süße kleine Sechzehnjährige in der Klasse sein.

S. 110 The Who, My Generation

Die Leute versuchen, uns herabzusetzen,
nur weil wir herumziehen.
Was die tun, wirkt alles so schrecklich kalt.
Ich hoffe, ich sterbe, bevor ich alt werde.
So ist meine Generation, Baby.
Warum verschwindet ihr nicht einfach alle?
Versuch nicht, das zu kapieren, was wir hier sagen.
Ich versuch' auch nicht, einen riesigen Aufstand zu machen.
Ich red' nur über meine Generation.
So ist meine Generation, Baby,
meine Generation.

[1] Hop: Modetanzart zum Rock 'n' Roll.

S. 122 The Rolling Stones, (I can't get no) Satisfaction

Wenn ich in meinem Wagen fahre
und dieser Mann spricht im Radio,
und er informiert mich lang und breit
über etwas, mit dem ich nichts anfangen kann,
das aber meine Phantasie beflügeln soll,
kann ich keine, keine, keine –
hey, hey, hey, das ist es, was ich sage –,
ich kann keine Befriedigung finden.
Ich kann keine Befriedigung finden,
und ich versuche es, und ich versuche es, und ich versuche es, und ich versuche es,
ich kann nicht finden, ich kann nicht finden.
Wenn ich auf den Bildschirm schaue
und dieser Mann erscheint, um mir zu sagen,
wie weiß meine Hemden sein können;
nun, er kann kein Mann sein,
weil er nicht dieselbe Zigarettenmarke raucht wie ich.
Ich kann keine, keine, keine,
hey, hey, hey, das ist es, was ich sage,
ich kann keine Befriedigung finden.

S. 151 The Beatles, Revolution

Du sagst, du willst eine Revolution;
na schön, weißt du,
wir wollen alle die Welt verändern.
Du sagst mir, das sei Evolution;
na schön, weißt du,
wir wollen alle die Welt verändern.
Aber wenn du was von Zerstörung erzählst,
weißt du nicht, daß du da nicht mit mir rechnen kannst.
Weißt du nicht, daß alles schon irgendwie hinkommen wird;
es wird schon hinkommen.

Du sagst, du wüßtest, wie man es machen müßte;
na schön, weißt du,
wir würden alle gern deinen Plan sehen.
Du bittest mich um eine Spende;
na schön, weißt du,
wir tun, was wir können.
Aber wenn du Geld willst für Leute, die nur Haß im Kopf haben,
dann ist alles, was ich dir sagen kann: Bruder, da kannst du lange warten.

Weißt du nicht, daß alles schon irgendwie hinkommen wird;
es wird schon hinkommen.

Du sagst, du willst die Verfassung ändern;
Na schön, weißt du,
wir wollen alle, daß du dein Bewußtsein veränderst.
Du erzählst mir, es läge alles bloß an den Institutionen;
na schön, weißt du,
du würdest besser erst einmal dein eigenes Bewußtsein befreien.
Aber wenn du mit Mao-Bildern herumrennst,
dann bewirkst du bei niemandem gar nichts.
Weißt du nicht, daß alles schon irgendwie hinkommen wird;
es wird schon hinkommen.

S. 156 The Rolling Stones, Street Fighting Man

Überall höre ich den Klang marschierender, rennender Füße, oh Junge,
weil hier Sommer und die Zeit reif ist für Kämpfe auf den Straßen, oh Junge.
Aber was kann ein armer Junge anderes tun,
als in einer Rock 'n' Roll-Band zu singen,
weil es im schläfrigen London
einfach keinen Platz für einen Straßenkämpfer gibt.
Nein.
Hey! Du denkst, die Zeit ist reif für eine Platz-Revolution.
Doch da, wo ich lebe, heißt das Spiel, das gespielt wird, Kompromißlösung.
Schön, was kann ein armer Junge anderes tun,
als in einer Rock 'n' Roll-Band zu singen,
weil es im schläfrigen London
einfach keinen Platz für einen Straßenkämpfer gibt.
Nein.

S. 196 Sex Pistols, Anarchy In the UK

Sofort!
Ich bin ein Antichrist,
ich bin ein Anarchist.
Ich weiß nicht, was ich will, aber ich weiß, wie ich es bekommen kann.
Ich möchte Passanten vernichten,
weil ich die Anarchie sein möchte,
kein Hundekörper!

Anarchie für das Vereinigte Königreich.
Es wird irgendwann sein, vielleicht.
Sag die falsche Zeit,
unterbrich eine Verkehrslinie,
dein Zukunftstraum ist ein Einkaufsschema,
denn ich will die Anarchie sein in der Stadt.

Es gibt nicht viele Wege, um zu bekommen, was du willst.
Ich nehme das Beste, ich nehme den Rest.
Ich nehme den N.M.E.[1], ich nehme Anarchie,
weil ich die Anarchie sein will.
Es ist der einzige Weg, zu sein.

Ist es die M.P.L.A.[2]?
Ist es die U.D.A.[3]?
Ist es die I.R.A.[4]?
Ich dachte, es war das Vereinigte Königreich,
oder bloß ein anderes Land,
ein anderes Stadtrecht.

Ich will die Anarchie sein.
Ich will die Anarchie sein.
Du weißt, was ich meine?
Und ich will Anarchist sein.
Besauf dich.
Zerstöre.

S. 204 The Clash, White Riot

Alle Macht ist in den Händen
der Leute, die reich genug sind, sie zu kaufen.
Während wir herumziehen,
sind wir zu feige, es zu probieren.
Und jeder ißt Supermarkt-Seelennahrung.
Weißer Aufstand, ich will Aufstand.
Weißer Aufstand, meinen eigenen Aufstand.

[1] N. M. E.: New Musical Express; führende britische Musikzeitschrift.
[2] M. P. L. A.: Morimento Popular da Liberação de Angola, Marxist People's Liberation of Angola; Befreiungsbewegung Angolas.
[3] U. D. A.: Ulster Defensive Association; rechte paramilitärische Vereinigung von Protestanten in Nordirland zur Verteidigung der Oberhoheit der britischen Krone über Irland.
[4] I. R. A.: Irish Republican Army; Irische Republikanische Armee, zur Befreiung Nordirlands von britischer Oberhoheit.

S. 223 Duran Duran, Wild Boys

Wilde Jungs! Wilde Jungs!
Die wilden Jungs rufen laut,
wenn sie zurückkehren vom Feuer
bei der Treibjagd unterm Augustmond,
in einer aufwirbelnden Staubwolke.
Wilde Jungs, absolut nicht mit Ruhm bekleckert,
rücksichtslos und so gierig auf des Messers Schneide, auf der du gehst,
denn am Straßenrand lauert der Mord
in einer wunden, verängstigten Welt.
Sie haben versucht, uns fertigzumachen.
Sieht so aus, als ob sie's nicht aufgeben.
Wilde Jungs, geht nie diesen Weg.
Wilde Jungs, verschließt nie eure Augen.
Wilde Jungs sind immer obenauf.

Sirenengeheul begrüßt dich
zu Ehren deiner Blutflecke und Schmerzen.
Und dein Telefon hat geklingelt,
während du im Regen getanzt hast.
Wilde Jungs fragen sich, wo der Ruhm geblieben ist,
wo all die Engel sind,
jetzt, wo die Götzenbilder gefallen sind
und sich Liebende mit Pfeilen bekriegen,
wegen der Geheimnisse, die der andere ausplaudern könnte.
Sie haben versucht, dich zu zähmen.
Sieht so aus, als ob sie's nicht aufgeben.
Wilde Jungs unterliegen nie.
Wilde Jungs, geht nie diesen Weg.
Wilde Jungs, verschließt nie eure Augen.
Wilde Jungs sind immer obenauf.
Wilde Jungs! Wilde Jungs!

Literatur

ABRAMS, Mark; The Teenage Consumer, (London Press Exchange) London 1959

ACKERMAN, Paul/ZHITO, Lee (Hrsg.); The Complete Report of the First International Music Industry Conference, (Billboard Publishing) New York 1969

ADLER, Bill; Love Letters to the Beatles, (Blond & Briggs) London 1964

ALBERONI, Fred; The Powerless „Elite". Theory and Sociological Research on the Phenomenon of the Stars, in: D. McQuil (Hrsg.), Sociology of Mass Communication, (Faber & Faber) London 1972, 75–98

ANDERSON, Bruce/HESBACHER, Peter/ETZKORN, K. Peter/DENISOFF, R. Serge; Hit Record Trends 1940–1977, in: Journal of Communication, XXXII, 1980/2, 31–43

ANSON, Robert S.; Gone Crazy and Back Again. The Rise and Fall of the Rolling Stones Generation, (Doubleday) New York 1981

BACHMANN, Fritz; Tanzmusik und Gesellschaft. Zu einigen Fragen der Entwicklung von Tanzmusik und Schlagerlied, (Zentralhaus für Kulturarbeit) Leipzig 1967

BARNARD, Jermone; Teen-age Culture. An Overview, in: Annals, Nr. 338, November 1961, 1–12

BARNES, Richard; Mods!, (Eel Pie) London 1979

BARTHES, Roland; Mythologies, (Éditions du Seuil) Paris 1957; dtsch. als: Mythen des Alltags, (Suhrkamp) Frankfurt (Main) 1964

BARTNIK, Norbert/BORDON, Frieda; Keep On Rockin'. Rockmusik zwischen Protest und Profit, (Beltz) Weinheim, Basel 1981

BECKETT, Alan; Stones, in: New Left Review 47 (1968), 24–29

BEISHUIZEN, Piet (Hrsg.); The Industry of Human Happiness, (International Federation of the Phonographic Industry) London 1959

BELSITO, Peter/DAVIS, Bob; Hardcore California. A History of Punk and New Wave, (Last Grasp of San Francisco) Berkeley, Cal., 1983

BELZ, Carl; The Story of Rock, (Oxford University Press) New York 1969; ^{2}1972

BENSON, Dennis C.; The Rock Generation, (Abington) Nashville, Tenn., 1976

BERMAN, Marshall; Sympathy for the Devil, in: New American Review, Nr. 19, 1974, 23–76

BERNSTEIN, Peter; The Record Business. Rocking to the Big Money Beat, in: Fortune, 23. April 1979, 59–68
BIGSBY, C. W. E. (Hrsg.); Superculture. American Popular Culture and Europe, (Paul Elek) London 1975
BIGSBY, C. W. E. (Hrsg.); Approaches to Popular Culture, (Edward Arnold) London 1976
BIRCH, Ian; Punk Rock, in: J. Collis (Hrsg.), The Rock Primer, (Penguin) Harmondsworth 1980, 274–280
BIRCHALL, Ian; The Decline and Fall of British Rhythm & Blues, in: J. Eisen (Hrsg.), The Age of Rock. Sounds of the American Cultural Revolution, (Vintage Books) New York 1969, 94–102
BIRD, Brian; Skiffle, (Robert Hale) London 1958
BISKY, Lothar; Zu Umfang, Bedingungen und Folgen der Mediennutzung durch Jugendliche, in: Weimarer Beiträge, XXVII, 1981/2, 95–111
BISKY, Lothar; The show must go on. Unterhaltung am Konzernkabel: Film, Rock, Fernsehen, neue Medien, (Verlag Neues Leben) Berlin 1984
BISKY, Lothar; Zur Entwicklung und Befriedigung kultureller Bedürfnisse, in: Deutsche Zeitschrift für Philosophie, XXXIII, 1985/1, 63–72
BLACKFORD, Andy; Disco Dancing Tonight. Clubs, Dances, Fashion, Music, (Octopus Books) London 1979
BLACKBURN, Robin/ALI, Tariq; Lennon. The Working Class Hero Turns Red, in: Ramparts Magazine, Juli 1971, 43–49
BLACKNELL, Steve; The Story of Top Of The Pops, (Patrick Stephens/BBC Publications) London 1985
BLAIR, Dike/ANSCOMB, Elizabeth; Punk. Punk Rock, Style, Stance, People, Stars, (Urizen) New York 1978
BLANKERTZ, Stefan/ALSMANN, Götz; Rock'n'Roll Subversiv, (Büchse der Pandora) Wetzlar 1979
BLAUKOPF, Kurt; Neue musikalische Verhaltensweisen der Jugend, (= Musikpädagogik. Forschung und Lehre, hrsg. v. S. Abel-Struth, Bd. 5), (Schott) Mainz 1974
BLAUKOPF, Kurt; The Strategies of the Record Industries, (Council for Cultural Co-operation) Strasbourg 1982
BLAUKOPF, Kurt; The Phonogram in Cultural Communication. A Report on a Research Project Undertaken by MEDIACULT, (Springer) Wien, New York 1982
BOOTH, Stanley; Dance With the Devil. The Rolling Stones and Their Times, (Random House) New York 1984
BOSTON, Virginia; Punk Rock, (Penguin) New York 1978
BRAKE, Mike; Hippies and Skinheads. Sociological Aspects of Subcultures, Phil. Diss. London School of Economics 1977

Brake, Mike; The Skinheads. An English Working Class Subculture, in: Youth and Society, VI, 1977/2, 24–36
Brake, Mike; The Sociology of Youth Culture and Youth Subcultures. Sex and Drugs and Rock'n'Roll ?, (Routledge & Kegan Paul) London, Boston, Henley 1980
Brake, Mike; Comparative Youth Culture, (Routledge & Kegan Paul) London, Boston, Henley 1985
Brown, Peter/Gaines, Steven; The Love You Make. An Insider's Story of the Beatles, (McGraw Hill) New York 1983
Brown, Ray/Ewbank, Alison; The British Music Industry 1984, (Beitrag zur XIV. IAMCR Conference, Prag, August 1984), unpubliziertes Manuskript
Briggs, Asa; The Birth of Broadcasting. The History of Broadcasting in the United Kingdom, Bd. 1, (Oxford University Press) London 1961
Briggs, Asa; The Golden Age of Wireless. The History of Broadcasting in the United Kingdom, Bd. 2, (Oxford University Press) London 1965
Briggs, Asa; Governing the BBC, (BBC Publications) London 1979
Burchill, Julie/Parsons, Tony; „The Boy Looked at Johnny". The Obituary of Rock'n'Roll, (Pluto Press) London 1978
Bygrave, Mike; Rock, (Watts) New York 1978
Cable, Michael; The Pop Industry Inside Out, (W. H. Allen) London 1977
Carey, James T.; Changing Patterns in the Popular Song, in: American Journal of Sociology 74 (1969), 720–731
Carter, Angela; Notes for a Theory of Sixties Style, in: New Society, 14. Dezember 1967, 803–807
Carter, Angela; Year of the Punk, in: New Society, 22. Dezember 1977, 834–839
Castner, Thilo; Pop-Art und Beat-Kultur, in: Wirtschaft und Erziehung, XIX, 1967/8, 357–361
Chambers, Iain; It's More Than a Song to Sing – Music, Cultural Analysis and the Blues, in: Anglistica, XXII, 1979/1, 18–31
Chambers, Iain; Rethinking Popular Culture, in: Screen Education 36 (1980), 113–117
Chambers, Iain; Some Critical Tracks, in: R. Middleton/D. Horn (Hrsg.), Popular Music 2. Theory and Method, (Cambridge University Press) Cambridge, London, New York, New Rochelle, Melbourne, Sydney 1982, 19–38
Chambers, Iain; Pop Music, Popular Culture and the Possible, in: D. Horn (Hrsg.), Popular Music Perspectives 2. Papers from The Second International Conference on Popular Music Research, Reggio Emilia 1983, (IASPM) Göteborg, Exeter, Ottawa, Reggio Emilia 1985, 445–450

CHAMBERS, Iain; Urban Rhythms. Pop Music and Popular Culture, (Macmillan) Hampshire 1985
CHAMBERS, Iain; Popular Culture, Popular Knowledge, in: OneTwoThreeFour. A Rock'n'Roll Quarterly, Nr. 2, Sommer 1985, 9–19
CHAPPLE, Steve/GAROFALO, Reebee; Rock'n'Roll Is Here to Pay. The History & Politics of the Music Industry, (Nelson-Hall) Chicago 1977; dtsch. als: Wem gehört die Rockmusik? Geschichte und Politik der Musikindustrie, (Rowohlt) Reinbek b. Hamburg 1980
CHESTER, Andrew; For a Rock Aesthetic, in: New Left Review 59 (1970), 83–87
CHESTER, Andrew; Second Thoughts on a Rock Aesthetic. The Band, in: New Left Review 62 (1970), 75–82
CLARKE, John; The Skinheads and the Study of Youth Culture, Stencilled Occasional Papers, Sub and Popular Culture Series, SP Nr. 23, (University of Birmingham, Centre for Contemporary Cultural Studies) Birmingham 1974
CLARKE, John; Style, in: S. Hall/T. Jefferson (Hrsg.), Resistance through Rituals. Youth Subcultures in Post-war Britain, (Hutchinson) London 1977, 175–191; dtsch. als: Stil, in: J. Clarke u. a., Jugendkultur als Widerstand. Milieus, Rituale, Provokationen, (Syndicat) Frankfurt (Main) 1975, 133–157
CLARKE, John, u. a.; Jugendkultur als Widerstand. Milieus, Rituale, Provokationen, (Syndicat) Frankfurt (Main) 1979
CLARKE, John/HALL, Stuart/JEFFERSON, Tony/ROBERTS, Brian; Subcultures, Cultures and Class, in: S. Hall/T. Jefferson (Hrsg.), Resistance through Rituals. Youth Subcultures in Post-war Britain, (Hutchinson) London 1976, 9–74
CLARKE, John/JEFFERSON, Tony; The Politics of Popular Culture. Culture and Sub-culture, Stencilled Occasional Papers, Sub and Popular Culture Series, SP Nr. 14, (University of Birmingham, Centre for Contemporary Cultural Studies) Birmingham 1973
CLARKE, Mike; On the Concept of Subculture, in: British Journal of Sociology, XXV, 1974/4, 428–441
CLARKE, Paul; „A Magic Science". Rock Music as a Recording Art, in: R. Middleton/D. Horn (Hrsg.), Popular Music 3. Producers and Markets, (Cambridge University Press) Cambridge, London, New York, New Rochelle, Melbourne, Sydney 1985, 195–214
COFFMAN, James T.; „Everybody Knows This Is Nowhere". Role Conflict and the Rock Musician, in: Popular Music and Society, I (1971), 20–32
COHEN, Phil; Sub-cultural Conflict and Working Class Community, Working Papers in Cultural Studies, Nr. 2, (University of Bir-

mingham, Centre for Contemporary Cultural Studies) Birmingham 1972
COHEN, Stanley; Folk Devils and Moral Panics. The Creation of Mods and Rockers, (MacGibbon and Kee) London 1972, (Martin Robertson) Oxford 1980
COHEN, Stanley/TAYLOR, Laurie; Ausbruchsversuche. Identität und Widerstand in der modernen Lebenswelt, (Suhrkamp) Frankfurt (Main) 1977
COLEMAN, Arthur; The Adolescent Society, (Free Press Glencoe) Chicago 1961
COLLIER, James L.; Making Music for Money, (Watts) New York 1976
COOK, Bruce; The Beat Generation, (Charles Scribner's Sons) New York 1971
COOKE, Lez; Popular Culture and Rock Music, in: Screen/Screen Education 24 (1983), 46–58
COON, Caroline; 1988. The New Wave Punk Rock Explosion, (Omnibus) London, New York, Sydney, Cologne 1982
CORE, Peter; Camp. The Lie that Tells the True, (Plexus) London 1984
CORRIGAN, Paul/FRITH, Simon; The Politics of Youth Culture, in: S. Hall/T. Jefferson (Hrsg.), Resistance through Rituals. Youth Subcultures in Post-war Britain, (Hutchinson) London 1976, 321–342
COWAN, Philip; Behind the Beatles Songs, (Polyantric Press) London 1978
CUBITT, Sean; „Maybellene". Meaning and the Listening Subject, in: R. Middleton/D. Horn (Hrsg.), Popular Music 4. Performers and Audiences, (Cambridge University Press) Cambridge, London, New York, New Rochelle, Melbourne, Sydney 1984, 207–224
CUTLER, Chris; Technology, Politics and Contemporary Music. Necessity and Choice in Musical Forms, in: R. Middleton/D. Horn (Hrsg.), Popular Music 4. Performers and Audiences, (Cambridge University Press) Cambridge, London, New York, New Rochelle, Melbourne, Sydney 1984, 279–300
CUTLER, Chris; File Under Popular. Theoretical and Critical Writings on Music, (November Books) London 1985
CZERNY, Peter; Tanzmusik als Spiegel der Zeit, in: Melodie und Rhythmus, III, 1959/4, 6–7
DALTON, David; The Rolling Stones. The First Twenty Years, (Knopf) New York 1981
DANCIS, Bernard; Safety Pins and Class Struggle. Punk Rock and the Left, in: Socialist Review 39 (1978), 58–83
DANEY, Malcolm; Summer in the City. Rock Music and Way of Life, (Lion Publishing) Berkhamsted 1978

D'Arcy, Kevin; Wired for Sound and Visions, in: Broadcast, 28. März 1983, 31–39
Davies, E.; Psychological Characteristics of Beatle Mania, in: Journal of the History of Ideas 30 (1969), 273–280
Davies, Hunter; The Beatles, (Mayflower) London 1969, (überarbeitete Neuausgabe, Dell Publishing) New York 1978
Davis, Clive; Creativity within the Corporation, in: The Music Industry. Markets and Methods for the Seventies, (Billboard Publishing) New York 1970, 285–291
Davis, Clive; Clive. Inside the Record Business, (William Morrow) New York 1975
Davis, Julie (Hrsg.); Punk, (Millington) London 1977
Denisoff, R. Serge; The Evolution of Pop Music Broadcasting 1920–1972, in: Popular Music and Society, III (1973), 202–226
Denisoff, R. Serge; Solid Gold. The Popular Record Industry, (Transaction) Brunswick, N. J., 1975
Denisoff, R. Serge/Levine, Mark H., The One-Dimensional Approach to Popular Music. A Research Note, in: Journal of Popular Culture 6 (1971), 911–919
Denisoff, R. Serge/Peterson, Richard (Hrsg.); The Sounds of Social Change. Studies in Popular Culture, (Rand McNally) Chicago [2]1972
Denyer, Ralph; Chris Tsangarides Interview. The Producer Series, in: Studio Sound, Juli 1985, 82–88
Denzin, Norman K.; Problems in Analysing Elements of Mass Culture. Notes on the Popular Song and Other Artistic Productions, in: American Journal of Sociology 75 (1970), 1035–1038
Dickstein, Morris; Gates of Eden. American Culture in the Sixties, (Basic Books) New York 1977
Diederichsen, Diedrich/Hebdige, Dick/Marx, Olaph-Dante; Schocker. Stile und Moden der Subkultur, (Rowohlt) Reinbek b. Hamburg 1983
Dijkstra, Bram; Nichtrepressive rhythmische Strukturen in einigen Formen der afroamerikanischen und westindischen Musik, in: H. W. Henze (Hrsg.), Die Zeichen. Neue Aspekte der musikalischen Ästhetik II, (Fischer) Frankfurt (Main) 1981, 60–97
DiMaggio, Paul; Market Structure, the Creative Process and Popular Culture. Toward an Organizational Reinterpretation of Mass Culture Theory, in: Journal of Popular Culture 11 (1977), 436–452
Dollase, Rainer/Rüsenberg, Michael/Stollenwerk, Hans J.; Rock People oder die befragte Szene, (Fischer) Frankfurt (Main) 1975
Dollase, Rainer/Rüsenberg, Michael/Stollenwerk, Hans J.; Kommunikation zwischen Rockmusikern und Publikum, in: jazzforschung/jazz research 9 (1977), 89–108

DOLLASE, Rainer/RÜSENBERG, Michael/STOLLENWERK, Hans J.; Rockmusik und Massenkultur, in: jazzforschung/jazz research 11 (1979), 197–208

DUNCAN, Robert; The Noise. Notes from a Rock'n'Roll Era, (Ticknor & Fields) New York 1984

DURANT, Alan; The Conditions of Music, (Macmillan) London 1984

DURANT, Alan; Rock Revolution or Time-No-Changes. Visions of Change and Continuity in Rock Music, in: R. Middleton/D. Horn (Hrsg.), Popular Music 5. Continuity and Change, (Cambridge University Press) Cambridge, London, New York, New Rochelle, Melbourne, Sydney 1985, 97–122

EBERLY, Philip K.; Music in the Air. America's Changing Tastes in Popular Music 1920–1980, (Hastings) New York 1982

EISEN, Jonathan (Hrsg.); The Age of Rock. Sounds of the American Cultural Revolution, (Vintage Books) New York 1969

EISEN, Jonathan (Hrsg.); The Age of Rock 2. Sights and Sounds of the American Cultural Revolution, (Vintage Books) New York 1970

ELLIOTT, Dave; The Rock Music Industry, (= Popular Culture, Block 6, Unit 24, Science, Technology and Popular Culture 1), (Open University Press) Walton Hall, Milton Keynes 1982

EMI, World Record Markets, (Westerham Press) London 1971

EPSTEIN, Brian; A Cellarful of Noise, (Pyramid) New York 1964, (Pierian Press) Ann Arbor, Mich., 1984

ERIKSEN, Norman; Popular Culture and Revolutionary Theory. Understanding Punk Rock, in: Theoretical Review 18 (1980), 13–35

ERNST, Veit; „Privater Weltanschauungsersatz". Zur Frage der psychischen Wirksamkeit von Schlagern, in: Musik und Gesellschaft, XI, 1961/2 102–104

EWBANK, Alison; Youth and the Music Industry in Britain, (Beitrag zur Wingspread Conference on Youth and the International Music Industry, Racine, Wisc., 1983) unpubliziertes Manuskript

FASS, Pauline S.; The Damned and the Beautiful. American Youth in the 1900's, (Oxford University Press) New York 1977

FISKE, John; Videoclippings, in: Australian Journal of Cultural Studies, II, 1984/1, 111–114

FLETCHER, Colin L.; Beats and Gangs on Merseyside, in: T. Raison (Hrsg.), Youth in New Society, (Hart-Davis) London 1964, 22–64

FLETCHER, Peter; Roll Over Rock, (Stainer & Bell) London 1981

FLOH DE COLOGNE (Hrsg.), Rock gegen Rechts, (Weltkreis) Dortmund 1980

FONG-TORRES, Ben (Hrsg.); The Rolling Stone Interviews, Bd. II, (Warner Books) New York 1973

FRITH, Simon; Rock and Popular Culture, in: Socialist Revolution 31 (1977), 97–112

FRITH, Simon; The Sociology of Rock, (Constable) London 1978

FRITH, Simon; The Punk Bohemians, in: New Society, 9. März 1978, 535–536

FRITH, Simon; Zur Ideologie des Punk, in: J. Gülden/K. Humann (Hrsg.), Rock Session 2. Magazin der populären Musik, (Rowohlt) Reinbek b. Hamburg 1978, 25–32

FRITH, Simon; Music for Pleasure, in: Screen Education 34 (1980), 50–61

FRITH, Simon; Wir brauchen eine neue Sprache für den Rock der 80er Jahre, in: K. Humann/C.-L. Reichert (Hrsg.), Rock Session 4. Magazin der populären Musik, (Rowohlt) Reinbek b. Hamburg 1980, 94–104

FRITH, Simon; Sounds Effects. Youth, Leisure and the Politics of Rock'n'Roll, (Pantheon) New York 1981; dtsch. als: Jugendkultur und Rockmusik, (Rowohlt) Reinbek b. Hamburg 1981

FRITH, Simon; The Art of Posing, in: New Society, 23. April 1981, 146–147

FRITH, Simon; „The Magic That Can Set You Free". The Ideology of Folk and the Myth of the Rock Community, in: R. Middleton/D. Horn (Hrsg.), Popular Music 1. Folk or Popular? Distinctions, Influences, Continuities, (Cambridge University Press) Cambridge, London, New York, New Rochelle, Melbourne, Sydney 1981, 159–168

FRITH, Simon; Youth in the Eighties. A Dispossessed Generation, in: Marxism Today, XXV, November 1981, 12–15

FRITH, Simon; John Lennon, in: Marxism Today, XXV, Januar 1981, 23–25

FRITH, Simon; The Sociology of Rock. Notes from Britain, in: D. Horn/Ph. Tagg (Hrsg.), Popular Music Perspectives. Papers from The First International Conference on Popular Music Research, Amsterdam 1981, (IASPM) Göteborg, Exeter 1982, 142–154

FRITH, Simon; Post-punk Blues, in: Marxism Today, XXVII, März 1983, 18–23

FRITH, Simon; Popular Music 1950–1980, in: G. Martin (Hrsg.), Making Music, (Muller) London 1983, 18–48

FRITH, Simon/HORN, Howard; Doing the Art School Bob. Oder: Ein kleiner Ausflug an die wahren Quellen, in: K. Humann/C.-L. Reichert (Hrsg.), Rock Session 6. Magazin der populären Musik, (Rowohlt) Reinbek b. Hamburg 1983, 279–296

FRITH, Simon/HORN, Howard; Welcome to Bohemia!, Warwick Working Papers in Sociology, (University of Warwick) Coventry 1984

FRITH, Simon/MCROBBIE, Angela; Rock and Sexuality, in: Screen Education 29 (1978), 3–19

GAMBLE, Arthur; The Conservative Nation, (Routledge & Kegan Paul) London, Boston, Henley 1974

GAMBLE, Arthur; Britain in Decline, (Macmillan) London 1981

GANS, Herbert J.; Popular Culture and High Culture. An Analysis and Evaluation of Taste, (Basic Books) New York 1974

GARBARINI, Vic/CULLMAN, Brian; Strawberry Fields Forever. John Lennon Remembered, (Bantam) New York 1980

GARNHAM, Nicholas; A Contribution to the Political Economy of Mass Communications, in: Media, Culture and Society, I, 1979/2, 123–146

GAYLE, Addison; The Black Aesthetic, (Doubleday) New York 1971

GEHR, Richard; The MTV Aesthetic, in: Film Comment, November 1983, 37–40

GILLETT, Charlie (Hrsg.); Rock File 2, (Panther Books) St. Albans 1974

GILLETT, Charlie; Big Noise from Across the Water – the American Influence on British Popular Music, (Beitrag zur Smithsonian Conference „The United States in the World", Washington 1978), unpubliziertes Manuskript

GILLETT, Charlie; The Sound of the City. The Rise of Rock and Roll, (überarbeitete Neuausgabe, Souvenir) London 1983

GLEASON, Ralph J.; Like A Rolling Stone, in: J. Eisen (Hrsg.), The Age of Rock. Sounds of the American Cultural Revolution, (Vintage Books) New York 1969, 64–81

GOODWIN, Andrew; Popular Music, Video and Community Cable, in: Sheffield TV Group, Cable & Community Programming, Cable Working Papers Nr. 3, Sheffield 1983, 54–100

GREENE, Bob; Million Dollar Baby, (New American Library) New York 1975

GRIFFIN, Alistair; On the Scene at the Cavern, (Hamish Hamilton) London 1964

GRISSIM, John; Country Music. White Man's Blues, (Paperback Library) New York 1970

GRONOW, Pekka; The Record Industry. The Growth of a Mass Medium, in: R. Middleton/D. Horn (Hrsg.), Popular Music 3. Producers and Markets, (Cambridge University Press) Cambridge, London, New York, New Rochelle, Melbourne, Sydney 1983, 53–76

GROSCHOPP, Horst; Zur Kritik der Subkultur-Theorien in der BRD, in: Weimarer Beiträge, XXIII, 1977/12, 20–52

GROSS, Michael/JAKUBOWSKI, Maxim; Inside the Industry. The Art of Making Records Made Simple, in: dies. (Hrsg.), The Rock Year Book 1981, (Grove Press) New York 1981, 209–211

GROSSBERG, Lawrence; Experience, Signification and Reality. The Boundaries of Cultural Semiotics, in: Semiotica 41 (1982), 73–106

GROSSBERG, Lawrence; The Politics of Youth Culture. Some Observations on Rock and Roll in American Culture, in: Social Text, VIII, 1983/4, 104–126

GROSSBERG, Lawrence; The Social Meaning of Rock'n'Roll, in: OneTwoThreeFour. A Rock'n'Roll Quarterly, Nr. 1, Sommer 1984, 13–21

GROSSBERG, Lawrence; „I'd Rather Feel Bad Than Not Feel Anything At All". Rock and Roll, Pleasure and Power, in: Enclitic, VIII, 1984/1–2, 95–111

GROSSBERG, Lawrence; Another Boring Day in Paradise. Rock and Roll and the Empowerment of Everyday Life, in: R. Middleton/ D. Horn (Hrsg.), Popular Music 4. Performers and Audiences, (Cambridge University Press) Cambridge, London, New York, New Rochelle, Melbourne, Sydney 1984, 225–260

GROSSBERG, Lawrence; If Rock and Roll Communicates, Then Why Is It So Noisy? Pleasure and the Popular, in: D. Horn (Hrsg.), Popular Music Perspectives 2. Papers from The Second International Conference on Popular Music Research, Reggio Emilia 1983, (IASPM) Göteborg, Exeter, Ottawa, Reggio Emilia 1985, 451–463

GROSSBERG, Lawrence; Is There Rock After Punk?, in: Critical Studies in Mass Communication 3 (1986), 50–74

GROSSBERG, Lawrence; Rock and Roll in Search of an Audience or Taking Fun (too?) Seriously, unpubliziertes Manuskript

GROSSMAN, Lloyd; A Social History of Rock Music. From the Greasers to Glitter Rock, (David McKay) New York 1976

GURALNICK, Peter; Feel Like Going Home. Portraits in Blues and Rock'n'Roll, (Vintage Books) New York 1981

HABERMAN, Jim; New York – No Wave, in: Sounds, XI, 1979/11, 36–42

HALEY, William; The Responsibilities of Broadcasting, (BBC Publications) London 1948

HALL, Stuart; The Hippies. An American Moment, Stencilled Occasional Papers, Sub and Popular Culture Series, SP Nr. 16, (University of Birmingham, Centre for Contemporary Cultural Studies) Birmingham 1968; auch in: J. Nagel (Hrsg.), Student Power, (Merlin Press) London 1969, 112–128

HALL, Stuart; Cultural Studies. Two Paradigma, in: Media, Culture and Society, IV, 1982/2, 57–72

HALL, Stuart/WHANNEL, Paddy; The Popular Arts, (Hutchinson) London 1964

HALL, Stuart/JEFFERSON, Tony (Hrsg.); Resistance through Rituals.

Youth Subcultures in Post-war Britain, (Hutchinson) London 1976

HALL, Stuart/HOBSTON, Dorothy/LOURE, Andrew/WILLIS, Paul (Hrsg.); Culture, Media, Language. Working Papers in Cultural Studies, 1972–1979, (Hutchinson) London 1980

HARDY, Phil; The British Record Industry, IASPM UK Working Paper 3, (IASPM British Branch Committee) London o. J. [1984]

HARKER, Dave; One For the Money. Politics and Popular Song, (Hutchinson) London, Melbourne, Sydney, Auckland, Johannesburg 1980

HARMON, James E.; Meaning in Rock Music. Notes Toward a Theory of Communication, in: Popular Music and Society, II (1972), 18–32

HARRIS, Maz; Bikers, (Faber & Faber) London 1985

HARRY, Bill; Mersey Beat. The Beginnings of The Beatles, (Omnibus) London, New York, Cologne, Sydney 1977

HARTWIG, Helmut; Jugendkultur – Ästhetische Praxis in der Pubertät, (Rowohlt) Reinbek b. Hamburg 1980

HATCH, Tony; So You Want to Be in the Music Business, (Everest Books) London 1976

HEBDIGE, Dick; The Style of the Mods, Stencilled Occasional Papers, Sub and Popular Culture Series, SP Nr. 20, (University of Birmingham, Centre for Contemporary Cultural Studies) Birmingham 1973

HEBDIGE, Dick; Subculture. The Meaning of Style, (Methuen) London, New York 1979

HEBDIGE, Dick; The Meaning of Mod, in: S. Hall/T. Jefferson (Hrsg.), Resistance through Rituals. Youth Subcultures in Postwar Britain, (Hutchinson) London 1977, 87–98; dtsch. als: Die Bedeutung des Mod-Phänomens, in: J. Clarke u. a., Jugendkultur als Widerstand. Milieus, Rituale, Provokationen, (Syndicat) Frankfurt (Main) 1979, 158–170

HEBDIGE, Dick; Object as Image. The Italian Scooter Cycle, in: Block 5, Middlesex Polytechnic 1981, 44–64

HEBDIGE, Dick; Towards a Cartography of Taste, 1935–1962, in: B. Waites/T. Bennett/G. Martin (Hrsg.), Popular Culture: Past and Present, (Open University Press/Croom Helm) London 1982, 194–218

HEBDIGE, Dick; In Poor Taste, in: Block 8, Middlesex Polytechnic 1983, 54–68

HEBDIGE, Dick; Posing … Threats, Striking … Poses. Youth, Surveillance and Display, in: Substance 37/38 (1983), 68–88

HELLMAN, Heikki/SORAMÄKI, Martti; Video–Commercial Structures and Cultural Changes, (Beitrag zur XIV. IAMCR Conference, Prag 1984), unpubliziertes Manuskript

Henderson, Bill; How to Run Your Own Rock & Roll Band, (CBS Publications, Popular Library) New York 1977

Hennessey, Mike; PolyGram Restructures for the 1980s, in: Billboard, 12. Juli 1980, 4, 62

Hennion, Antoine; The Production of Success. An Anti-Musicology of the Pop Song, in: R. Middleton/D. Horn (Hrsg.), Popular Music 3. Producers and Markets, (Cambridge University Press) Cambridge, London, New York, New Rochelle, Melbourne, Sydney 1983, 159–194

Herman, Gary; The Who, (Studio Vista) London 1971

Hetscher, Ulrich; Schickt die verdammten King Kongs zurück oder macht sie alle, in: Floh de Cologne (Hrsg.), Rock gegen Rechts, (Weltkreis) Dortmund 1980, 137–169

Heubner, Thomas; Die Rebellion der Betrogenen. Rocker, Popper, Punks und Hippies – Modewellen und Protest in der westlichen Welt? (Verlag Neues Leben) Berlin 1986 (= nl-konkret 67)

Hey, Ken; „I'll Give It a 95". An Approach to the Study of Early Rock'n'Roll, in: Popular Music and Society, III (1974), 315–328

Hill, Leslie; An Insight into the Finances of the Record Industry, in: The Three Banks Review, (National and Commercial Banking Group, Ltd., London), Nr. 118, Juni 1978, 28–42

Hirsch, Paul; Sociological Approaches to the Pop Music Phenomenon, in: American Behaviour Scientist, XIV, 1971/3, 371–388

Hirsch, Paul; The Structure of the Popular Music Industry, (University of Michigan, Institute for Social Research) Ann Arbor, Mich., [3]1973

Hirsch, Paul/Robinsohn, Jon; It's the Sound That Does It, in: Psychology Today, III (1969), 42–45

Hodge, Robert; Video Clips as a Revolutionary Form, in: Australian Journal of Cultural Studies, II, 1984/1, 115–120

Hoffman, Abbie; Woodstock Nation. A Talk-Rock Album, (Pokket) New York 1971

Hoffmann, Raoul; Zwischen Galaxis & Underground. Die neue Popmusik, (Deutscher Taschenbuch Verlag) München 1971

Horowitz, David/Lerner, Michael P./Pyes, Craig (Hrsg.); Counter-culture and Revolution, (Random House) New York 1973

Howkins, John; New Technologies, New Politics?, in: P. Scaping/N. Hunter (Hrsg.), BPI Yearbook 1982, (British Phonographic Industry) London 1982, 23–35

Howlett, Kevin; The Beatles at the Beeb. The Story of Their Radio Career 1962–1965, (BBC Publications) London o. J. [1982]

Hoyland, John; An Open Letter to John Lennon, in: Black Dwarf, 27. Oktober 1968, o. S.

HUDSON, Jan; The Sex and Savagery of Hells Angels, (New American Library) New York 1967

HUSTWITT, Mark; Rocker Boy Blues. The Writing on Pop, in: Screen/Screen Education 25 (1984), 89–98

HUSTWITT, Mark; Unsound Visions? Promotional Popular Music Videos in Britain, (Beitrag zur III. International Conference on Popular Music Research, Montreal 1985), unpubliziertes Manuskript

JACOBS, Norman (Hrsg.); Culture for the Millions? Mass Media in Modern Society, (Beacon) Boston 1959

JACQUES, Martin; Trends in Youth Culture. Some Aspects, in: Marxism Today, XVII, Juni 1973, 268–280

JAHN, Mike; Rock. From Elvis Presley to the Rolling Stones, (Time Books) New York 1973

JARMAN, Derek; Dancing Ledge, (Quartet) London 1984

JASPERS, Tony; Understanding Pop, (SCM Press) London 1972

JEFFERSON, Tony; The Teds. A Political Resurrection, Stencilled Occasional Papers, Sub and Popular Culture Series, SP Nr. 22, (University of Birmingham, Centre for Contemporary Cultural Studies) Birmingham 1973

JEFFERSON, Tony/CLARKE, John; Working Class Youth Cultures, Stencilled Occasional Papers, Sub and Popular Culture Series, SP Nr. 18, (University of Birmingham, Centre for Contemporary Cultural Studies) Birmingham 1973

JENKINSON, Phillip/WARNER, Alan; Celluloid Rock. Twenty Years of Movie Rock, (Lorimer) London 1975

John Lennon erinnert sich, (Release) Hamburg o. J.

JOHN, Mike; Rock. A Social History of the Music, 1945–1972, (Quadrangle) New York 1973

JOHNSON, Derek; Beat Music, (Hansen) Kopenhagen, (Chester) London 1969

JOHNSON, P.; The Menace of Beatleism, in: New Statesman, 28. Februar 1964, 17

JONES, Allan; Punk – die verratene Revolution, in: J. Gülden/K. Humann (Hrsg.), Rock Session 2. Magazin der populären Musik, (Rowohlt) Reinbek b. Hamburg 1978, 5–24

JONES, Bryan; The Politics of Popular Culture, Stencilled Occasional Papers, Sub and Popular Culture Series, SP Nr. 12, (University of Birmingham, Centre for Contemporary Cultural Studies) Birmingham 1972

JONES, Nick; Well, What Is Pop Art?, in: Melody Maker, 3. Juli 1965, 11

KALKKINEN, Marja-Leena/SARKKINEN, Raija; The International Entertainment Industry and the New Media, (Beitrag zur XIV. IAMCR Conference, Prag 1984), unpubliziertes Manuskript

KNEIF, Tibor; Rockmusik. Ein Handbuch zum kritischen Verständnis, (Rowohlt) Reinbek b. Hamburg 1982

KOZAK, Roman; CBS Redirecting A & R Emphasis, in: Billboard, 17. Dezember 1977, 8, 93

KOZAK, Roman; Yetnikoff Vows CBS Records to Up Profits, in: Billboard, 17. März 1979, 3, 9

LAING, Dave; The Sound of Our Time, (Sheed & Ward) London 1969

LAING, Dave; Interpreting Punk Rock, in: Marxism Today, XXII, April 1978, 123–128

LAING, Dave; Music Video: The Music Industry in Crisis, in: Marxism Today, XXV, Juli 1981, 19–21

LAING, Dave; Industrial Product or Cultural Form, in: Screen/Screen Education 26 (1985), 78–83

LAING, Dave; One Chord Wonders. Power and Meaning in Punk Rock, (Open University Press) Milton Keynes, Philadelphia 1985

LAING, Dave/DALLAS, Karl/DENSELOW, Robin/SHELTON, Robert; The Electric Muse. The Story of Folk into Rock, (Eyre Methuen) London 1975

LAMONT, Richard; Mixing the Media, in: Studio Sound, Juli 1985, 64–70

LANDAU, Jon; Rock'n'Radical?, in: Daily World, 22. Februar 1969, 18

LANDAU, Jon; Rock 1970 – It's too Late to Stop Now, in: Ch. Nanry (Hrsg.), American Music. From Storyville to Woodstock, (Rutgers University Press) New Brunswick, N. J., 1972, 238–266

LANDAU, Jon; It's too Late to Stop Now. A Rock'n'Roll Journal, (Straight Arrow Books) San Francisco 1972

LANDAU, Jon; Der Tod von Janis Joplin, in: F. Schöler (Hrsg.), Let It Rock. Eine Geschichte der Rockmusik von Chuck Berry und Elvis Presley bis zu den Rolling Stones und den Allman Brothers, (Carl Hanser) München, Wien 1975, 177–180

LASCH, Christopher; The Culture of Narcissism, (Pantheon) New York 1979

LAURIE, Peter; Teenage Revolution, (Bland & Briggs) London 1965

LEIGH, Spencer; Paul Simon. Now and Then, (Raven Books) Liverpool 1973

LEIGH, Spencer; Let's Go Down the Cavern. The Story of Liverpool's Merseybeat, (Vermilion) London 1984

LEIMBACHER, Ed; The Crash of The Jefferson Airplane, in: Ramparts Magazine, Januar 1970, 8–21

LENNON, John; Spaniard In the Works, (Cape) London 1965

LENNON, John; In His Own Write, (Cape) London 1968

LENNON, John; A Very Open Letter to John Hoyland from John Lennon, in: Black Dwarf, 10. Januar 1969, o. S.

LEWIS, George; Popular Music and Research Design. Methodological Alternatives, in: Popular Music and Society, I (1972), 108–115

LINDNER, Rolf; Punk Rock oder: Der vermarktete Aufruhr, (Fischer) Frankfurt (Main) 1977

LIPSITZ, George; Class and Culture in Cold War America. „A Rainbow at Midnight", (Bergin & Garvey) South Hadley, Mass., 1982

LONDON, Herbert J.; Closing the Circle. A Cultural History of the Rock Revolution, (Nelson-Hall) Chicago 1984

LULL, James; Popular Music. Resistance to New Wave, in: Journal of Communication, XXXII, 1982/1, 121–131

LULL, James; Thrashing in the Pit. A Ethnography of San Francisco Punk Subculture, in: Th. R. Lindlof, Natural Audiences, (Abley Publishing) Norwood, N. J., 1986, 32–79

LUTHE, Heinz O.; Recorded Music and the Music Industry, in: International Social Science Journal 20 (1968), 656–665

LYDON, Michael; Rock for Sale, in: J. Eisen (Hrsg.), The Age of Rock 2. Sights and Sounds of the American Cultural Revolution, (Vintage Books) New York 1970, 55–71

LYDON, Michael; Rock Folk. Portraits from the Rock'n'Roll Pantheon, (Dutton) New York 1971

MABEY, Richard; Behind the Scene, (Penguin) Harmondsworth 1968

MABEY, Richard; The Pop Process, (Hutchinson) London 1969

MALONE, Bill C.; Country Music USA, (University Of Texas Press) Austin, Tex., 1968

MARCUS, Greil; Rock and Roll Will Stand, (Beacon) New York 1969

MARCUS, Greil; Mystery Train. Images of America in Rock'n'Roll, (Omnibus) London 1977

MARCUS, Greil; Speaker to Speaker, in: Artforum 11 (1985), 9

MARKS, James/EASTMAN, Linda; Rock, (Bantam Books) New York 1968

MARSH, Dave; Before I Get Old. The Story of The Who, (Plexus) London 1983

MARSH, Peter; Dole Queue·Rock, in: New Society, 20. Januar 1977, 22–29

MARTIN, Bernice; A Sociology of Contemporary Cultural Change, (Blackwell) Oxford 1981

MARTIN, Bernice; Pop Music and Youth, in: Media Development, XXIX, 1982/1, 32–41

MARTIN, George; All You Need Is Ears, (St. Martins Press) New York 1979

MARTIN, George; Making Music, (Muller) London 1983
MASTERS, Brian; The Swinging Sixties, (Constable) London 1985
MATTELART, Armand; Multinational Corporations and the Control of Culture. The Ideological Apparatuses of Imperialism, (Harvester Press) London 1979
MAY, Chris; Rock'n'Roll, (Socion Books) London o. J.
MAY, Chris/PHILLIPS, Ian; British Beat, (Socion Books) London o. J.
MCCABE, Peter/SCHONFIELD, Robert D.; Apple to the Core. The Unmaking of The Beatles, (Sphere) London 1971
MCROBBIE, Angela; Settling Accounts with Subcultures. A Feminist Critique, in: Screen Education 34 (1980), 37–49
MELLERS, Wilfried; Twilight of the Gods. The Beatles in Retrospect, (Faber) London 1973
MELLERS, Wilfried; A Darker Shade Of Pale. A Backdrop to Bob Dylan, (Oxford University Press) New York 1985
MELLY, George; Revolt Into Style, (Penguin) Harmondsworth 1973
MELTZER, Richard; The Aesthetics of Rock, (Something Else Press) New York 1970
MEYER, Gust De; Minimal and Repetitive Aspects in Pop Music, in: D. Horn (Hrsg.), Popular Music Perspectives 2. Papers from The Second International Conference on Popular Music Research, Reggio Emilia 1983, (IASPM) Göteborg, Exeter, Ottawa, Reggio Emilia 1985, 387–396
MIDDLETON, Richard; Pop Music & The Blues. A Study of the Relationship and Its Significance, (Gollancz) London 1972
MILES, Barry; Beatles in Their Own Words, (Omnibus) London 1978
MILLER, Jim (Hrsg.); The Rolling Stone Illustrated History of Rock'n'Roll, (Random House/Rolling Stone Press) New York ²1980
MORLEY, Dave; Industrial Conflict and the Mass Media, Stencilled Occasional Papers, Media Series, SP Nr. 8, (University of Birmingham, Centre for Contemporary Cultural Studies) Birmingham 1974
MORLEY, Dave; Reconceptualizing the Media Audience. Towards an Ethnography of Audiences, Stencilled Occasional Papers, Media Series, SP Nr. 9, (University of Birmingham, Centre for Contemporary Cultural Studies) Birmingham 1974
MORLEY, Paul; Video and Pop, in: Marxism Today, XXVII, Mai 1983, 37–39
MORSE, Bernard; The Sexual Revolution, (Fawcett Publications) Derby, Conn., 1962
MULDOON, Roland; Subculture. The Street-Fighting Pop Group, in: Black Dwarf, 15. Oktober 1968, o. S.

MUNCIE, John; Pop Culture, Pop Music and Post-war Youth: Subcultures, (= Popular Culture, Block 5, Unit 19, Politics, Idology and Popular Culture 1), (Open University Press) Walton Hall, Milton Keynes 1982

MUNGHAM, Geoff/PEARSON, Geoff; Working Class Youth Cultures, (Routledge & Kegan Paul) London, Boston, Henley 1976

MURDOCK, Graham/PHELPS, Guy; Responding to Popular Music. Criteria of Classification and Choice Among English Teenagers, in: Popular Music and Society, I (1972), 144–151

MURDOCK, Graham; Besitz und Kontrolle der Massenmedien in Großbritannien heute. Strukturen und Konsequenzen, in: D. Prokop (Hrsg.) Massenkommunikationsforschung 1, (Suhrkamp) Frankfurt (Main) 1972, 36–63

MURDOCK, Graham; Adolescent Culture and the Mass Media, Stencilled Occasional Papers, (University of Leicester, Centre for Mass Communication Research) Leicester 1979

MURDOCK, Graham/MCCRON, Robin; Scoobies, Skins and Contemporary Pop, in: New Society, 29. März 1973, 129–131

MURDOCK, Graham/MCCRON, Robin; Consciousness of Class and Consciousness of Generation, in: S. Hall/T. Jefferson (Hrsg.), Resistance through Rituals. Youth Subcultures in Post-war Britain, (Hutchinson) London 1976, 192–208

MURDOCK, Graham/MCCRON, Robin; Music Classes – Über klassenspezifische Rockbedürfnisse, in: R. Lindner, Punk Rock oder: Der vermarktete Aufruhr, (Fischer) Frankfurt (Main) 1977, 18–30

NAISON, Mark; Youth Culture. A Critical View, in: Radical America, September/Oktober 1970, 14–23

NANRY, Charles (Hrsg.); American Music. From Storyville to Woodstock, (Rutgers University Press) New Brunswick, N. J., 1972

NAUMANN, Michael/PENTH, Boris; Living in a Rock'n'Roll Fantasy, (Ästhetik und Kommunikation) Berlin (West) 1979

NEVILLE, Richard; Playpower, (Paladin) London 1970

NORMAN, Phillip; Shout! The Beatles in Their Generation, (Simon & Schuster) New York 1981

NUTTAL, Jeff; Bomb Culture, (Paladin) London 1969

NYE, Russel; The Unembarrassed Muse. The Popular Arts in America, (Dial) New York 1970

O'BRIEN, Patrick; MTV: Just Like Life, (Beitrag zum International Sociological Association Meeting „Communication and Life Styles", Ljubljana 1985), unpubliziertes Manuskript

O'NEILL, William L.; Coming Apart. An Informal History of America in the 1960's, (Times Books) Chicago [6]1977

ORMAN, John M.; The Politics of Rock Music, (Nelson-Hall) Chicago 1984

PALMER, Tony; Born Under a Bad Sign, (William Kimber) London 1970

PARELES, Jon/ROMANOWSKI, Patricia; The Rolling Stone Encyclopedia of Rock & Roll, (Rolling Stone Press/Summit Books) New York 1983

PARTRIDGE, Richard; Merseybeat Memories, in: Melody Maker, 25. August 1973, 33, 49

PARTRIDGE, William L.; The Hippy Ghetto. The Story of a Subculture, (Holt, Rinehart & Winston) New York 1973

PENTH, Boris/FRANZEN, Günter; Last Exit. Punk: Leben im toten Herz der Städte, (Rowohlt) Reinbek b. Hamburg 1982

PERON, René; The Record Industry, in: A. Mattelart/S. Sieglaub (Hrsg.), Communication and Class Struggle, Bd. I, (International-General) New York 1979, 121–158

PETERSON, Richard A./BERGER, David G.; Entrepreneurship in Organizations. Evidence from the Popular Music Industry, in: Administrative Science Quarterly, XVI, 1971/3, 97–106

PETERSON, Richard A./BERGER, David G.; Cycles in Symbol Production. The Case of Popular Music, in: American Sociological Review, XL, 1975/2, 158–173

PETRIE, Gavin; Pop Today, (Hamlyn) London 1974

PICHASKE, David; A Generation in Motion. Popular Music and Culture in the Sixties, (Schirmer) New York 1979

PINTO-DUSCHINSKY, Mark; Bread and Circuses. The Conservatives in Office, 1951–1964, in: V. Bodganor/R. Skidelsky (Hrsg.), The Age of Affluance, (Macmillan) London, New York 1970, 54–67

POLLOCK, Bruce/WAGMAN, John; The Face of Rock and Roll. Images of a Generation, (Holt, Rinehart & Winston) New York 1978

QUALEN, John; The Music Industry. The End of Vinyl?, (Comedia) London 1985

RAČIČ, Ladislav; On the Aesthetics of Rock-Music, in: International Review of the Aesthetics and Sociology of Music, XII, 1981/2, 199–202

RANDLE, Bill; Theory of Popular Culture, (Working Paper Case-Western Reserve University) 1969

REAL, Michael R.; Popular Music and Cultural Change, in: Media Development, XXIX, 1982/1, 52–61

REBSTOCK, André; Imperialistische Massen-Kultur und „Pop-Musik“, (Spartakus MSB, Fachgruppe Gestaltung) Hamburg 1972

RIEGER, Jon H.; The Coming Crisis in the Youth Market, in: Popular Music and Society, IV (1975), 19–35

RIESMAN, David u. a.; The Lonley Crowd. A Study of the Changing American Character, (überarbeitete Neuausgabe, Yale) New Haven 1961

ROBINSON, Richard; Rock Revolution, (CBS Publications, Popular Library) New York 1976
ROCK Paul/COHEN, Stanley; The Teddy Boy, in: V. Bodganor/R. Skidelsky (Hrsg.), The Age of Affluance, (Macmillan) London, New York 1970, 122–153
ROE, Keith; Video and Youth. New Patterns of Media Use, Media Panel Report Nr. 18, (Lunds Universitet, Sociologiska Institutionen) Lund 1981
ROE, Keith; The Influence of Video Technology in Adolescence, Media Panel Report Nr. 27, (Lunds Universitet, Sociologiska Institutionen) Lund 1983
ROGERS, Dave; Rock'n'Roll, (Routledge & Kegan Paul) London, Boston, Henley 1982
RÖHRLING, Helmut; Wir sind die, vor denen uns unsere Eltern gewarnt haben. Szenen und Personen aus den amerikanischen Sechzigern, (Clemens Zerling) Berlin (West) 1980
ROTHENBUHLER, Eric W./DIMMICK, John W.; Popular Music. Contradiction and Diversity in the Industry 1974–1980, in: Journal of Communication 32 (1982), 143–149
SALZINGER, Helmut; Rock Power oder Wie musikalisch ist die Revolution? Ein Essay über Pop-Musik und Gegenkultur, (Fischer) Frankfurt (Main) 1972
SANCHEZ, Tony; Up and Down with The Rolling Stones, (Signet) New York 1980
SANDNER, Wolfgang (Hrsg.); Rockmusik. Aspekte zur Geschichte, Ästhetik, Produktion, (Schott) Mainz 1977
SARLIN, Bob; Turn It Up! (I can't hear the words), (Coronet) London 1975
SAVAGE, Jon; The Punk Process, in: The Face, November 1981, 48–51
SAVARY, Louis M.; Popular Song & Youth Today, (Association) New York 1971
SCADUTO, Anthony; Bob Dylan. An Intimate Biography, (Grosset & Dunlap) New York 1972; dtsch. als: Bob Dylan, (Zweitausendundeins) Frankfurt (Main) 1976
SCAPING, Peter (Hrsg.); BPI Yearbook 1979, (British Phonographic Institute) London 1979
SCAPING, Peter/HUNTER, Norman (Hrsg.); BPI Yearbook 1982, (British Phonographic Institute) London 1982
SCHAFE, William J.; Rock Music. Where It's Been, What It Means, Where It's Going, (Augsburg) Minneapolis, Minn., 1972
SCHAFFNER, Nicholas; The Beatles Forever, (Pinnacle Books) New York 1978
SCHAUMBURG, Ron; Growing Up With The Beatles, (Pyramid) New York 1976

Schicke, Charles; Revolution in Sound. A Biography of the Recording Industry, (Little Brown) Boston 1974
Schmidt, Mathias R.; Bob Dylan und die sechziger Jahre. Aufbruch und Abkehr, (Fischer) Frankfurt (Main) 1983
Sculatti, Gene/Seay, Davin; San Francisco Nights. The Psychedelic Music Trips 1965–1968, (Sidgwick & Jackson) London 1985
Seuss, Jürgen/Dommermuth, Gerold/Maier, Hans; Beat in Liverpool, (Europäische Verlagsanstalt) Frankfurt (Main) 1965
Shaw, Arnold; The Rock Revolution, (Macmillan) London 1969
Shemel, Sidney/Krasilovsky, M. William; The Business of Music, (Watson-Guptill) New York 1971
Shore, Larry; The Crossroads of Business and Music. The Music Industry in the United States and Internationally, unpubliziertes Manuskript
Shore, Michael; The Rolling Stone Book of Rock Video, (Quill) New York 1985
Shore, Michael/Clark, Dick; The History of American Bandstand, (Ballantine) New York 1985
Sinclair, John; Popmusik ist Revolution, in: Sounds, I, 1968/12, 106–115
Sinclair, John; Music and Politics, (World) New York 1971
Skai, Hollow; Punk, (Sounds) Hamburg 1981
Sklar, Rich; Rocking America, (St. Martin's Press) New York 1984
Sladek, Isabella; Gebrauchsgrafik als Massenkommunikation. Zur Ästhetik der visuellen Rhetorik der kommerziellen Gebrauchsgrafik im Imperialismus, in: Bildende Kunst, I, 1985/9, 414–416; II, 1985/10, 465–467; III, 1985/12, 546–549
Snow, Mat; Blitzkrieg Bob, in: New Musical Express, 15. Februar 1986, 11
Solothurmann, Jürg; Zur Ästhetik der afroamerikanischen Musik, in: jazzforschung/jazz research 9 (1977), 69–88
Soramäki, Martti/Haarma, Jukka; The International Music Industry, (OY, Yleisradio Ab., The Finnish Broadcasting Company, Planning and Research Department) Helsinki 1981
Spitz, Robert S.; The Making of Superstars. The Artists and Executives of the Rock Music World, (Doubleday) New York 1978
Stark, Jürgen/Kurzawa, Michael; Der große Schwindel? Punk – New Wave – Neue Welle, (Verlag Freie Gesellschaft) Frankfurt (Main) 1981
Steele-Perkins, Chris/Smith, Richard; The Teds, (Travelling Light/Exit) London 1979
Stokes, Geoffrey; Star Making Machinery. Inside the Business of Rock'n'Roll, (Random House) New York 1977

STRATTON, Jon; Between Two Worlds. Arts and Commerce in the Record Industry, in: Sociological Review 30 (1982), 267–285
STRATTON, Jon; Capitalism and Romantic Ideology in the Record Business, in: R. Middleton/D. Horn (Hrsg.), Popular Music 3. Producers and Markets, (Cambridge University Press) Cambridge, London, New York, New Rochelle, Melbourne, Sydney 1983, 143–158
STRUCK, Jürgen; Rock Around the Cinema. Die Geschichte des Rockfilms, (Verlag Monika Nüchtern) München 1979
SUTCLIFFE, Kevin; Video Killed the Radio Star, in: Camerawork 30 (1984), 26–32
SWINGEWOOD, Arthur; The Myth of Mass Culture, (Macmillan) London 1977
TAGG, Philip; Kojak–50 Seconds of Television Music. Towards the Analysis of Affect in Popular Music, (Studies from the Department of Musicology, University of Gothenburg) Göteborg 1980
TAYLOR, Jon/LAING, Dave; Disco-Pleasure Discourse. On „Rock and Sexuality", in: Screen Education 31 (1979), 43–48
TAYLOR, Ken; Rock Generation, (Sun Books) Melbourne 1970
The Music Industry. Markets and Methods for the Seventies, (Billboard Publishing) New York 1970
THIESSEN, Rudi; It's only rock'n'roll but I like it. Zu Kult und Mythos einer Protestbewegung, (Medusa) Berlin (West) 1981
THOMSON, David; England in the Twentieth Century, (Pelican) Harmondsworth 1981
TOLL, Robert C.; The Entertainment Machine. American Show Business in the Twentieth Century, (Oxford University Press) New York, London 1982
TROW, Mike; The Pulse of '64. The Mersey Beat, (Vintage Books) New York 1978
TURNER, Graeme; Video Clips and Popular Music, in: Australian Journal of Cultural Studies, I, Mai 1983, 105–111
UNESCO-Report, Youth in the 1980's, (The UNESCO Press) Paris 1981
VAN DER PLAS, Wim; Can Rock Be Art?, in: D. Horn (Hrsg.) Popular Music Perspectives 2. Papers from The Second International Conference on Popular Music Research, Reggio Emilia 1983, (IASPM) Göteborg, Exeter, Ottawa, Reggio Emilia 1985, 397–404
VAN DER WAL, Harm; The Impact of New Technologies on the Strategies of the Music Industries, (Council for Cultural Co-operation) Strasbourg 1985
VERMOREL, Fred/VERMOREL, July; The Sex Pistols. The Inside Story, (Star Books) London ²1981
VIGNOLLE, Jean Pierre; Mixing Genres and Reaching the Public.

The Production of Popular Music, in: Social Science Information, XIX, 1980/1, 75–105

Vulliamy, Graham; A Re-assessment of the Mass Culture Controversy. The Case of Rock Music, in: Popular Music and Society, IV (1975), 130–155

Waites, Bernard/Bennett, Tony/Martin, Graham (Hrsg.); Popular Culture: Past and Present, (Open University Press/Croom Helm) London 1982

Wale, Michael; Vox Pop. Profiles of the Pop Process, (Harrap) London 1971

Wallis, Roger/Malm, Krister; Big Sounds from Small Peoples. The Music Industry in Small Countries, (Constable) London 1984

Watson, Don; T.V.O.P., in: New Musical Express, 12. Oktober 1985, 20

Weigelt, Peter; Langeweile, in: Ästhetik und Kommunikation, 22–23 (1975), 141–156

Whitcomb, Ian; After the Ball. Pop Music from Rag to Rock, (Allen Lane) London 1972

White, Adam; WEA International's Sales to New Peak, in: Billboard, 26. April 1980, 56

Wicke, Peter; Rockmusik – Aspekte einer Faszination, in: Weimarer Beiträge, XXVII, 1981/9, 98–126

Wicke, Peter; Rock Music. A Musical Aesthetic Study, in: R. Middleton/D. Horn (Hrsg.), Popular Music 2. Theory and Method, (Cambridge University Press) Cambridge, London, New York, New Rochelle, Melbourne, Sydney 1982, 219–244

Wicke, Peter; Von der Aura der technisch produzierten Klanggestalt, in: J. Mainka/P. Wicke (Hrsg.), Wegzeichen. Studien zur Musikwissenschaft, (Verlag Neue Musik) Berlin 1985, 276 bis 288

Wicke, Peter; Rock'n'Revolution. Sul significato della musica rock in una cultura di massa progressista, in: Musica/Realtà, VI, 1985/17, 5–12

Wiedemann, Dieter; Jugend und Künste. Theoretische Überlegungen und empirische Tatsachen zur Bedeutung der Künste im Leben der DDR-Jugend, in: Weimarer Beiträge, XXVIII, 1982/9, 100–115

Wiener, Jon; Come Together. John Lennon in His Time, (Random House) New York 1984

„Wie steht es mit unserer Tanzmusik?". Referat des Stellvertreters des Ministers für Kultur, Dr. Werner Rackwitz, anläßlich der Tanzmusikkonferenz am 24. und 25. April 1972 in Berlin, (Ministerium für Kultur) Berlin 1972

Williamson, Judith; Decoding Advertisements. Ideology and Meaning in Advertising, (Marion Boyars) London, New York 1978

WILLIS, Paul; Subcultural Meaning of the Motor Bike, Working Papers in Cultural Studies Nr. 1, (University of Birmingham, Centre for Contemporary Cultural Studies) Birmingham 1970

WILLIS, Paul; Symbolism and Practice. The Social Meaning of Pop Music, Stencilled Occasional Papers, Sub and Popular Culture Series, SP Nr. 13, (University of Birmingham, Centre for Contemporary Cultural Studies) Birmingham 1974

WILLIS, Paul; Profane Culture, (Routledge & Kegan Paul) London, Boston, Henley 1978; dtsch. als: „Profane Culture". Rocker, Hippies: Subversive Stile der Jugendkultur, (Syndikat) Frankfurt (Main) 1981

WILLMOTT, Peter; Adolescent Boys of East London, (Penguin) Harmondsworth 1969

WINKLER, Peter; Wild Boys – Girls Fun, (Beitrag zur III. International Conference on Popular Music Research, Montréal, Juli 1985), unpubliziertes Manuskript

WOLFE, Arnold S.; Pop on Video. Narrative Modes in the Visualisation of Popular Music on „Your Hit Parade" and „Solid Gold", in: D. Horn (Hrsg.), Popular Music Perspectives 2. Papers from The Second International Conference on Popular Music Research, Reggio Emilia 1983, (IASPM) Göteborg, Exeter, Ottawa, Reggio Emilia 1985, 428–444

WOLFE, Arnold S.; Rock on Cable. On MTV: Music Television, the First Video Music Channel, in: Popular Music and Society, IX (1983), 41–50

WOOLER, Bob; Well Now – Dig This!, in: Mersey Beat. Merseyside's Own Entertainment Paper, I, Nr. 5, 31. August–14. September 1961, 2

YORK, Peter; Style Wars, (Sidgwick & Jackson) London 1980

ZIMMER, Jochen; Rocksoziologie. Theorie und Sozialgeschichte der Rock-Musik, (VSA) Hamburg 1981

Schallplatten

Antologie Blues/2. Dokumentární nahrávky vybral Paul Oliver, CBS/Supraphon 1015 3801-02 ZD (ČSSR 1983)

Beatles, The
- Love Me Do c/w P.S. I Love You, Parlophone R 4949 (GB 1962)
- Roll Over Beethoven, EMI Electrola 1 C 062-04 181 (GB 1963)
- Sgt. Pepper's Lonely Hearts Club Band, Parlophone PCS 7027 (GB 1967)
- Hey Jude c/w Revolution, Apple R 5722 (GB 1968)
- The Beatles [White Album], Apple PCS 7067/8 (GB 1968)

Berry, Chuck
- Maybellene, Chess 1604 (USA 1955)
- Roll Over Beethoven, Chess 1626 (USA 1956)
- School Day, Chess 1653 (USA 1957)
- Sweet Little Sixteen, Chess 1683 (USA 1958)
- Chuck Berry, Amiga 855835 (DDR 1981)

Channel, Bruce
- Hey Baby, Smash 1731 (USA 1962)

Clash, The
- The Clash, CBS Epic 36060 (GB 1977)

Dae, Sonny And His Knights
- Rock Around the Clock, Arcade 123 (USA 1953)

Domino, Fats
- The Fat Man, Imperial 5058 (USA 1950)

Dupree, Champion Jack
- Junker Blues, Atlantic 40526 (USA 1940)

Duran Duran
- Wild Boys, Parlophone DURAN 2 (GB 1984)

Dylan, Bob
- The Freewheelin' Bob Dylan, CBS Columbia CS 8786 (USA 1963)
- The Times They Are A-Changin', CBS Columbia CS 8905 (USA 1964)
- Greatest Hits, Amiga 855680 (DDR 1979)

Eagles, The
- Desperado, Asylum 1 C 062–94 386 (USA 1973)

Frankie Goes To Hollywood
- Relax, ZTT 12 ZTAS 1 (GB 1983)

Haley, Bill
- Rock Around the Clock, Decca 29124 (USA 1954)
- Shake, Rattle and Roll, Decca 29204 (USA 1954)

Bill Haley And His Comets, Amiga 844784 (DDR 1980)

JACKSON, Michael

Thriller, CBS Epic 50989 (USA 1983)
Amiga 856105 (DDR 1984)

LENNON, John & Plastic Ono Band

Give Peace a Chance, Apple 1813 (GB 1969)

PAGE, Patti

Tennessee Waltz, Mercury 5534 X 45 (USA 1950)

PERKINS, Carl

Sure to Fall, Sun 5 (USA 1956)

PINK FLOYD

A Saucerful of Secrets, EMI Columbia 6258 (GB 1968)

The Dark Side of the Moon, Harvest 11163 (GB 1973)
Amiga 855667 (DDR 1979)

PRESLEY, Elvis

That's All Right (Mama) c/w Blue Moon of Kentucky, Sun 209 (USA 1954)

Hound Dog, RCA Victor 47-6604 (USA 1956)

Love Me Tender, RCA Victor 47-6643 (USA 1956)

Elvis Presley, Amiga 855630 (DDR 1978)

ROLLING STONES, The

(I can't get no) Satisfaction, Decca F 12220 (GB 1965)

Beggars Banquet, Decca 6.22157 (GB 1968)

The Rolling Stones, Amiga 855885 (DDR 1982)

SEX PISTOLS

Anarchy In the UK, EMI 2506 (GB 1976)

SIMON & GARFUNKEL

The Boxer, CBS Columbia 4-44785 (USA 1969)

Simon & Garfunkel's Greatest Hits, Amiga 855684 (DDR 1979)

SMITH, Patti

Piss Factory c/w Hey Joe, Sire 1009 (USA 1974)

THORNTON, Willie Mae

Hound Dog, Peacock 1612 (USA 1953)

TURNER, Joe

Shake, Rattle and Roll, Atlantic 45-1026 (USA 1954)

WHO, The

My Generation, Brunswick 05944 (GB 1965)

The Who, Amiga 855803 (DDR 1981)

ZAPPA, Frank & The Mothers Of Invention

We're Only In It For the Money, Verve V+V6·5045 X (USA 1968)

Personen- und Gruppenverzeichnis

Index

Zum Autor des vorliegenden Buches

Peter Wicke, 1951 in Zwickau geboren, ist Leiter des Forschungszentrums populäre Musik am Bereich Musikwissenschaft der Humboldt-Universität zu Berlin. Er studierte in Berlin bis 1974 Musikwissenschaft. Seitdem gehört er dem Lehrkörper des Bereichs Musikwissenschaft an der Humboldt-Universität an, wo er Vorlesungen über Geschichte, Ästhetik und Theorie der populären Musik hält. 1980 promovierte er mit einer Arbeit zur Ästhetik der populären Musik zum Dr. phil.; 1986 zum Dr. sc. phil. Von ihm ist eine Vielzahl von Artikeln im In- und Ausland zu theoretischen, historischen und kulturpolitischen Problemen der populären Musik erschienen; Arbeiten von ihm wurden ins Englische, Französische, Italienische, Spanische, Schwedische, Finnische, Tschechische, Bulgarische und Russische übersetzt. Gemeinsam mit Wieland Ziegenrücker ist er Autor von „Rock Pop Jazz Folk. Handbuch der populären Musik". Gastvorlesungen und Vortragsreisen haben ihn an viele Universitäten im Ausland geführt, darunter zur Vorbereitung des vorliegenden Buches auch nach London, Liverpool, Manchester und Birmingham. Er ist Mitglied der International Association for the Study of Popular Music, seit 1987 ihr Generalsekretär.

Inhalt

Universal Bibliothek KUNSTWISSENSCHAFTEN

ANATOLIJ LUNAČARSKIJ

Musik und Revolution

Schriften zur Musik

Aus dem Russischen übertragen, herausgegeben und mit einer Einleitung von G. Bimberg
Mit 33 Dokumentarfotos
Band 1079 · Broschur 3,50 M

In erstmaliger deutschsprachiger Übertragung vereint der Band Schriften Lunačarskijs aus dem Zeitraum 1903 bis 1933. Die Vielzahl und die Bedeutung der angesprochenen ästhetischen, kunst- und kulturtheoretischen Probleme bezeugen, wie sehr Lunačarskij die Musik liebte, wie er für ihr Erblühen unter den neuen gesellschaftlichen Bedingungen eintrat, indem er sowohl das kulturelle Erbe als auch das neue kompositorische Schaffen verständnisvoll nach vielen Seiten hin förderte. Man erkennt das Ringen um neue Positionen, die den Forderungen der Revolution entsprachen und zugleich Fundamente für die Kunstentwicklung künftiger Generationen legen sollten. In diesem Sinne war Lunačarskij ein Philosoph der Musik, der in ihr „verwandeltes Leben der Materie“ sah.